Guido Baltes

DIE VERBORGENE THEOLOGIE DER EVANGELIEN

Für Katrin und Thomas,
Regina und Martin:

Geistliche Weggefährten
und theologische Begleiter
für mehr als ein halbes Leben

Guido Baltes

Die verborgene Theologie der Evangelien

Die jüdischen Feste als Schlüssel zur Botschaft Jesu

Francke

Über den Autor:
Guido Baltes ist evangelischer Theologe und Pfarrer und lebt mit seiner Frau Steffi in Marburg. Er arbeitet als Dozent für Neues Testament am MBS Bibelseminar und ist Lehrbeauftragter für Neues Testament an der Philipps-Universität Marburg.

Verwendete Bibelübersetzung: Luther 2017

Zitate, Gebete und Segenssprüche aus der Gottesdienstordnung der Synagoge und den häuslichen Feiern des Sabbat und des Passafestes folgen der traditionellen Ausgabe des jüdischen Gebetbuchs „Siddur Sephat Emet. Gebetbuch der Israeliten" von Wolf Heidenheim (1799), hg. von Seligman Bamberger (Frankfurt am Main: Lehrberger 1922). Die deutsche Übersetzung ist aus Gründen der Verständlichkeit an heutigen Sprachgebrauch angepasst, versucht dabei aber den poetischen Charakter der alten Texte so gut es geht zu bewahren.

FSC www.fsc.org
MIX
Papier aus verantwortungsvollen Quellen
FSC® C014138

Bibliografische Information der Deutschen Nationalbibliothek
Die Deutsche Nationalbibliothek verzeichnet diese Publikation in der Deutschen Nationalbibliografie; detaillierte bibliografische Daten sind im Internet über http://dnb.de abrufbar.

3. Auflage 2024
ISBN 978-3-96362-145-1

35037 Marburg an der Lahn
Umschlagbild: Grundlage einer Illustration von
© iStockphoto.com / Robert Goudappel
Umschlaggestaltung: Francke-Buch GmbH
Satz: Francke-Buch GmbH
Printed in Czech Republic

www.francke-buch.de

Inhalt

Kapitel 1

Einleitung

»Der Katechismus des Judentums ist sein Kalender«
(Samson Raphael Hirsch)

Die Theologie des Neuen Testaments ist verankert im Glauben des Judentums. Und der Glaube des Judentums ist verankert in den Festen und Feiertagen des jüdischen Kalenders. Wer deshalb die Theologie des Neuen Testaments verstehen will, der muss den Kalender des Judentums kennen.

Bibelforscher und Bibelleser vergangener Jahrhunderte haben diesen Zusammenhang leider oft übersehen, weil sie den christlichen Glauben weitgehend aus seiner jüdischen Verankerung gelöst haben. Sie betonten vor allem die Unterschiede zwischen Christentum und Judentum. Sie wollten das Neue und das Einzigartige an den Aussagen des Neuen Testaments herausstreichen. Sie hielten das Judentum für eine Religion der Vergangenheit, aus der sich Jesus und Paulus befreit hätten.

Diese Sicht des Neuen Testaments hat sich erfreulicherweise in den letzten fünfzig Jahren stark verändert. Angestoßen durch die Schrecken des Nationalsozialismus und der Judenvernichtung, haben Kirche und theologische Wissenschaft erkannt, dass Antisemitismus und Judenfeindschaft nicht erst in Gettos und Konzentrationslagern beginnen, sondern lange vorher in den Köpfen der Menschen und auf den Kanzeln der Kirchen, in denen schon seit Jahrhunderten eine Saat des Hasses und der Ablehnung gegenüber Juden genährt wurde. Und das aus gut gemeinter christlicher Überzeugung.

Nach dem Zweiten Weltkrieg jedoch begann ein Prozess des Umdenkens und der Neuorientierung. Immer deutlicher erkennt man heute, dass sowohl Jesus als auch Paulus nicht Gegner des Judentums waren, sondern im jüdischen Glauben und Leben fest verwurzelt blieben. Ihr Glaube war ein jüdischer Glaube, ihre Botschaft eine jüdische Botschaft, ihre Theologie eine jüdische Theologie.

In meinen beiden vorangehenden Büchern »Jesus der Jude und die Missverständnisse der Christen« und »Paulus: Jude mit Mission« habe ich versucht, diese neue Sichtweise des Neuen Testaments vorzustellen. Ich habe viele verbreitete Missverständnisse und Zerrbilder angesprochen, die unter Christen bis heute verbreitet sind, wenn es um das Judentum geht. In diesem Buch möchte ich nun etwas anderes versuchen: Ich möchte zeigen, wie tief die Botschaft des Neuen Testaments in den Grundüberzeugungen des jüdischen Glaubens verankert ist. Ich möchte zeigen, dass die Theologie des Neuen Testaments eine durch und durch jüdische Theologie ist. Und dass die jüdischen Feste ein hilfreicher Schlüssel sind, um diese Theologie zu verstehen.

Eine »verborgene« Theologie?

Der Titel dieses Buches klingt dabei vielleicht etwas reißerisch. Er erinnert an Enthüllungsromane, die von verschwundenen Texten und geheimen Evangelien erzählen, in denen die Wahrheit über das Christentum zu finden sei. Und vom Vatikan oder anderen dunklen Mächten, die diese Wahrheit zu vertuschen suchen. Die Idee dieses Buches ist aber viel unspektakulärer: Ich rede nicht von unentdeckten und verborgenen Evangelien, sondern von den vier Evangelien, die wir kennen: Matthäus, Markus, Lukas, Johannes. Ich glaube, dass in diesen Evangelien, die uns so vertraut scheinen, viel mehr verborgene Theologie steckt, als man auf den ersten Blick erkennt. Man muss nur genauer hinschauen, um sie zu entdecken. Es ist die Theologie, die zwischen den Zeilen steht.

Ich würde die Theologie der Evangelien mit einem Eisberg vergleichen: Nur der kleinste Teil ist über der Wasseroberfläche zu sehen: das, was ausdrücklich gesagt wird und schwarz auf weiß geschrieben steht. Aber unter der Oberfläche liegt das, was diesen Berg trägt und was den größten Teil seines Gewichtes ausmacht: Nämlich das, was ungesagt vorausgesetzt ist, weil es für die damaligen Leser selbstverständlich und bekannt war. Dazu gehört der jüdische Glaube mit seinen Grundüberzeugungen und seiner Theologie.

Zählt man alle Worte Jesu zusammen, die in den Evangelien aufgeschrieben sind, dann braucht man etwa vier Stunden, um sie zu lesen. Das meiste davon sind anschauliche Geschichten, Gespräche über Fragen des praktischen Lebens oder kurze Zusammenfassungen von ausführlicheren Reden. Theologische Grundsatzfragen hat Jesus nur selten angesprochen. Nimmt man noch den ganzen Rest des Neuen Testaments hinzu, dann sind es etwa 20 Stunden. Die meisten Lehrbücher christlicher Theologie sind wesentlich umfangreicher. Rekordhalter der Neuzeit ist wohl der Theologe Karl Barth, dessen theologisches Grundlagenwerk »Kirchliche Dogmatik« immerhin stolze 13 Bände mit insgesamt 9300 Seiten umfasst.

Hatte Jesus also vielleicht gar keine Theologie? War er einfach nur ein guter Geschichtenerzähler, ein Menschenfreund und Wunderheiler, dem das praktische Leben wichtiger war als theologische Überzeugungen oder Botschaften? Manche moderne Theologen urteilen so. Für den Marburger Neutestamentler Rudolf Bultmann, der eine bis heute einflussreiche Darstellung der »Theologie des Neuen Testaments« geschrieben hat, gehörte die Botschaft Jesu überhaupt nicht zur Theologie des Neuen Testaments, sondern nur zu ihrer Vorgeschichte.[1] Man müsse, so Bultmann, deutlich unterscheiden zwischen dem Glauben Jesu und dem Glauben an Jesus. Das Christentum beginne erst da, wo Menschen an Jesus glaubten. Für den christlichen Glauben sei es deshalb relativ unbedeutend, was Jesus selbst geglaubt oder verkündigt habe. Ohnehin könne man das kaum wissen, da die Evangelien daran »nicht interessiert« waren, so Bultmann. Von einer Theologie des Neuen Testaments könne man allerdings erst da sprechen, wo Menschen ihren Glauben an Jesus bekennen und formulieren, also zum Beispiel die ersten Mitglieder der Urgemeinde oder die ersten Theologen des Christentums, wie Paulus und Johannes. Der jüdische Glaube Jesu wäre demnach also zwar Teil der Vorgeschichte des Christentums, gehöre aber nicht in die christliche Theologie hinein.

Auch der jüdische Religionsphilosoph Martin Buber trennte deutlich zwischen dem jüdischen Glauben Jesu und dem christlichen Glauben des Paulus.[2] Der Glaube Jesu, den Buber als »jüdische Glaubensweise« bezeichnete, sei eher eine gelebte Vertrauensbeziehung zu Gott gewesen. Der Glaube des Paulus jedoch, die »christliche Glaubensweise«, sei dagegen ein theologisches System, bei dem es auf das Für-wahr-Halten ankomme. Hubertus Halbfas, einer der bekanntesten katholischen Religionspädagogen unserer Zeit, unterschied ganz ähnlich zwischen dem »Evangelium Jesu« und dem »Evangelium des Paulus«.[3] Das eine sei eher eine praktische Lebensweise, das andere eine theologische Glaubenslehre. Auch hier finden wir also wieder das Bild von einem Jesus, der keine Theologie hatte.

Die Tiefenschichten des Eisbergs entdecken

So unterschiedlich die genannten Autoren und ihre Motive auch sind: Sie alle beschränken sich mit ihrem Urteil nur auf das Wenige, was im Neuen Testament »über der Oberfläche« von Jesus und Paulus zu lesen ist. »Ja, was denn sonst?«, werden Sie jetzt vermutlich fragen. Etwas anderes haben wir doch nicht. Doch, haben wir. Neben dem Vielen, was im Neuen Testament ausdrücklich gesagt wird, müssen wir nämlich auch das Viele beachten, das im Neuen Testament ungesagt bleibt. Das, was für damalige Leser selbstverständlich war. Weil es Allgemeinwissen war. Weil es zu ihrem Alltag gehörte, zu dem, was fast jeder Jude und jede Jüdin schon als kleines Kind lernte und tagtäglich praktizierte. Die Evangelien des Neuen Testaments setzen auf Schritt und Tritt solche Selbstverständlichkeiten voraus, ohne sie zu erklären: Sie sprechen von der Geburt Jesu in der »Stadt Davids«, ohne ein Wort darüber zu verlieren, wer David ist und welche Bedeutung er für das jüdische Volk hatte. Sie beschreiben die Taufe Jesu im Jordan, ohne mit einem Wort zu erwähnen, was für eine entscheidende symbolische Bedeutung der Jordan für die Geschichte Israels hatte. Sie erzählen, dass Jesus als kleines Kind zum Passafest nach Jerusalem kam und dort auch am Passafest gekreuzigt wurde, ohne zu erklären, was das Passafest für Juden bedeutete. Sie erwähnen die Palmwedel und »Hosianna«-Rufe beim Einzug Jesu nach Jerusalem, ohne zu sagen, was damals jeder wusste: dass beides zu den Festbräuchen des jüdischen Laubhüttenfestes gehörte. Und man könnte die Reihe beliebig fortsetzen.

Mit anderen Worten: Die Berichte der Evangelien setzen vieles voraus, was für damalige Leser, die mit dem Judentum vertraut waren, selbstverständlich war. Sie müssen es nicht erwähnen, es genügt ein kleiner Hinweis. Dieser Hinweis jedoch verleiht dem Gesagten seinen tieferen Sinn. In der Bibelwissenschaft nennt man das »Anspielungen« oder »Echos«: Verborgene, aber doch für den damaligen Leser verständliche Hinweise auf eine hinter den Worten liegende tiefere Bedeutung, die dadurch entsteht, dass die Worte mit einem größeren Zusammenhang verknüpft sind. In der Literaturwissenschaft spricht man auch von »Frames«, von den größeren Bezugsrahmen, in denen jeder Satz und jedes Bild einer Erzählung durch die Assoziationen, die dadurch beim Zuhörer wachgerufen werden, automatisch steht.

Ein modernes Beispiel: Wenn wir in unserer heutigen Zeit sagen »Alle Jahre wieder ...«, dann rufen wir bei unseren Zuhörern damit automatisch eine ganze Reihe von Bildern und Erfahrungen ab, die wir mit ihnen teilen. Sie denken vermutlich sofort an Weihnachten, vielleicht haben Sie sogar eine bestimmte Melodie im Kopf. Je nach kultureller Prägung gehen die Assoziationen noch weiter: Gerüche von Weihnachtsmarkt und gerösteten Mandeln tauchen in der Vorstellung auf, Erinnerungen an Familienfeste und Bilder von bunt verpackten Geschenken. Bei religiös gebildeten Zuhörern kann man sogar davon ausgehen, dass sie an eine Geschichte aus der Bibel erinnert werden, in der ein Kind im Stall geboren und von Hirten besucht wird. Und sie verbinden mit dieser Geschichte die Glaubensüberzeugung, dass Gott Mensch wurde, um in unsere Welt zu kommen und uns Menschen als Mensch zu begegnen. Ein gutes Stück Theologie also. Das alles, und vermutlich noch mehr, ist der Eisberg, der unter der Oberfläche dessen liegt, was in den drei dürren Worten »Alle Jahre wieder« über der Oberfläche sichtbar ist. Es ist das Verborgene und Ungesagte hinter dem, was ausdrücklich gesagt wird. Für Menschen unseres Kulturkreises ist es leicht erkennbar und ganz selbstverständlich. Für Menschen einer anderen Zeit dagegen, oder schon einer anderen Sprache und Kultur, bliebe das alles verborgen, wenn sie die Anspielung nicht verstehen und die hinter den Worten verborgenen »Frames«, also Vorstellungsrahmen, nicht erkennen.

Die Theologie hinter den Worten

Noch einmal zurück zu Jesus und Paulus. Was ist der Eisberg, der unterhalb ihrer Worte verborgen liegt? Es ist die jahrhundertealte Tradition des jüdischen Glaubens, die beide nicht nur miteinander, sondern mit dem ganzen jüdischen Volk verbindet. Es sind die Erzählungen, Gesetze, Verheißungen, Mahnungen, Lieder und Gedichte des Alten Testaments. Es ist die lange Geschichte des Volkes Israel. Es ist die gelebte Praxis der jüdischen Bräuche, Feste und Feiertage. Auf diesen Schatz greifen sie zurück und auf dieses Fundament bauen sie ihre Gedanken und Worte auf. Jesus selbst benutzt dieses Bild einmal in einem seiner Gleichnisse:

> »Ein Schriftgelehrter, der zu einem Jünger des Himmelreiches wird, ist wie ein Hausvater, der aus seinem Vorratsschrank Altes und Neues hervorholt.«[4]

Die Theologie des Neuen Testaments besteht also nicht nur aus Neuem, sondern auch aus Altem. In ihren Predigten, Streitgesprächen und Briefen betonen Jesus und Paulus das Neue, das

Unbekannte und Umstrittene. Aber das Alte, das Selbstverständliche und das Bekannte setzen sie dabei voraus.

Das Alte wird durch das Neue nicht abgeschafft, sondern ergänzt und erklärt. Es bleibt aber auch für das Neue Testament grundlegend. Wenn Jesus und Paulus von »Gott« reden, dann meinen sie damit den Gott Israels, von dem das Alte Testament erzählt und zu dem Juden tagtäglich beten. Wenn sie »Gesetz« sagen, dann meinen sie die Tora, aus der an jedem Sabbat in den Synagogen vorgelesen wird. Viele andere grundlegende Worte und Inhalte der Botschaft Jesu stammen aus dem alten Schatz des jüdischen Glaubens: die Errettung durch Glauben, das Gebot der Nächstenliebe, die Königsherrschaft Gottes, der Glaube an einen gnädigen und barmherzigen Gott, die Erwartung eines gerechten Gerichts, eines neuen Himmels und einer neuen Erde. In den Festen und Feiertagen des jüdischen Jahreskreises werden diese Glaubensüberzeugungen regelmäßig gefeiert, in den Gebeten der Synagogen werden sie benannt und besungen. Und in ihren Grundzügen reichen sie zurück bis in die Zeit des Neuen Testaments. Diese Überzeugungen machen einen Großteil der Theologie des Neuen Testaments aus, auch wenn sie oft nur stillschweigend vorausgesetzt und nicht ausdrücklich angesprochen werden. Die vielen kleinen Andeutungen und Anspielungen auf jüdische Feste, Bräuche und Rituale, die uns als nichtjüdische Leser des 21. Jahrhunderts leicht entgehen, machen aber deutlich, wie eng die Botschaft Jesu und die Briefe des Paulus mit dem jüdischen Glauben verbunden und wie tief sie in ihm verankert sind.

Neues aus dem alten Schatz

Auf das breite Fundament dieser jüdischen Glaubensgrundlagen baut das auf, was im Neuen Testament das »Evangelium« genannt wird. Es ist das »Neue«, das der von Jesus beschriebene Schriftgelehrte aus dem alten Vorratsschrank hervorholt (im Griechischen und Hebräischen sind »Schatz« und »Vorratsschrank« dasselbe Wort). Es ist die Spitze des Eisbergs, die im

Neuen Testament im Mittelpunkt steht und auf die ausdrücklich verwiesen wird. Dieses Neue ist aber keine neue Religion, kein neuer Gott und auch kein neues Gesetz. Sondern es ist die Nachricht von einem Ereignis, von einem neuen Handeln Gottes in der Geschichte: die Botschaft, dass Gott in Jesus nun seinen Sohn in die Welt gesandt hat, der als Messias Israels am Kreuz die Sünde der Welt trägt und durch die Auferstehung von den Toten ein neues Zeitalter einläutet. Die Zeit des Messias, in der Gott sein Gesetz durch seinen Geist in die Herzen der Menschen schreibt und in der alle Völker der Welt hineingenommen werden in den Bund Gottes mit seinem Volk.

Diese neue und gute Botschaft ist nicht das Ende des Judentums. Sondern seine Bestätigung. In Jesus spricht Gott sein »Ja und Amen« zu dem, was er seit alters her dem Volk Israel verheißen hat.[5] Er bestätigt und erfüllt die Hoffnungen und Erwartungen des jüdischen Glaubens. Das zumindest ist es, was Jesus behauptet und was seine ersten Nachfolger glauben und verkündigen. Natürlich stieß diese Botschaft auch auf Widerstand und Ablehnung, zuerst und vor allem bei jüdischen Hörern. Bis heute sind dieser Anspruch Jesu und dieser Glaube seiner Nachfolger das, was zwischen Christen und Juden umstritten bleibt und was zur Trennung ihrer Wege geführt hat. Und bis heute ist es nur eine kleine Gruppe innerhalb des Judentums, die sogenannten »messianischen Juden«, die diesen Glauben des Neuen Testaments teilen. Und das Christentum hat durch seine lange Geschichte der Judenfeindschaft und Judenverfolgung erheblich dazu beigetragen, die Botschaft von einem jüdischen Messias Jesus für jüdische Ohren unglaubwürdig, unverständlich und unerkennbar zu machen.

Die jüdischen Feste als Schlüssel zur Botschaft Jesu

»Der Katechismus des Judentums ist sein Kalender.«[6] Mit diesen Worten beschrieb der Frankfurter Rabbiner Samson Raphael Hirsch (1808–1888) die zentrale Bedeutung der Feste für das Verständnis des jüdischen Glaubens. Christen fassen ihre

Glaubensüberzeugungen in einem »Katechismus« zusammen: kompakte Büchlein, in denen die wichtigsten Grundlagen des Glaubens zusammengestellt sind, sodass man sie auswendig lernen und nachschlagen kann. Es gibt den kleinen und den großen Katechismus von Martin Luther, den Heidelberger Katechismus und weltweit noch viele andere. Im Judentum gibt es nichts Vergleichbares. Aber, und das will Samson Raphael Hirsch mit seinem Ausspruch sagen: Es gibt die jüdischen Feste, in denen über das Jahr hinweg an alle wichtigen Heilstatsachen, alle wichtigen Ereignisse der Geschichte Israels und alle wichtigen Glaubensüberzeugungen des jüdischen Glaubens erinnert wird. Wer den Jahreskreis der Feste einmal durchlebt und mitgefeiert hat, der hat die Grundlagen der jüdischen Theologie lebendig und anschaulich erfahren.

In den vielen Jahren, in denen ich mich jetzt bereits mit den jüdischen Hintergründen des Neuen Testaments beschäftige, ist in mir die Überzeugung gewachsen, dass die jüdischen Feste den heimlichen Bezugsrahmen der neutestamentlichen Theologie bilden. Immer wieder wird auf diese Feste angespielt, ausdrücklich oder durch versteckte Anspielungen. Die entscheidenden Höhepunkt der Evangelienerzählungen, der Tod Jesu am Kreuz und seine Auferstehung, geschehen sicher nicht umsonst an einem jüdischen Fest, dem Passa- oder Pesachfest. Und auch die Ausgießung des Heiligen Geistes fällt mit einem Fest zusammen, dem Pfingst- oder Schawuot-Fest. Und wie wir noch sehen werden, spielen die Feste an vielen weiteren Stellen eine Rolle, wo es nicht auf den ersten Blick erkennbar ist. Deshalb spreche ich von der »verborgenen Theologie« der Evangelien und des Neuen Testaments. Der jüdische Kalender mit seinen Festen und Feiertagen ist so etwas wie das Koordinatensystem, in das die Ereignisse rund um das Leben Jesu hineingeschrieben werden. Immer wieder werden Bezugspunkte hergestellt und damit den Worten und Ereignissen ein tieferer geistlicher Sinn verliehen. Als Leserinnen und Leser der Evangelien werden wir deshalb eingeladen, diesen Hinweisen und Spuren nachzugehen, um das zu entdecken, was unter der Oberfläche des geschriebenen Wortes verborgen liegt.

Ein Wort zur Methode

Die jüdischen Feste haben sich über einen Zeitraum von Jahrhunderten entwickelt und auch verändert. Nicht immer wurden sie so gefeiert, wie sie heute gefeiert werden. Manche dieser Feste sind schon im Alten Testament ausführlich beschrieben, andere sind nur kurz erwähnt. Jüdische Quellen aus der Zeit des Neuen Testaments sowie aus den Jahrhunderten davor und danach helfen uns zu rekonstruieren, wie diese Feste zur Zeit Jesu gefeiert wurden und welche Bedeutung sie hatten. Aber auch in den Jahrhunderten danach, im Mittelalter und in der Neuzeit haben sich die Feste weiter verändert. Neue Aspekte sind hinzugekommen, Bedeutungen haben sich gewandelt.

Man darf daher nicht den Fehler machen, von den heutigen Festbräuchen unmittelbar auf die Zeit Jesu zu schließen. Ich möchte auch nicht, dass dieses Buch so missverstanden wird. Mir geht es weniger um einzelne Bräuche und Traditionen als um die geistliche Grundbotschaft der Feste. Dennoch möchte ich auch die wichtigsten Aspekte der heutigen Praxis beschreiben, denn es geht mir auch darum, das heutige Judentum besser zu verstehen und Brücken zu bauen für das christlich-jüdische Gespräch. Wo es mir möglich ist, werde ich die Feste in ihrer chronologischen Entwicklung darstellen: zunächst die alttestamentlichen Grundlagen und Bibeltexte, dann die Entwicklung bis in die neutestamentliche Zeit und die rabbinischen Schriften hinein und schließlich auch die moderne Gestalt. Manchmal wird es aus Gründen der besseren Verständlichkeit und Anschaulichkeit auch nötig sein, die verschieden Ebenen zu vermischen. Dieses Buch soll kein wissenschaftliches Fach- und Lehrbuch sein, sondern ein Buch für interessierte Bibelleser, das zum Nachdenken anregt und zum näheren Hinsehen und Selberforschen inspiriert. Auf fachliche Literatur verweise ich deshalb hin und wieder in den Fußnoten.

Immer wieder werde ich von Lesern meiner bisherigen Bücher und von Zuhörern meiner Vorträge gefragt, warum ich so viel aus den rabbinischen Schriften zitiere, also aus Talmud, Midrasch, Mischna und Tosefta. Schließlich seien viele dieser Texte erst Jahrhunderte nach dem Neuen Testament entstanden, während andere jüdische Schriften, wie etwa die Textfunde aus Qumran und die Werke von Josephus und Philo, viel näher dran seien an der Zeit Jesu. Weil diese Frage wichtig und berechtigt ist, habe ich im Anhang dieses Buches dazu eine kurze Antwort formuliert. Denn auch in diesem Buch werde ich wieder viele Worte der jüdischen Rabbinen zitieren, auch dann, wenn sie aus späterer Zeit stammen. Denn erstens bin ich überzeugt, dass viele dieser Worte tatsächlich sehr alt sind und bis in die Zeit des Neuen Testaments zurückreichen, auch wenn sie erst später aufgeschrieben wurden. Zweitens fassen sie oft in sehr treffenden Worten und anschaulichen Bildern zusammen, was auch in älteren Texten zu finden ist, aber dort nicht so kunstvoll ausgedrückt ist. Und drittens möchte ich auch damit eine Brücke bauen in die Welt des heutigen Judentums. Denn es sind die Worte und Gleichnisse der alten Rabbinen und nicht die Schriften von Josephus, Philo oder Qumran, die bis heute für das Leben in den Synagogen prägend und bestimmend geblieben sind, die in Predigten und Diskussionen zitiert und in den Lehrhäusern unterrichtet werden. Deshalb ist es für uns Christen eine gute Übung, einzutauchen in die Welt der jüdischen Rabbinen, um von dorther auch die Welt Jesu besser zu verstehen.

Kapitel 2

Geheiligte Zeit: Leben nach dem Rhythmus Gottes

»Die Grundtatsachen des Glaubens liegen im Bereich der Zeit.«
Abraham Joshua Heschel

Die Welt wurde mit einem inneliegenden Rhythmus erschaffen. Schon die ersten Sätze der Bibel sind geprägt durch den Wechsel von Tag und Nacht, Licht und Dunkelheit. Noch bevor Erde und Himmel, Festland und Meere geschaffen werden, beginnt der regelmäßige Rhythmus der Zeit: »Und es wurde Abend. Und es wurde Morgen. Tag eins.«[7] Zeiträume sind Lebensräume, die Gott uns eröffnet. Der Rhythmus von Tag und Nacht bestimmt unseren Alltag und unser Leben heute genauso wie am Anfang der Zeitrechnung. Zwar können wir dank technischer Hilfsmittel inzwischen die Nacht zum Tag machen und die moderne Arbeitswelt erfordert immer öfter Lebensrhythmen von uns, die diesem grundlegenden Pulsschlag der Welt entgegenlaufen. Aber für die meisten von uns bleibt er nach wie vor bestimmend. Hinzu kommen die Wechsel von Woche und Wochenende, der Kreislauf der Monate und Jahreszeiten und die Spanne unserer Lebenszeit mit ihren Phasen von Geburt, Jugend, Reife, Alter und Tod. Und schließlich markiert die Bibel mit ihrem ersten und letzten Kapitel auch den Weltlauf der Geschichte zwischen Schöpfung und Vollendung.

Als Christen und als Juden erleben wir diese Zeiträume als ein Geschenk Gottes und als einen Auftrag zur Gestaltung. Zeit will gestaltet werden, gefüllt durch Ruhe oder Tätigkeit. Unsere

Lebenszeit soll nicht nur ziellos dahinfließen, sondern sie soll sinnvoll gefüllt werden. Um uns daran zu erinnern, flicht die Bibel besondere Feiertage und Feste in die Struktur der Zeit hinein. Haltepunkte und Wegweiser, die uns mitten im alltäglichen Strom der Zeit an die größeren Zusammenhänge des Lebens und der Weltzeit erinnern. Regelmäßig wiederkehrende Rituale, Feste und Feiertage sollen uns daran erinnern, an welchem Punkt der Zeit wir uns gerade befinden, wie wir an diesen Punkt gelangt sind und wohin unser Weg durch die Zeit von hier aus weiterführt.

Ein altes Gebet, das »Schehechianu«, wird in der jüdischen Tradition zu vielen verschiedenen Anlässen, Festzeiten und Feiertagen gebetet und fasst treffend zusammen, worin der Sinn besteht, besondere Momente in der Zeit zu begehen und zu feiern:

> »Gepriesen bist du, Herr unser Gott, König der Welt,
> der du uns lebendig gemacht und lebendig erhalten,
> uns aufgerichtet und bewahrt hast,
> und der du uns geführt hast
> bis hinein in diesen Augenblick der Zeit.«[8]

Der jüdische Philosoph Abraham Joshua Heschel vergleicht die jüdischen Rituale mit der Arbeit eines Künstlers oder Architekten, der dem formlosen Strom der Zeit eine Gestalt verleiht:

> »Man kann das jüdische Ritual als die Kunst charakterisieren, der Zeit gültige Formen zu geben, als Architektur der Zeit. Die meisten dieser Rituale – der Sabbat, der Neumond, die Festzeiten, das Sabbatjahr und das Erlassjahr – hängen an einer bestimmten Stunde des Tages oder der Jahreszeit. So bringt z. B. der Abend, der Morgen oder der Nachmittag die Aufforderung zum Gebet mit sich. Die Grundtatsachen des Glaubens liegen im Bereich der Zeit. Wir gedenken an den Tag des Auszugs aus Ägypten. An den Tag, als Israel am Sinai stand. Und auch unsere messianische Hoffnung ist die Erwartung eines Tages: des Endes aller Tage.«[9]

Der Tag: Die kleinste Zeiteinheit der hebräischen Bibel

Der Wechsel von Tag und Nacht, wie er in den ersten Sätzen der Bibel erzählt wird, bildet die kleinste Zeiteinheit im Rhythmus der Schöpfung. Es ist interessant, dass die hebräische Bibel weder Stunden, noch Minuten oder Sekunden kennt, um Zeit einzuteilen.[10] Diese kleineren Zeiteinheiten spielen erst in späterer Zeit eine Rolle, als die Welt zunehmend an Tempo aufnimmt.[11] Schon in den griechischen Teilen des Alten Testaments, den oft so genannten »Apokryphen«, und dann auch im Neuen Testament, ist eine Stundeneinteilung des Tages erkennbar. Schon damals gibt es also das, was wir heute die »Beschleunigung der Welt« nennen. Heute rechnen wir nicht nur in Minuten und Sekunden, sondern in winzigen Bruchteilen davon: Ein durchschnittlicher PC arbeitet mit einem Rhythmus von 4 Milliarden Schlägen pro Sekunde. Die Welt scheint sich immer schneller zu drehen und manches gerät dabei aus den Fugen. Der Jenaer Soziologe Hartmut Rosa, derzeit einer der populärsten Gesellschaftsforscher in Deutschland, bezeichnet diese anhaltende Beschleunigung unserer Zeit als die größte Herausforderung für die moderne Gesellschaft.[12] Weil die verschiedenen Bereiche unseres Lebens immer schneller ticken, aber gleichzeitig in unterschiedlichem Tempo, wächst in uns das Gefühl, aus dem Takt zu sein, nicht mehr im Einklang mit anderen Menschen, mit der Natur oder mit dem Universum. Rosa nennt dieses Gefühl »Entfremdung«. Gelungenes Leben dagegen erfahren wir in Momenten, in denen wir uns im Einklang miteinander oder mit der Welt erleben. »Resonanzerfahrungen« nennt Hartmut Rosa das.[13] Wie zwei Pendel oder Metronome, die sich auf ein gemeinsames Tempo einschwingen und für einen Augenblick lang im gleichen Takt schlagen. Wir sehnen uns nach solchen Momenten und erleben sie doch immer seltener.

Jeder neue Tag ist eine Chance, sich neu einzustellen auf den Herzschlag, den Gott in seine Schöpfung hineingelegt hat. In der jüdischen Tradition soll der Mensch am Morgen, noch bevor er aufsteht, sein Leben auf Gott ausrichten und ein kurzes Dankgebet sprechen, das *»Modeh ani«:*

»Ich bin dir dankbar, du lebendiger und beständiger König, dass du mir meine Seele zurückgegeben hast. Groß ist deine Treue.«[14]

Hinter diesem Gebet steht die tiefe Einsicht, dass wir unser Leben und unsere Seele jeden Morgen neu als ein Geschenk von Gott anvertraut bekommen: Am Abend legen wir sie in Gottes Hand, am Morgen erhalten wir sie von ihm zurück. Rabbi Akiba hat es einmal so ausgedrückt:

»Alles ist uns auf Bürgschaft gegeben: Der Laden steht offen, der Krämer leiht aus, die Schreibtafel ist aufgeschlagen und seine Hand schreibt. Und jeder, der borgen will, kommt und borgt. Und die Einnehmer gehen beständig an jedem Tag herum und machen sich von dem Menschen bezahlt mit seinem Wissen und ohne sein Wissen. Sie haben ihre Aufzeichnungen, auf die sie sich stützen, und das Gericht ist ein gerechtes Gericht, und alles ist zum Festmahl bereitet.«[15]

Neben dem individuellen Gebet zum Aufstehen gibt es in der jüdischen Tradition auch festgesetzte Gebetszeiten zu verschiedenen Tageszeiten. Am Morgen (*schacharit*), am Nachmittag (*mincha*) und am Abend (*ma'ariv*). Diese Gebetszeiten lehnen sich an die Tageszeiten an, an denen zu biblischer Zeit im Tempel von Jerusalem die gemeinschaftlichen Opfer gebracht wurden.[16] Dass diese regelmäßigen Gebetszeiten sehr alt sind, ist auch daran zu erkennen, dass sowohl im Alten als auch im Neuen Testament Gebete zur Zeit des *mincha*-Opfers ausdrücklich erwähnt sind.[17] Nach einer alten rabbinischen Auslegung wurden die drei Gebetszeiten sogar schon von den drei Erzvätern Abraham, Isaak und Jakob eingeführt:

»Eine Überlieferung von Rabbi Josef ben Hanina und Rabbi Josua ben Levi besagt: Schon Abraham führte das Morgengebet ein. Denn die Schrift sagt: ›Und Abraham machte sich früh auf zu dem Ort, wo er vor dem Herrn

> stand‹[18] Und was bedeutet ›stehen‹, wenn nicht das Gebet? Denn schon in den Psalmen steht: ›Pinehas stand und betete‹[19]. Isaak führte das Nachmittagsgebet ein. Denn es steht geschrieben: ›Und er war ausgegangen um sein Herz auszuschütten auf dem Felde am Nachmittag‹.[20] Und was ist ›sein Herz ausschütten‹, wenn nicht das Gebet'? Denn schon in den Psalmen steht: ›Ein Gebet für den Elenden, der sein Herz vor dem Herrn ausschüttet‹.[21] Jakob schließlich führte das Nachtgebet ein. Denn es steht geschrieben: ›Und er traf auf die Stätte bei Nacht‹.[22] Und was bedeutet ›antreffen‹, wenn nicht das Gebet? Denn schon im Propheten Jeremia steht: ›Du sollst für dieses Volk nicht bitten, nicht klagen, nicht beten und du wirst mich nicht antreffen!‹«[23]

Vor Gott stehen, sein Herz vor Gott ausschütten und Gott begegnen: Drei Bilder für das, was im Gebet geschieht. Anders als das *»modeh ani«* soll man die drei täglichen Gebetszeiten allerdings in Gemeinschaft mit anderen gestalten. Mindestens zehn Männer über 13 Jahre bilden eine rechtlich gültige Gebetsversammlung (*minyan*), die sich möglichst in einer Synagoge oder einem anderen zum Beten geeigneten Raum trifft.[24] Wo keine Synagoge erreichbar ist, sind aber auch andere passende Orte möglich. In Israel sieht man z. B. oft zu den Gebetszeiten kleine Gebetsgruppen am Rand der Autobahn stehen und auch in Flughäfen oder sogar im Mittelgang eines Flugzeugs kann es vorkommen, dass sich solche Gruppen spontan bilden. Dadurch, dass man die täglichen Gebete im Stehen betet, dabei den blau-weißen Gebetsschal (*tallit*) über den Kopf legt und auch die Gebetsriemen (*tefillin*) um den Arm und um die Stirn legt, sind die Gebetsgruppen in der Öffentlichkeit deutlich sichtbar: Die gemeinschaftlichen Gebete sind, anders als die persönlichen, ein Ausdruck des öffentlichen Bekenntnisses.

Ist Beten Privatsache?

Das ist übrigens auch im Neuen Testament so. Jesus warnt zwar davor, das Gebet zu missbrauchen, um sich selbst öffentlich zur Schau zu stellen.[25] Das bedeutet aber nicht, dass er selbst nicht auch öffentlich und in Gemeinschaft mit anderen betete, sodass es andere sehen konnten.[26] An den gemeinsamen Gebetszeiten in der Synagoge und im Tempel nahm er regelmäßig teil[27] und auch die ersten Christen hielten die gemeinsamen Gebetszeiten offenbar weiter ein[28]. In der frühesten uns bekannten christlichen Gemeindeordnung, der »Didache« aus dem frühen 2. Jahrhundert, werden drei regelmäßige Gebetszeiten pro Tag beschrieben. Und in Klöstern und Kommunitäten sind diese Gebetszeiten bis heute üblich. Luthers Übersetzung von Mt 6,6 (»Wenn du betest, dann geh in dein Kämmerlein und schließ die Tür zu«) hat in manchen christlichen Kreisen zu dem Missverständnis geführt, dass nur das ganz private und versteckte Gebet erlaubt und echt ist. So ist dieser Satz aber nicht gemeint. Was Luther mit »Kämmerlein« übersetzte, war in Wirklichkeit das »Obergemach« des Hauses, also der große Wohnraum, der schon im Alten Testament[29] und dann auch in den rabbinischen Schriften[30] und in anderen jüdischen Texten[31] als bevorzugter Gebetsraum dient. Und die »verschlossene« Tür bedeutet nicht, dass man die Tür abschließt, um sich zu verstecken, sondern dass man die Tür schließt, um die nötige Ruhe und Konzentration (hebr. *kavanah*) im Gebetsraum zu haben. Wir sollten also nicht die neuzeitliche »Privatisierung« des Gebets in das Neue Testament hineinlesen und daraus vor allem keinen unnötigen Gegensatz zwischen der Empfehlung Jesu und der üblichen Gebetspraxis des Judentums konstruieren.

Die Gebete zum Tagesbeginn

Das Morgengebet ist das ausführlichste der drei jüdischen Tagzeitengebete. Es besteht aus einer Reihe von traditionellen, teilweise sehr alten, fest formulierten Gebeten und Bibeltexten. Dazu gehören etwa das »Höre Israel« (*schma israel*) aus Deut.

6,4-9, das Gebet der achtzehn Bitten (*amida* oder *schmonei esre*), Auszüge aus den Lobpreispsalmen 113 bis 118 und eine Toralesung aus dem jeweiligen Abschnitt dieser Woche, das *Kaddish*- und das *Aleinu*-Gebet und das traditionelle Lied »*Adon Olam*«. Die Worte all dieser Gebete (und vieler weiterer, die wir noch in diesem Buch kennenlernen werden) kann man in jedem jüdischen Gebetbuch (*siddur*) finden.[32] Aber auch im Internet wird man unter den entsprechenden hebräischen Stichworten schnell fündig. Der beschränkte Platz erlaubt es nicht, die Gebete, die mehrere Seiten füllen, hier abzudrucken. Mir persönlich gefällt aber dieser kleine Segensspruch besonders, mit dem der Lobpreisteil im Morgengebet beginnt:

> »Gepriesen bist du, Herr unser Gott, König der Welt,
> der du dem Hahn die Weisheit gegeben hast,
> zwischen Tag und Nacht zu unterscheiden.«[33]

Die folgenden Zeilen aus demselben Lobpreisgebet formulieren die Haltung, mit der man in den Tag gehen sollte:

> »Gepriesen bist du, Herr unser Gott, König der Welt,
> der unseren Schritten die richtige Richtung gibt.
> Gepriesen bist du, Herr unser Gott, König der Welt,
> der Israel mit Kraft gürtet.
>
> Gepriesen bist du, Herr unser Gott, König der Welt,
> der Israel krönend mit Herrlichkeit schmückt.
> Gepriesen bist du, Herr unser Gott, König der Welt,
> der dem Erschöpften neue Kraft verleiht.
> Gepriesen bist du, Herr unser Gott, König der Welt,
> der den Schlaf von meinen Augen entfernt
> und den Schlummer von meinen Wimpern.
>
> Möge es dein Wille sein,
> unser Gott und Gott unserer Vorfahren,
> dass du uns leitest in deiner Weisung.
> Lass uns an deinen Geboten festhalten

und lass uns nicht geraten in Sünde, Vergehen und Schuld,
nicht in Versuchung und Schande,
und lass den Hang zur Sünde,
der in uns wohnt, nicht über uns herrschen.
Halte böse Menschen und schlechte Freunde von uns fern
und lass uns dem Hang zum Guten folgen,
der auch in uns wohnt.
Bringe uns dazu, dass wir uns dir hingeben,
und lass uns heute und an jedem weiteren Tag
deine Gunst, Zuwendung und Liebe erfahren
vor deinen Augen und vor den Augen aller, die uns sehen.
In deiner Liebe erweise uns deine Gnade.
Gepriesen bist du, Herr unser Gott,
der seinem Volk Israel Liebe und Gnade erweist.

Du Herr aller Zeiten! Wir flehen zu dir
nicht aus unserer eigenen Gerechtigkeit,
sondern im Vertrauen auf deine große Barmherzigkeit.[34]

Wir wissen zwar nicht, aus welchem Jahrhundert diese Worte stammen. Aber wenn Paulus dieses Gebet schon gekannt hätte, dann wäre dieses Morgengebet für ihn ein treffender Ausdruck für das gewesen, was er als Jude den Glauben an die Gerechtigkeit allein aus Gnade nannte.

Beginnt der jüdische Tag am Abend?

Es wird oft gesagt, dass in der Bibel und in der jüdischen Tradition der Tag bereits mit dem Abend beginne. Deshalb heiße es im Schöpfungsbericht: »Es wurde Abend und es wurde Morgen: Tag eins.« Ganz richtig ist das allerdings nicht. Auch im Judentum beginnt der Tag mit dem Morgen und er endet mit dem Abend. Der Unterschied zu unserer heutigen 24-Stunden-Zählung ist der, dass in der Bibel die Nacht nicht mit zum Tag zählt, weder zum Vortag noch zum Folgetag. Vielmehr gilt: »Hat nicht ein Tag zwölf Stunden?«[35] Es gibt also in der Bibel nur Tage und

Nächte, die einander abwechseln. Wenn der Tag endet, beginnt die Nacht. Und wenn die Nacht endet, beginnt der nächste Tag. Wer deshalb an einem Dienstagabend sagt: »Gestern war ich einkaufen«, der meint nicht den Dienstag, sondern den Montag. Wer dagegen sagt: »Heute war ich einkaufen«, der erzählt vom gleichen Tag, also vom Dienstag. »Morgen gehe ich einkaufen« bezeichnet den Mittwoch, nicht etwa den Donnerstag. In der Bibel finden wir einige ganz ähnliche Beispiele dafür, was die Worte »gestern«, »heute« und »morgen« bedeuten, wenn sie am Abend oder in der Nacht gesprochen werden.[36] Daran wird deutlich, dass der Abend in der Bibel noch zum Vortag zählt, und nicht zum folgenden Tag. Eigentlich jedoch gehört er zu keinem der beiden Tage, sondern zur Nacht.

Auch heute ist es im Judentum so, dass der Dienstagabend immer noch als Dienstag zählt, und auch das Datum des Tages ändert sich, wie überall, erst um Mitternacht.

Dass der jüdische Tag bereits am Abend beginnt, ist also ein Irrtum. Richtig ist allerdings, dass die jüdischen Festtage, und auch der Sabbat, bereits mit dem Vorabend des vorangehenden Tages beginnen. Die Regeln des Sabbats werden also bereits am Freitagabend eingehalten, der Sabbat wird am Freitagabend mit einem Gottesdienst begrüßt, die Sabbatkerzen werden am Freitagabend entzündet und man wünscht sich bereits am Freitagabend einen friedvollen Sabbat (*schabbat schalom*). Auf diese Weise hat der Mensch Gelegenheit, sich rechtzeitig auf den Feiertag einzustellen und nicht erst am Morgen mit dem Aufwachen in den Feiertag hineinzustolpern. Hier hat der alte Brauch seinen Ursprung, den Feiertag bereits am Abend vorher zu beginnen.[37]

Die Woche: Wechsel zwischen Alltag und Feiertag

Die zweite Zeiteinheit, die uns im Schöpfungsbericht begegnet, ist die Woche aus sieben Tagen. Sieben Tage dauert die Erschaffung der Welt und der siebte Tag durchbricht den gleichmäßigen Wechsel von Tag und Nacht, der bis dahin den Schöpfungsbericht durchzog. Der siebte Tag ist besonders:

»Und Gott segnete den siebten Tag und heiligte ihn.«[38]

Das Wort »heilig« erscheint hier zum allerersten Mal in der Bibel. Es bedeutet: »zu Gott gehörig, für Gott ausgesondert«. Heilig zu sein, hat deshalb wenig mit moralischem Perfektionismus zu tun. Sondern es bedeutet, zu Gott zu gehören und dadurch »anders« zu sein. Das Erste, was Gott in seiner gerade erschaffenen Schöpfung für heilig erklärt, ist der siebte Tag. Er heißt hier noch nicht »Sabbat«. Der Sabbat als Feiertag wird in der Bibel erst später eingeführt.[39] Aber bereits hier wird deutlich: Der Kreislauf von sieben Tagen ist Teil dessen, was die Bibel die Ordnung der Schöpfung nennt.[40] Teil dieser Ordnung ist es, dass der alltägliche Fluss der Zeit regelmäßig von heiligen Momenten unterbrochen wird. Gottes Heiligkeit hat ihren Platz in unserer Alltäglichkeit. Nicht immer und überall, aber zu besonderen Momenten. Und wir lernen schon gleich am Anfang der Welt: Es ist gut, wenn dies regelmäßig geschieht und die heiligen Momente Gottes so ein fester Bestandteil in unserem Lebensrhythmus werden.

Der Monat: Ein Kalender, der nach dem Mond geht

Der Monatszyklus spielt im jüdischen Kalender, verglichen mit Tages-, Wochen- und Jahresrhythmus, eine untergeordnete Rolle. Dennoch wird auch er in der Bibel beachtet: Der Beginn des Monats (Neumond) soll mit einem besonderen Fest begangen werden.[41] Und auch heute werden in den Synagogen an diesem Tag besondere Gebete in die übliche Liturgie eingefügt. Dass der Monatsbeginn dennoch relativ unspektakulär begangen wird, liegt vielleicht auch daran, dass in den umliegenden Kulturen des alten Orients das Neumondfest eine hohe religiöse Bedeutung hatte und Israel sich davon bewusst abgrenzen wollte. Diese Tendenz wird schon im Schöpfungsbericht deutlich, wo Sonne und Mond, die in den umliegenden Kulturen als mächtige Götter verehrt wurden, zuerst spöttisch als »zwei große Lampen« und dann sogar als »eine große und eine kleine Lampe« am Himmel bezeichnet werden.[42] Die jüdischen Rabbinen, die die Schrift immer sehr genau nehmen, entdeckten hier einen Widerspruch und erklärten ihn damit, dass es einen Rangstreit zwischen Sonne und Mond gab:

> »Rabbi Simon ben Pazi entdeckte hier einen Widerspruch. Er erklärte ihn so: Als Gott am Anfang Sonne und Mond erschuf, waren sie zunächst gleich groß. Dann aber sagte der Mond zu Gott: Ist es denn möglich, dass zwei Könige zusammen mit einer Krone regieren? Einer von uns sollte dem anderen dienen. Gott antwortete: Du hast recht. Also geh hin und mach dich selbst etwas kleiner. Der Mond protestierte: Wie? Ich habe dich auf den Fehler aufmerksam gemacht und jetzt soll ich dafür bestraft werden? Gott antwortete: Na gut, dann darfst du zum Ausgleich sowohl am Tag als auch in der Nacht scheinen, tagsüber zusammen mit der Sonne und nachts ganz allein. Der Mond aber protestierte wieder: Welchen Nutzen hat es denn, wenn ich tagsüber zusammen mit der Sonne scheine? Das ist so, als würde man eine Kerze entzünden, wenn es sowieso hell ist. Gott antwortete: Na gut, also soll man wenigstens die Feiertage und Feste nach dir berechnen. Aber der Mond protestierte wieder: Aber die Sonne wird doch auch zum Zählen der Feiertage dienen, denn schließlich hast du über uns beide gesagt: ›Sie dienen als Zeichen für Feiertage, Tage und Jahre.‹[43] (...) Da sah Gott, dass der Mond nicht zu trösten war.«[44]

Natürlich ist diese Geschichte nur eine Fabel. Sie zeigt aber die tiefere Bedeutung des biblischen Schöpfungsberichtes auf: Die Gestirne sollen nicht, wie in vielen anderen Religionen und Kulturen, als Götter verehrt werden. Vielmehr werden sie von Gott in ihre Schranken gewiesen. Sie sind eben nur »Lampen«, die vom Schöpfer an den Himmel gehängt werden. Eine große und eine kleine. Auch das Neumondfest dient nicht der Verehrung des Mondes, sondern an ihm wird ein besonderes Sündopfer gebracht. Anknüpfend an die Erzählung vom Protest des Mondes, und sicher auch mit einem humorvollen Augenzwinkern, erklärt ein anderer Rabbi, warum der Bibeltext von einem besonderen »Sündopfer für den Herrn« spricht, das am Neumondfest dargebracht wird:

> »Gott sah, dass der Mond nicht zu trösten war. Da sagte er: Bringt ein Sündopfer für mich dar, weil ich den Mond kleiner gemacht habe als die Sonne. Deshalb sagt Rabbi Simeon ben Lakisch: Was ist so besonders an dem Sündenbock des Neumondfestes, dass über ihn gesagt wird, er ist ›ein Sündopfer für den Herrn‹[45]? Der Heilige, gepriesen sei er, hat über ihn gesagt: Dieser Sündenbock soll als Sühne dienen für mich, weil ich den Mond kleiner gemacht habe als die Sonne.«[46]

Natürlich wusste auch Rabbi Simon, dass die Bibelstelle anders gemeint war. Durch die humorvolle Verdrehung des Bibeltextes zeigt er uns aber, wie wir manchmal tatsächlich denken: Wir geben Gott die Schuld für alles Mögliche, so absurd es auch sei. Und wir meinen, er müsste eigentlich dafür büßen. Dabei sind *wir* es, die Vergebung und Sühne nötig haben. Das Neumondfest kann also eine Gelegenheit sein, uns daran zu erinnern. Seit dem 16. Jahrhundert wird das Neumondfest deshalb in vielen jüdischen Gemeinden auch »der kleine Versöhnungstag« (*jom kippur katan*) genannt. Der zusätzliche Sündenbock, der hier nach dem biblischen Gesetz geopfert wurde, erinnert an den Sündenbock, der am jährlichen »großen Versöhnungstag« (*jom kippur* oder *jom ha-kippurim*) geopfert wird. In vielen Gebetbüchern finden sich deshalb Gebete zum »kleinen Versöhnungstag« zu Beginn jedes neuen Monats. Würde dieser Brauch mehr Verbreitung finden, so könnte der Beginn des neuen Monats, der in der Bibel eher stiefmütterlich behandelt wird, eine besondere spirituelle Bedeutung im Jahreskreis entwickeln:

> »Es wäre ein Fest, an dem man eine monatliche Abrechnung aufstellt, eine Zusammenfassung aller Taten und Unterlassungen während des vorherigen Monats und eine Vorbereitung auf den kommenden. Die Rabbinen

haben auch ein besonderes Gebet für den Vorabend des Monatsanfangs festgelegt. Es ist der sogenannte ›kleine Versöhnungstag‹ und das für ihn bestimmte Gebet steht im Gebetbuch. Es ist eine Bitte, Fehler und Sünden während des vorherigen Monats zu verzeihen sowie Lehren für den kommenden Monat daraus zu ziehen.«[47]

Ein Schaltmonat zum Ausgleich von Sonnen- und Mondjahr

Die biblische Aussage, dass »Sonne und Mond« die Jahres- und Festzeiten regieren sollen, bringt aber noch weitere Probleme mit sich: Denn der Mond bestimmt die Länge eines Monats, die Sonne jedoch die Länge eines Jahres. Ein mathematischer Monat besteht aus 29 Tagen, 12 Stunden, 44 Minuten und etwa 31 Sekunden. Im jüdischen Kalender werden daraus abwechselnd 29 oder 30 Tage. Damit sind die jüdischen Monate kürzer als die Monate im christlichen Kalender. Zwölf Monate im Mondkalender ergeben auf diese Weise etwa 354 Tage, das sind 11 weniger als im Sonnenkalender mit seinen 365 Tagen. Der Mond hatte also recht mit seinem Protest: Wie kann es funktionieren, dass die Feste und Jahreszeiten von beiden gleichzeitig regiert werden? Entweder man richtet sich nach der Sonne (wie der christliche Kalender), dann fallen aber die Monate nicht mehr mit den tatsächlichen Mondphasen zusammen. Dann würde es unmöglich, das Neumondfest jeweils am Monatsanfang zu feiern. Oder man richtet sich nach dem Mond (wie der islamische Kalender), dann fallen aber die regelmäßigen Feste nicht mehr mit den Jahreszeiten zusammen. Islamische Festzeiten wie der Ramadan oder das Opferfest »wandern« deshalb Jahr für Jahr um 11 Tage durch unseren Kalender und finden manchmal im Sommer und manchmal im Winter statt. Für den jüdischen Kalender wäre das aber schwierig, weil die Feste im Jahreskreis sehr eng mit den Jahreszeiten und mit Saat und Ernte verbunden sind.

Im jüdischen Kalender sollen also beide regieren, Sonne und

Mond. Wie wurde das Problem also gelöst? Etwa alle drei Jahre wird in den Kalender ein ganzer »Schaltmonat« eingefügt, also ein voller zusätzlicher Monat. Die Feste, die bis dahin 3x11 Tage durch das Jahr gewandert sind, finden danach wieder zur gleichen Jahreszeit statt. In einem regelmäßigen Zyklus von 19 Jahren, der auf Rabbi Hillel II. (4. Jh.) zurückgeführt wird, wird jeweils im 3., 6., 8., 11., 14. und 17. Jahr ein solcher Schaltmonat eingeführt. Da im Jahr 2017 ein neuer Zyklus begonnen hat, wird in den Jahren 2019, 2022, 2024, 2027, 2030 und 2033 jeweils ein Schaltmonat in das jüdische Jahr eingefügt.

Das Jahr: Der Kreislauf der Feste und der Natur

Der Jahreskreis ist in der jüdischen Tradition der Rahmen, an dem sich die großen Feste und Feiertage ausrichten. Der Rahmen selbst wiederum ist am Wechsel der Jahreszeiten orientiert: In der Abfolge von Sommer und Winter, Frühjahr und Herbst lassen sich die seit Menschengedenken beobachtbaren Kreisläufe von Werden und Vergehen, von Wachstum und Reife, von Blühen und Verwelken, von Frost und Hitze beobachten, die Gott durch seinen Bund mit Noah festgesetzt hat.[48]

Das hebräische Wort für »Jahr« (*schanah*) bedeutet eigentlich »Wiederkehr, Wiederholung«. Denn während sich die Welt von Monat zu Monat, von Jahreszeit zu Jahreszeit, verwandelt, beginnt der Kreislauf nach Ablauf eines Jahres wieder von vorn. In diesen Kreislauf hinein, und eng mit ihm verbunden, fügen sich die Feste des biblischen Kalenders. Sie alle haben einen Bezug zur Natur und zur Landwirtschaft, zu Saat und Ernte. Aber sie alle haben auch eine tiefere geistliche Bedeutung und einen Bezug zur besonderen Geschichte Gottes mit seinem Volk.

In der Bibel stehen mehrere unterschiedliche Kalendersysteme nebeneinander und man muss genau hinsehen, welches gerade benutzt wird. Ein Kalendersystem benennt die Monate einfach mit Zahlen von eins bis zwölf: Der erste Monat, der zweite Monat und so weiter. Ein anderes Kalendersystem dagegen verwendet die aus Babylon stammenden Monatsnamen: Nisan, Ijar, Siwan, Tammuz, Ab, Elul, Tischri, Marcheschwan, Kislew, Tevet, Schewat, Adar. An wieder anderen Stellen werden alte kanaanäische Monatsnamen gebraucht: Aviv, Siw, Etanim und Bul. Nach manchen Kalenderzählungen beginnt das Jahr im Frühling[49], nach anderen aber im Herbst.[50] Dieses verwirrende Nebeneinander hat vermutlich historische Gründe:[51] Das Volk Israel wurde im Lauf seiner Geschichte durch unterschiedliche Kulturen seiner Umwelt beeinflusst und hat deren Zeitrechnung oft übernommen. Außerdem entstanden unterschiedliche Teile der Bibel zu verschiedenen Zeiten.

Viele Ausleger deuten aber dieses Nebeneinander der Kalender auch geistlich. Denn die neue Monatszählung, die im Frühling beginnt, wurde nach dem Bericht der Bibel von Gott selbst eingeführt, bevor das Volk Israel aus Ägypten auszog:

> »Dieser Monat soll *für euch* der erste Monat sein und von ihm aus sollt ihr die Monate des Jahres zählen.«[52]

Samson Raphael Hirsch deutet diese Stelle in seinem Kommentar zum zweiten Buch Mose so:

> »In der Tat erhielten wir damit einen doppelten Zeitzyklus. Es gibt ein weltliches Jahr, das mit dem Monat *Tischri* im Herbst beginnt, (...) und ein jüdisches Jahr, das mit dem Monat *Nissan* beginnt, dem Monat, an dem wir aus Ägypten erlöst wurden.«[53]

Hirsch deutet diese unterschiedlichen Jahresanfänge als den Gegensatz zwischen der physischen, materiellen Dimension des Lebens und der geistlichen Dimension: Das weltliche Jahr stehe demnach für das Vergängliche. Es beginnt im Herbst, wenn alles verwelkt und vergeht. Zwar kennt es in seinem Verlauf auch Zeiten des Frühlings und Sommers, also ein kurzes Aufblühen, aber am Ende stehen wieder das Vergehen und der Tod. Dem gegenüber steht das »geistliche Jahr«, das Gott dem Volk Israel verordnet: Es beginnt mit Frühling und Aufbruch, und auch wenn es in seinem Verlauf Zeiten des Vergehens, des Erstarrens, der Kälte und des Todes gibt, endet es wieder mit der Hoffnung auf neues Leben. So beginne auch die Geschichte Israels mit dem hoffnungsvollen Aufbruch aus Ägypten und der Erfahrung der Befreiung. Und auch wenn Israel in seiner Geschichte Zeiten der Vertreibung, des Exils und der Vernichtung erlebe, so stünden doch am Ende seiner Geschichte wieder die Erlösung und das Leben in der kommenden Welt.

> »Dadurch ist eine Erinnerung an unsere Doppelnatur schon in das Wanderbuch unseres Lebens hineingeschrieben: Alles Irdische wird aus Nacht und blütenlos geboren, und auch wenn es zum Glanz des Mittags blühend und fruchtreich steigt, es findet am Schluss wieder blütenlos in Nacht sein Grab. Alles Heilige und Jüdische jedoch stammt aus Licht und Leben, und auch wenn es auf der Mitte seines Weges mit Nacht und Tod zu kämpfen hat, ringt es sich doch wieder aus Nacht und Tod zu Licht und Leben durch und das, was am Anfang aus dem Frühling geboren wurde, endet auch wieder verjüngt und erneuert im Frühling.«[54]

Auch der britische Oberrabbiner Jonathan Sacks spricht von einer »Dualität der Zeit«, die im Nebeneinander der beiden Kalenderzählungen vorgegeben sei.

> »Warum diese Dualität? Weil Gott beides ist: Gott der Natur und Gott der Kultur. Er ist der Gott aller Menschen im Allgemeinen, aber auch der Gott des Bundesvolkes Israel im Besonderen. Er ist der Urheber des Naturgesetzes und auch des religiös-ethischen Gesetzes. Wir begegnen Gott deshalb sowohl im zyklischen Verlauf der Zeit, wie er sich in den Planeten widerspiegelt, als auch im linearen Verlauf der Zeit, wie er sich in der Geschichte des Volkes zeigt, zu dem wir gehören. (...) In der Physik ist das Licht sowohl Welle als auch Teilchen. Im Judentum ist Zeit sowohl kreisförmig als auch strahlförmig. Das scheint nicht

> zusammenzupassen. Und doch widersetzt es sich ganz großartig allen Versuchen, die Komplexität der Zeit vereinfachen zu wollen, die sich im Ticken der Uhr, im Wachsen der Pflanze, im Altern des Körpers und im unaufhörlichen Streben unseres Geistes nach einem tieferen und weiteren Verstehen der Welt widerspiegelt.«[55]

Auch die jüdischen Feste, so Sacks, spiegeln diese Dualität wider. So gäbe es zum einen die drei großen Wallfahrtsfeste Passa (*Pesach*), Pfingsten (*Schawuot*) und das Laubhüttenfest (*Sukkot*). Diese Feste erinnern an Ereignisse in der Geschichte Israels, wie wir im Laufe des Buches noch sehen werden. Man beginnt deshalb das Hauptgebet an diesen Festen mit den Worten »Du hast uns erwählt«. Hier liegt die Betonung auf der Besonderheit des jüdischen Volkes.

An den zwei hohen Feiertagen des Herbstes dagegen, Neujahr (*Rosch Ha-Schana*) und Versöhnungstag (*Jom Ha-Kippurim*), beginnen die Gebete mit der Zeile »Du hast alles gemacht, du hast alles erschaffen«. Hier liegt die Betonung auf der Universalität der Schöpfung und der Menschheit. Am Laubhüttenfest schließlich, das sowohl zu den drei Wallfahrtsfesten als auch zu den Festen im Herbst gehört, fließen beide Linien zusammen: die spezielle Geschichte des jüdischen Volkes und eine universale Perspektive für die ganze Menschheit. Auch das werden wir später noch genauer betrachten. Aber schon an dieser Stelle wird deutlich: Der Kalender des Judentums nimmt uns hinein in eine Geschichte, die den natürlichen Lauf der Welt zusammenbindet mit der Geschichte des Volkes Israels, wie sie in der Bibel erzählt wird. Und deshalb ist es ein lohnenswertes Unternehmen, den jüdischen Kalender und seine Theologie genauer zu betrachten. Er ist es, der dann auch die Theologie des Neuen Testaments und damit unseren christlichen Glauben bis heute prägt.

Das Geheimnis der Zeit im Neuen Testament

Der vielleicht bekannteste Text des Neuen Testaments, die Weihnachtsgeschichte, beginnt mit den Worten:

> »Es begab sich aber zu der Zeit, dass ein Gebot von dem Kaiser Augustus ausging, dass alle Welt geschätzt würde. Und diese Schätzung war die allererste und geschah zur Zeit, da Quirinius Statthalter in Syrien war. Und jedermann ging, dass er sich schätzen ließe, ein jeglicher in seine Stadt. Da machte sich auf auch Josef aus Galiläa, aus der Stadt Nazareth, in das judäische Land zur Stadt Davids, die da heißt Bethlehem.«[56]

Diese Worte klingen für uns so selbstverständlich, und doch enthalten sie eine tiefe geistliche Botschaft: Gottes Handeln geschieht mitten hinein in unsere Zeit. In die Geschichte dieser Welt und in die Geschichte von einzelnen Menschen. Es gab in der antiken Welt viele Götter- und Heldengeschichten. Auch Geschichten von Göttern, die Menschengestalt annahmen und sich eine Zeit lang auf der Erde bewegten. Und Geschichten von Göttern, die starben und wieder auferstanden. Man hat die Erzählungen der Bibel oft verglichen mit solchen Göttergeschichten und Mythen der Antike. Jesus wurde verglichen mit dem Halbgott Herkules, dem Göttersohn Mithras oder dem ägyptischen Gott Osiris. Aber es gibt einen entscheidenden Unterschied: Keine dieser Göttermythen ist verbunden mit einer realen Zeit in der Geschichte. Sie spielen in einer fernen Urzeit oder ganz außerhalb der Zeit. Sie wollen Ideen vermitteln, nicht reale Ereignisse. Die Geburt Jesu dagegen findet zu einem ganz bestimmten Zeitpunkt der Geschichte statt, an einem Ort, den man aufsuchen kann.

Zugegeben, es ist ein kleiner Ort in einem kleinen Land am Rande des römischen Reiches, aber gerade die Gegensätze zwischen klein und groß sind es, die diesen Text besonders machen: Da ist die große Weltgeschichte, repräsentiert durch den Kaiser Augustus und seinen Statthalter Quirinius. Und dann ist da der kleine, unbekannte Mann Joseph und seine Frau Maria. Menschen, die niemand kennt und die doch in Gottes Geschichte eine bedeutendere Rolle spielen werden als alle Kaiser und Statthalter. Da ist auf der einen Seite das große römische Reich, das hier mit dem großspurigen griechischen Wort *ökumene* bezeichnet wird (»alle Welt«), so als ob es außerhalb dieses Reiches überhaupt keine Welt gäbe. Und dann ist da das kleine »jüdische Land« Judäa und das noch kleinere Dorf Bethlehem, scheinbar völlig bedeutungslos in einem Winkel des Reiches. Aber dieser Ort hat eine Bedeutung in Gottes Geschichte: Sie beginnt schon mit König David und seiner Urgroßmutter Rut und sie setzt sich nun fort in der Geburt eines kleinen Kindes. So steht am Anfang der Weihnachtsgeschichte zwar der Name des großen römischen Kaisers, scheinbar der Herr der Welt und der Geschichte. Am Ende jedoch steht der Name, um den es eigentlich geht. Der verborgene Herr der Welt und der Geschichte.

> »Und als acht Tage um waren und er beschnitten werden sollte, gab man ihm den Namen Jesus.«[57]

Gottes Zeit bricht hinein in die Zeit dieser Welt. Er selbst gibt sich hinein in die Weltgeschichte und in die Geschichte seines Volkes Israel. Paulus beschreibt das so:

> »Als aber die Zeit erfüllt war, sandte Gott seinen Sohn, geboren von einer Frau und unter das Gesetz getan, auf dass er die, die unter dem Gesetz waren, loskaufte, damit wir die Kindschaft empfingen.«[58]

Wörtlich übersetzt steht hier: Als die Fülle der Zeit gekommen war. Hier ist also die Rede von der linearen, zielgerichteten Zeit, von der wir weiter oben schon gelesen haben. Gottes Geschichte mit seinem Volk, die auf ein Ziel hin verläuft. Es gibt den richtigen, den treffenden Zeitpunkt für Gottes Handeln in dieser Geschichte. Die erfüllte Zeit. Auch Jesus selbst hat davon gesprochen, dass die Zeit »erfüllt« ist.[59] Und er hat mehrmals von »seiner Zeit« oder »seiner Stunde« gesprochen. Auch er lebt und handelt nach dem Zeitplan, den Gott in diese Welt hineingelegt hat. Als seine Mutter ihn einmal dazu drängen wollte, sich als Gottes Sohn zu offenbaren, war seine Antwort: »Meine Stunde ist noch nicht gekommen.«[60] Einige Zeit später wollten auch seine Geschwister ihn dazu drängen, sich zu offenbaren. Aber auch hier lautete die Antwort: »Meine Zeit ist noch nicht da.«[61] Gottes Zeitplan ist eben oft anders als unserer und sein Rhythmus ein anderer, als wir es wollen. Aber Jesus lebt nach dem Zeitplan seines Vaters:

> »Vor dem Passafest aber erkannte Jesus, dass seine Stunde gekommen war, dass er aus dieser Welt ginge zum Vater; und wie er die Seinen geliebt hatte, die in der Welt waren, so liebte er sie bis ans Ende.«[62]

Es ist interessant, dass alle diese drei Bemerkungen über die »Zeit Jesu« in enger Verbindung mit jüdischen Festen stehen: Die Frage der Mutter geschieht bei einer jüdischen Hochzeit, die, wie es im Judentum Brauch ist, »am dritten Tag« gefeiert wird. Gemeint ist der dritte Tag der Woche, also unser Dienstag. Warum? Zum einen, weil der »dritte Tag« im Schöpfungsbericht der Bibel ein doppeltes Lob von Gott bekommt: Zweimal sagt Gott an diesem Tag über seine Schöpfung, dass sie gut ist.[63] Außerdem bereitete sich das Volk Israel am Fuß des Berges Sinai drei Tage lang auf die Begegnung mit Gott vor und »am dritten Tag« erschien Gott und begegnete seinem Volk, um mit ihm den Bund zu schließen.[64] Weil die Ehe zwischen Mann und Frau in der biblischen Tradition immer auch ein Sinnbild für den Bund Gottes mit seinem Volk ist, ist der dritte Tag ein guter Zeitpunkt zum Heiraten. Auch hier geht es also um den Einklang zwischen Gottes Zeit und unserer Zeit.

Das Drängen der Geschwister Jesu, sich zu offenbaren, geschieht an einem anderen Fest: Dem Laubhüttenfest. Wir werden noch sehen, warum gerade dieses fröhliche Fest den Geschwistern ein guter Zeitpunkt zu sein schien: Denn dieses Fest ist verbunden mit der Erwartung des Messias. Aber auch hier war Gottes Zeitrechnung anders: Die Zeit Jesu war nicht am

Laubhüttenfest, sondern am Passafest.[65] Und wir werden noch sehen, warum. Schon hier wird aber deutlich, dass auch die Zeitrechnung der Evangelien eng verwoben ist mit dem Zeitrhythmus Gottes.

Jesus lebt nach dem jüdischen Kalender. Er feiert die jüdischen Feste und den Sabbat[66] und er ist achtsam darauf, wann es Zeit ist für ihn zu reden oder zu schweigen, zu handeln oder zu warten. Seine Zeit ist ausgerichtet an Gottes Zeit. Deshalb sind die jüdischen Feste und ihre theologische Bedeutung ein wichtiger Schlüssel, um die Botschaft der Evangelien zu verstehen.

Kapitel 3

Rosch Ha-Schanah (Das Neujahrsfest), 1. Akt: Die Ankunft des Königs

Unser Vater, unser König!
Wir haben keinen anderen König als dich!
(Avinu Malkeinu Gebet)

Die Schöpfung der Welt begann an einem Neujahrstag, am 1. Tischri des Jahres 3761 vor Christus. So jedenfalls besagt es die traditionelle jüdische Zeitrechnung. In jüdischen Kalendern und Tageszeitungen findet man deshalb bis heute neben den üblichen Jahreszahlen des gregorianischen Kalenders (z. B. 2020) auch die Jahreszahl des jüdischen Kalenders, der nicht von Christi Geburt, sondern von der Erschaffung der Welt her berechnet wird. Am 19. September unseres Jahres 2020 (dem 1. Tischri nach dem jüdischen Kalender) beginnt also das jüdische Jahr 5781 seit Erschaffung der Welt. Diese Kalenderzählung wird zurückgeführt auf Rabbi Jose ben Halafta, einen jüdischen Gelehrten, der im 2. Jahrhundert in Sepphoris in Galiläa lebte und versuchte, aufgrund aller in der Bibel zu findenden Zeitangaben das Datum der Schöpfung genau auszurechnen.[67] Wirklich durchgesetzt hat sich diese Zeitrechnung aber erst im Mittelalter, als der große Gelehrte Moses ben Maimon, oder Maimonides, sie perfektionierte und den rechtlichen Gebrauch verbindlich machte.

Der jüdische Jahresbeginn wird also am ersten Tag des siebten Monats gefeiert. Die Gründe für diese ungewöhnliche Zeitrechnung haben wir uns im letzten Kapitel angesehen. Und wir haben gelernt: Das Neujahrsfest richtet sich nicht nach dem Kalender der Geschichte Israels, sondern nach dem Kalender der Schöpfung. So wie die Welt an einem 1. Tischri begann, so beginnt auch das neue Jahr mit dem 1. Tischri.

Der Ursprung: Das Neujahrsfest in der Bibel

Im Alten Testament ist das Neujahrsfest unter diesem Namen noch nicht erwähnt. Wir finden dort nur den Namen »Tag des Schofarblasens« oder, wie Luther es übersetzte, »Tag des Posaunenblasens«[68]:

> »Und am ersten Tag des siebenten Monats soll heilige Versammlung sein; da sollt ihr keine Dienstarbeit tun; ein Tag des Posaunenblasens soll er für euch sein.«[69]

Offenbar wurden an diesem Festtag in besonderer Weise die Schofarhörner geblasen. Warum, erklärt uns der biblische Text nicht. Wir erfahren auch nichts Näheres über die Inhalte dieses Tages oder wie er gefeiert wurde. Erst in den Schriften der jüdischen Rabbinen ab 200 n. Chr. finden wir ausführliche Anweisungen, wie das Fest gefeiert werden soll und welche Bedeutung es hat. Und wie bei allen jüdischen Festen sind dann später im Mittelalter und in der Neuzeit weitere Bräuche hinzugekommen, die es damals noch nicht gab. Aber es gibt gute Gründe anzunehmen, dass zumindest der Name und die Grundthemen des Festes schon zur Zeit Jesu existierten.[70]

Im Buch Hesekiel steht tatsächlich einmal der heutige hebräische Name des Festes: *Rosch ha-schanah* (wörtlich: »Der Kopf des Jahres« oder »der Beginn des Jahres«). Allerdings ist nicht ausdrücklich von einem Fest die Rede, sondern nur allgemein vom »Jahresbeginn«. Viele Ausleger gehen allerdings aufgrund des Kontextes davon aus, dass damit der Neujahrstermin im Herbst gemeint ist.[71]

Die Traditionen: Das Neujahrsfest heute

Wie bei allen jüdischen Feiertagen beginnt das Fest schon am Vorabend des Feiertages. Beim Abendessen werden bestimmte Gebete gesprochen und Texte gelesen. Man wünscht sich gegenseitig ein »gutes Jahr« (*schanah tovah*). Wer es etwas ausführlicher mag, wünscht auch »ein gutes und süßes Jahr« (*schanah tovah u-metokah*). Damit man diesen Wunsch auch sehen, schmecken und erleben kann, wird an diesem Abend besonders gern Süßes gegessen. Vor allem Apfelscheiben, die man in Honig eintaucht, sind eine verbreitete Zugabe zum Essen. Auch andere Speisen haben an diesem Abend einen symbolischen Wert. So wird oft Fisch gegessen und mit dem Segenswort verbunden: »Möge es Gottes Wille sein, dass wir im neuen Jahr wie der Kopf des Fisches werden und nicht wie der Schwanz.« Gemeint ist damit der Wunsch nach einem erfolgreichen und gelingenden Jahr.[72] In vielen Haushalten gibt es auch Granatapfel. Der Granatapfel hat in seinem Inneren besonders viele Kerne und ist deshalb ein Symbol für Reichtum und Fruchtbarkeit. Deshalb wird er verbunden mit dem Segenswort: »Möge es Gottes Wille sein, dass unser Jahr voller guter Werke ist, so wie der Granatapfel voller Samenkörner ist.« Diese Symbolik des Granatapfels findet sich auch in einer rabbinischen Auslegung zu Hohelied 3,4:

> »›Deine Schläfen hinter deinem Schleier sind wie eine Scheibe vom Granatapfel.‹ Was bedeutet diese Schriftstelle? Selbst der größte Hohlkopf ist in seinem Inneren voller guter Werke, so voll wie ein Granatapfel (das heißt, er trägt in sich das Potential, Gottes Willen zu tun).«[73]

Das Buch des Lebens

Ein weiterer Wunsch, den man sich an diesem Feiertag zuspricht, lautet: »Mögest du zu einem guten Leben eingetragen und versiegelt werden«, oder kürzer: »Eine gute Eintragung und Versiegelung«. Dahinter steht der Gedanke, dass jeder Mensch am Beginn des neuen Jahres für das nächste Jahr in das Buch des Lebens eingetragen wird – wenn Gott es so will. Mehr darüber werden wir später noch erfahren. Denn ich habe mich entschieden, dem Neujahrsfest zwei Kapitel zu widmen: Eins für den Beginn des Neuen Jahres und seine Symbolik. Und eins für den Abschluss des alten Jahres und seine Symbolik. Wir werden also noch einmal zum Neujahrsfest zurückkehren, wenn wir den Jahreskreis einmal durchschritten haben.

Der Klang des Schofar

Höhepunkt des Neujahrsfests ist das Blasen des Schofar im Morgengottesdienst. Daher hat das Fest ja auch seinen biblischen Namen »Fest des Schofarblasens«. Es gibt dabei eine feste Abfolge von bestimmten Tönen und Klängen, die alle eine symbolische Bedeutung haben:

Tekia: Ein lang gezogener, einige Sekunden dauernder Ton
Shewarim: Drei kurze Töne nacheinander
Terua: Neun ganz kurze Stöße nacheinander
Tekia gedolah: »große Tekia«, ein besonders langer Ton

Im Internet gibt es zahlreiche Möglichkeiten, diese Töne im Original anzuhören. Es gibt sogar Wettbewerbe, wer die *»Tekia gedolah«* am längsten anhalten kann.

Reinen Tisch machen

Weitere Bräuche rund um das Neujahrsfest haben damit zu tun, dass man das alte Jahr zu einem guten Abschluss bringen möchte und möglichst wenig Altlasten mit ins neue Jahr hinübernehmen möchte. Deshalb wird der ganze Monat Elul, der letzte Monat des alten Jahres, dafür genutzt, um alte Schulden zu begleichen, sei es finanzieller oder eher persönlicher Art. Man schreibt Briefe an Verwandte oder Freunde, mit denen man noch etwas zu klären hat. Man entschuldigt sich bei denen, an denen man schuldig geworden ist. Am letzten Morgen des alten Jahres wird in der Synagoge ein feierliches Gebet gesprochen, durch das man von allen uneingelösten Versprechungen entbunden wird. Es trägt seinen Namen nach den ersten beiden Worten des Gebets »Alle Gelübde« (*kol nidre*). Natürlich ist das nicht so gemeint, dass man sich hier leichtfertig von allen seinen Verpflichtungen losspricht. In der Vergangenheit hat gerade dieses Gebet oft dazu geführt, dass man Juden Betrügerei und Unzuverlässigkeit vorgeworfen hat: Ihre Religion, so sagte man, würde es ihnen erlauben, Verträge zu brechen und falsche Versprechungen zu machen. Aber so ist dieses Gebet nicht gemeint. Ganz grundsätzlich wird schon in der Bibel davor gewarnt, überhaupt Gelübde einzugehen, weil man sich damit leicht in Schuld verstrickt.[74] Wenn man sie aber eingeht, dann soll man sie auch einlösen. Das wird gleich im nächsten Vers hinzugefügt. Ganz ähnlich spricht Jesus davon, dass man am besten überhaupt nicht schwören soll, aber zu seinem Wort stehen.[75] Gerade deshalb wird ja der Monat Elul dazu genutzt, um alle noch ausstehenden Versprechen einzulösen und Schulden zu begleichen. Das Gebet am letzten Tag des Jahres dient also nicht dazu, eventuell noch ausstehende Schulden oder Verpflichtungen gegenüber anderen für nichtig zu erklären. Das wäre nach jüdischem Recht gar nicht erlaubt. Sondern es geht darum, Gelübde gegenüber Gott oder Selbstverpflichtungen, die man vor Gott auf sich genommen hat, zeitlich zu begrenzen. Zum Beispiel den Verzicht auf Alkohol, ein Keuschheitsgelübde oder anderes. Wenn man möchte, kann man solche Vorsätze ja im neuen Jahr erneuern. Man soll sie aber nicht als Altlasten mit in den Jahreswechsel schleppen.

Das Alte hinter sich lassen

Am Abend des Neujahrstages selbst gehen viele Juden gemeinsam mit anderen zu einem Fluss oder See oder einem anderen

Gewässer in ihrer Nähe. Dort wird der Bibeltext aus Micha 7,18-19 vorgelesen:

> »Wo ist solch ein Gott, wie du bist, der die Sünde vergibt und erlässt die Schuld denen, die geblieben sind als Rest seines Erbteils; der an seinem Zorn nicht ewig festhält, denn er hat Gefallen an Gnade! Er wird sich unser wieder erbarmen, unsere Schuld unter die Füße treten und alle unsere Sünden in die Tiefen des Meeres werfen (wörtlich: *und du wirfst* alle unsere Sünden in die Tiefen des Meeres).«

Dann schüttelt man symbolisch die Taschen seiner Kleidung aus und bürstet die Säume und Innenseiten sauber, um auszudrücken, dass man das Alte hinter sich lässt. Viele Juden bringen absichtlich Brotkrumen oder Brotstücke in ihren Taschen mit, die dann symbolisch ins Wasser geworfen werden, so wie Gott unsere Schuld ins äußerste Meer wirft. *Taschlich* heißt dieser Brauch (mit »ch« wie in Woche). Dieses hebräische Wort stammt aus dem oben zitierten Bibeltext und bedeutet »du wirfst«.

Das zentrale Thema: Gott, der König der Welt

Warum feiert man ein »Fest des Posaunenblasens«? Wofür steht der Klang des Schofar? Im alten Orient wird das Schofar geblasen, wenn der König den Raum betritt. Oder wenn er in die Stadt einreitet. Oder wenn er seinen Thron besteigt. Der Klang des Schofar ist ein Signal, das jeder hören soll: Der König kommt! Als Gott seinem Volk Israel zum ersten Mal sichtbar und hörbar in einer Wolke erscheint, am Berg Sinai, erscholl aus dem Himmel »der Klang eines sehr lauten Schofar«[76], sodass das ganze Volk in Ehrfurcht erschrak. In den Psalmen klingt diese Erfahrung wider:

> »Gott erhebt sich zum Signalton,
> der HERR beim Klang des Schofar.

Lobsinget, lobsinget Gott!
Lobsinget, lobsinget unserem König!
Denn Gott ist König über die ganze Erde,
Lobsinget ihm mit Psalmen!
Gott ist König über die Völker,
Gott sitzt auf seinem heiligen Thron.«[77]

Viele andere Psalmen sprechen von Gott als König der Welt. Vor allem die sogenannten »Königspsalmen« (Psalm 93–100) widmen sich diesem Thema. Namhafte Bibelforscher gehen davon aus, dass diese Psalmen ihren Ursprung in den Feiern des Neujahrsfestes haben.[78] Wer sie einmal am Stück liest, der merkt, dass hier wieder die zwei großen Themen des Kalenders zusammenfließen: Die Natur und die Geschichte. Gottes Königsherrschaft zeigt sich zum einen in seiner Herrschaft über die Schöpfung: Weil Gott König ist, gehören ihm die Gipfel der Berge und auch die Tiefen des Meers. Die Flüsse klatschen und die Berge freuen sich über diesen König. Die Himmel jubeln und die Bäume im Wald jauchzen zu seiner Ehre. Weil Gott König ist, wird das bedrohliche Meer in seine Grenzen gewiesen und die Erde steht fest und wankt nicht.

Gottes Königsherrschaft zeigt sich aber auch in seiner Geschichte mit dem Volk Israel und den anderen Völkern: Weil Gott König ist, hört er das Klagen seines Volkes, wenn es bedrückt wird. Er hört die Hilferufe der Witwen und Waisen, die von den Stolzen und Überheblichen unterdrückt werden. Und er wird ihnen Gerechtigkeit verschaffen, wie ein guter König es tut. Gott hält die Völker in ihren Grenzen und wird sein Volk nicht verstoßen. Er sorgt für Israel wie ein guter Hirte für seine Schafe. Auch dann, wenn sie sich ihm widersetzen. Alle Völker der Welt sind eingeladen, Gott als König zu ehren, ihm Geschenke zu bringen und in seine Vorhöfe zu kommen. Alle Welt soll ihn anbeten und unter allen Heidenvölkern wird man eines Tages sagen: »Der Herr ist König.« Er wird den Erdkreis richten mit Gerechtigkeit und die Völker mit seiner Wahrheit. Das alles steckt in den acht Liedern, die im Tempel von Jerusalem gesungen wurden, wenn das Neujahrsfest gefeiert wird.

Aber auch die Gleichnisse, die am Neujahrsfest erzählt werden, und die Gebete, die gesprochen werden, haben die Ankunft des Königs zum Thema: Zahlreiche rabbinische Gleichnisse vergleichen den Neujahrstag mit dem Tag der Steuerabrechnung, an dem der König in die Stadt kommt, um mit seinen Dienern Abrechnung zu halten. Wir werden einige dieser Gleichnisse später noch kennenlernen. Ein wichtiges Gebet, das am Neujahrsmorgen gebetet wird, ist das »Unser Vater, unser König« (*Avinu Malkeinu*). Hier einige Auszüge:

> Unser Vater, unser König,
> wir haben gesündigt vor dir.
> Unser Vater, unser König,
> es gibt für uns keinen König außer dir.
> Unser Vater, unser König,
> handle mit uns um deines Namens willen.

Es folgt eine ganze Reihe von Bitten: Die Bitte um Vergebung, die Bitte um Gesundheit, um den Schutz vor Feinden, die Bitte, dass Gott uns zur Buße und Umkehr führt und dass wir eingeschrieben werden in das Buch des Lebens. Jede dieser Bitten beginnt mit der Anrede »Unser Vater, unser König«. Dann schließt das Gebet mit den Worten:

> Unser Vater, unser König,
> nimm unser Gebet gnädig an.
> Unser Vater, unser König,
> tue es um deinetwillen und nicht um unsertwillen.
> Unser Vater, unser König,
> wir haben keinen König außer dir.
> Unser Vater, unser König,
> tue es um deines großen Namens willen!
> Unser Vater, unser König,
> aus Gnade erhöre uns,
> denn wir haben keine verdienstvollen Handlungen,
> erweise uns Milde und Huld und hilf uns![79]

Die Einsicht, dass Gott unser König und zugleich unser Vater ist, macht uns vertrauensvoll und zugleich demütig. Hier ist kein Platz für frommes Prahlen, für Werkgerechtigkeit oder Selbstgerechtigkeit. Wer die Königsherrschaft Gottes anerkennt, der muss sich nicht mehr selbst als König aufspielen.

Die verborgene und die offenbare Königsherrschaft

Der Neujahrstag erinnert an den ersten Tag der Schöpfung. An diesem Tag trat Gott als König der Welt in Erscheinung. In dem alten jüdischen Gebet »Herr der Welt« (*Adon Olam*), das oft auch als Lied gesungen wird, heißt es:

> Der Herr der Welt, der als König regierte,
> schon lange bevor die Welt erschaffen wurde:
> Damals, als durch seinen Willen alles entstand,
> wurde sein Name schon »König« genannt.
>
> Und einst, wenn alles zu Ende sein wird,
> wird allein er noch immer als König regieren.
> Er, der war. Er, der ist.
> Und er, der kommen wird in Herrlichkeit.[80]

Gott ist also König der Welt, vom ersten Schöpfungstag an. Das heißt jedoch nicht automatisch, dass seine Herrschaft auch von allen anerkannt wird. Das Gegenteil ist der Fall. Die Völker und Nationen der Welt spotten über Gott und über seinen Gesalbten, heißt es in den Psalmen.[81] Sie schütteln seine Herrschaft ab und wollen selbst die Kontrolle über ihr Leben. Und hier beginnt das Drama der Weltgeschichte, wie die Bibel sie erzählt: Es ist die Verborgenheit der Königsherrschaft Gottes und das Warten auf den Tag, an dem Gott seine Herrschaft zeigt und Gerechtigkeit in der Welt wiederherstellt. Gott regiert als verborgener König, und auch wenn seine Herrschaft in der Schöpfung sichtbar bleibt, so wird sie doch von Menschen und von Völkern geleugnet. In einem rabbinischen Gleichnis wird das verglichen mit Räubern, die in einen Palast eindringen und ihn plündern:

»Ein Gleichnis von Räubern, die in den Palast des Königs eindrangen: Sie plünderten seine Güter, erschlugen die Familie des Königs und zerstörten den Palast. Aber nach einiger Zeit saß der König über sie zu Gericht. Einige ließ er ergreifen, einige erschlagen, einige kreuzigen und dann wohnte er wieder in seinem Palast. Da wurde seine Königsherrschaft in der Welt anerkannt.«[82]

Die Erwartung der kommenden Königsherrschaft

Die Hoffnung auf das Kommen der Königsherrschaft Gottes gehört deshalb zu den Grundüberzeugungen des jüdischen Glaubens. Schon im Alten Testament findet sich beides: Der feste Glaube daran, dass Gott schon jetzt als König regiert. Und gleichzeitig die Hoffnung darauf, dass diese Herrschaft Gottes eines Tages allen Menschen und Völkern offenbart und für alle sichtbar wird. Die Propheten sprechen von dieser zukünftigen Vision:

> »Und der Herr wird König sein über alle Lande. An jenem Tag wird der HERR der einzige sein und sein Name der einzige. Und das ganze Land (oder: die ganze Welt) wird verwandelt werden ...«[83]

Ähnliche Erwartungen finden sich nicht nur bei anderen Propheten des Alten Testaments, sondern auch in verschiedenen jüdischen Quellen aus der Zeit des Neuen Testaments. Das ist besonders interessant, weil diese von ganz unterschiedlichen Autoren und aus ganz unterschiedlichen Gruppen stammen und doch in dieser Erwartung so nah beieinanderliegen:

> »Und dem Gott Israels wird die Königsherrschaft gehören, und durch die Heiligen seines Volkes wird er seine Kraft erweisen.«[84]

> »Denn der Herr wird in ihrer Mitte sein und der Heilige wird über ihnen König sein.«[85]

»Und dann wird er ein Königreich errichten für alle Zeiten über alle Menschen, er, der das heilige Gesetz einst den Frommen gab, denen er verhieß, dass ihnen das ganze Erdreich gehören würde [...] Von der ganzen Erde werden sie Weihrauch und Gaben zu dem Hause des großen Gottes bringen und es wird kein anderes Haus bei den Menschen sein auch der Nachwelt zur Kunde als das, welches Gott den gläubigen Männern zu verehren gegeben hat. [...] Denn aller Friede der Guten wird auf Erden kommen. Die Propheten des großen Gottes aber werden das Schwert abschaffen; denn sie selbst sind Richter der Sterblichen und gerechte Könige. Es wird auch gerechter Reichtum unter den Menschen sein; denn darin besteht das Gericht und die Herrschaft Gottes.«[86]

»Und dann wird seine Königsherrschaft über all seine Kreatur erscheinen; dann wird der Teufel ein Ende haben und die Traurigkeit mit ihm hinweggenommen werden.«[87]

Im jüdischen *Aleinu*-Gebet, das bis heute in Gebrauch ist, aber in Grundzügen vielleicht auch schon in die Zeit Jesu zurückreicht, wird die Bitte um das Kommen des Königreiches so formuliert:

»An uns ist es, zu preisen den Herrn der Welt,
der am Anfang alles hervorgebracht hat.
In Wahrheit ist er unser König und niemand anders. [...]

Darum hoffen wir auf dich, Herr, unser Gott,
dass wir bald sehen werden,
wie du die Götzen entfernst von der Erde,
wie du die Wahngebilde vernichtest,
um die Welt wiederherzustellen
durch die Königsherrschaft Gottes,
damit die ganze Menschheit deinen Namen anruft,
alle Übeltäter sich hinwenden zu dir,
alle Bewohner der Erde dich erkennen,

jedes Knie sich beugt vor dir
und jede Zunge dich bekennt. [...]

Und sie werden auf sich nehmen
das Joch deiner Königsherrschaft
und du wirst ihr König sein in Bälde
und für immer und ewig.

Denn dein ist das Königreich,
und in Herrlichkeit wirst du herrschen in Ewigkeit.
Wie es geschrieben steht in deiner Tora:
›Der HERR wird König sein für immer und ewig.‹
Und es heißt auch:
›Der HERR wird König sein über die ganze Erde,
an jenem Tag wird der HERR der Einzige sein
und sein Name der Einzige.‹«[88]

Der himmlische König und sein irdischer Gesalbter

In vielen biblischen Texten und auch in späteren jüdischen Texten und Gebeten ist die Erwartung der Königsherrschaft Gottes eng verbunden mit der Erwartung eines von Gott besonders beauftragten oder gesalbten Königs, der dann später den Titel »der Messias«, also »der Gesalbte«, trug. Diese Erwartung spielt aber im jüdischen Neujahrsfest keine bedeutende Rolle. Die Messiaserwartung ist vor allem im Zusammenhang mit dem Laubhüttenfest ein Thema und wird uns deshalb dort noch einmal begegnen. Schon hier wird jedoch eins deutlich: Die jüdische Erwartung des Reiches Gottes ging weit darüber hinaus, »die Römer aus dem Land Israel zu vertreiben und ein irdisches Königreich aufzurichten«, wie man es oft in christlichen Predigten hört. Wenn Juden vom »Reich Gottes« redeten, dann erwarteten sie ein weltweites Friedensreich und eine Welt, in der der Mensch im Einklang miteinander und mit Gottes Willen lebt.

Das Königreich Gottes auf sich nehmen

Es gibt aber noch einen dritten Aspekt der Königsherrschaft Gottes. Es gibt nicht nur die verborgene Herrschaft Gottes in der Natur und in der Geschichte und die kommende Königsherrschaft am Ende der Zeiten. Im oben zitierten *Aleinu* Gebet wird sie so beschrieben: Die Königsherrschaft Gottes »auf sich nehmen« oder »annehmen«. Für die frühen jüdischen Rabbinen war dies die Haltung des gläubigen Menschen: Wer schon jetzt anerkennt, dass Gott der König der Welt ist, und wer sich seiner Königsherrschaft freiwillig unterstellt, der nimmt die Königsherrschaft Gottes oder »das Joch der Königsherrschaft« auf sich. Dies geschieht zum Beispiel jedes Mal, wenn ein gläubiger Jude am Morgen das »Höre Israel« (*schma Israel*) spricht:

> »Rabbi Jehoschua ben Korcha sagte: Warum spricht man beim täglichen Gebet zuerst das ›Höre Israel‹ und dann die zehn Gebote? Weil der Mensch zuerst das Joch des ›Königreichs der Himmel‹ auf sich nehmen soll und danach erst das Joch der Gebote.«[89]

Die Annahme der Königsherrschaft Gottes ist also die Grundlage des Glaubens, der Gesetzesgehorsam baut darauf auf und ist seine praktische Umsetzung. Wer sich dem König anvertraut, der folgt auch seinen Geboten:

> »Rabbi Eleazar ben Azarja sagte: Du sprichst: ›Ich will kein Schweinefleisch essen, ich will keinen unerlaubten Sex haben‹, und so weiter. Aber eigentlich stimmt das nicht. Du solltest daher lieber sagen: Eigentlich will ich schon, aber ich halte mich stattdessen an das, was Gott mir sagt. Denn es steht ja geschrieben: ›Ich habe euch von allen Völkern ausgesondert, dass ihr mir gehört‹.[90] Du wirst also zu jemandem, der sich von der Sünde trennt und stattdessen das Joch der Königsherrschaft Gottes auf sich nimmt.«[91]

Das Joch der Königsherrschaft auf sich nehmen kann jeder Mensch, egal ob Jude oder Nichtjude. Wer sich dafür entscheidet, Gott als König zu akzeptieren und seinen Geboten zu folgen, der wird damit ein Mitglied seines Königreichs. Mit einem Augenzwinkern behauptet einer der alten Lehrer sogar, dass Gott diejenigen lieber wären, die freiwillig zum Judentum übertreten. Denn das Volk Israel, so seine Begründung, habe ja sozusagen keine Wahl gehabt, als ihm der König der Könige am Sinai erschien:

> »Rabbi Simeon ben Lakisch hat gesagt: Jemand, der sich bekehrt und zum jüdischen Glauben übertritt, ist bei Gott beliebter als die Israeliten. Denn diese haben die Tora ja nur angenommen, weil sie am Berg Sinai die Blitze und den Donner und den Klang des Schofar gehört haben. Aber jener kommt, ohne das alles erlebt zu haben, gibt sich Gott hin und nimmt die Königsherrschaft Gottes auf sich.«[92]

Das erste Mal, dass im Alten Testament vom Königtum Gottes gesprochen wird, ist beim Auszug aus Ägypten. Die Israeliten fliehen vor dem König Ägyptens und seinen Armeen und sie erleben das Wunder der Errettung. Jubelnd singen sie ein Lied und mitten in diesem Lied erscheint das Bekenntnis: »Der Herr wird König sein für immer und ewig.«[93] Im Hebräischen wird hier eine Zukunftsform gebraucht, die aber auch als Gegenwart übersetzt werden kann. Diese Doppeldeutigkeit nutzten die rabbinischen Ausleger für eine geistliche Lektion:

> »Rabbi Jose, der Galiläer, sagte: Hätten die Israeliten damals gesagt ›Der Herr ist König‹, dann hätte sie nie wieder irgendeine andere irdische Königsherrschaft unterdrücken können. Aber sie sagten: ›Der Herr wird König sein.‹ Deshalb erwarten wir die Königsherrschaft für die Zukunft.«[94] Und anschließend erzählt Rabbi Jose das oben zitierte Gleichnis von den Räubern, die den Palast plündern.

Das Neujahrsfest stellt also die Frage: Wer ist wirklich unser König? Nehmen wir die Königsherrschaft Gottes auf uns oder unterwerfen wir uns anderen Königen und Herrschern? Wollen wir vielleicht lieber selbst die Könige unseres Lebens sein? Und wann wird endlich der Tag kommen, an dem Gott sich der ganzen Welt sichtbar als König zeigt?

Jesus und das Neujahrsfest

Das jüdische Neujahrsfest wird im Neuen Testament nirgends ausdrücklich erwähnt. Und doch glaube ich, dass die Theologie des Neujahrsfestes den Evangelien wie ein roter Faden vom Anfang bis zum Ende verborgen zugrunde liegt.

Die Ankunft des Königs: Das ist das Thema, das schon den Geburtsgeschichten Jesu zugrunde liegt. Die Weisen aus dem Osten fragen nach dem »neugeborenen König der Juden«. Und dann ist es die Botschaft, mit der Jesus selbst an die Öffentlichkeit tritt: »Der König kommt! Macht euch bereit, euer Leben zu ändern.« Die Evangelisten fassen es mit diesen Worten zusammen:

> »Jesus kam nach Galiläa und predigte das Evangelium Gottes und sprach: Die Zeit ist erfüllt und das Reich Gottes ist nahe herbeigekommen. Tut Buße und glaubt an das Evangelium!«[95]

Es ist doch eigentlich erstaunlich, dass Jesus überall vom Königreich Gottes spricht, aber nie erklärt, was er damit meint. Generationen von Bibellesern und Bibelauslegern hätten sich gewünscht, dass Jesus am Anfang seines Dienstes einmal das Konzept der Königsherrschaft Gottes grundlegend erläutert. Oder eine lexikontaugliche Definition gibt. Aber das tut er nicht. Er setzt einfach voraus, dass die Leute wissen, wovon er redet. Warum? Weil die Königsherrschaft Gottes zu den Grundpfeilern des jüdischen Glaubens gehört. Die Menschen wussten, wovon er redet. Sie waren lediglich gespannt, was er nun darüber sagen würde.

In vielen christlichen Predigten höre ich immer noch die Meinung, dass die Botschaft vom Reich Gottes eine sensationelle und revolutionäre Neuerung des Neuen Testaments sei. Vor allem wird immer wieder betont, wie sehr sich diese Botschaft unterschied von dem, was Juden glaubten und erwarteten: Juden, so hört man immer wieder, warteten auf einen irdischen König, einen Messias, der die Römer vertreibt und in Jerusalem ein Königtum wieder aufrichtet. Aber Jesus, so heißt es, denke größer: Für ihn geht es nicht um irdische Politik, sondern um Gottes unsichtbare Wirklichkeit.

Vor dem Hintergrund dessen, was wir bisher über den jüdischen Glauben an die Königsherrschaft Gottes gehört haben, ist diese Annahme absurd. Mit seiner Botschaft von der nahe gekommenen Königsherrschaft spricht Jesus genau das an, was im Neujahrsfest bis heute Jahr für Jahr das zentrale Thema ist und wovon die Gebete des Neujahrsfestes sprechen: die Ankunft des Königs und das sichtbare Anbrechen seines Königreiches. Ein Königreich, das nicht nur das Land Israel umspannt, sondern die ganze Welt. Ein Königreich, das nicht nur politische, sondern ganz persönliche und umfassende kosmische Dimensionen hat. Die Reich-Gottes-Botschaft Jesu ist eine Rosch-Ha-Schanah-Botschaft.

Auch das Wort »Evangelium«, das viele für eine christliche Erfindung halten, stammt aus diesem Zusammenhang: Es gründet sich auf einen Text aus dem Buch Jesaja, der von einem Tag der Ankunft des Königs spricht, einem Tag der Freude und des Jubels:

> »Darum soll an jenem Tag mein Volk meinen Namen erkennen, dass ich es bin, der da spricht: Hier bin ich! Wie lieblich sind auf den Bergen die Füße des Freudenboten, der da Frieden verkündigt, Gutes predigt, Heil verkündigt, der da sagt zu Zion: Dein Gott ist König! Deine Wächter rufen mit lauter Stimme und jubeln miteinander; denn sie werden's mit ihren Augen sehen, wenn der HERR nach Zion zurückkehrt. Seid fröhlich und jubelt miteinander, ihr Trümmer Jerusalems; denn der HERR

hat sein Volk getröstet und Jerusalem erlöst. Der HERR hat offenbart seinen heiligen Arm vor den Augen aller Völker, dass aller Welt Enden sehen das Heil (oder: die Rettungstat) unsres Gottes.«[96]

Es gibt in diesem Abschnitt gleich mehrere verborgene Bezüge zur Botschaft des Neuen Testaments. Es ist nicht nur die Botschaft von der Königsherrschaft Gottes, die für Jesus zentral war. Es ist auch das Wort »Freudenbote«, das in der griechischen Fassung des Alten Testaments mit »*euangelizomenos*« übersetzt wurde. Auf dieses Wort bezieht sich das »Evangelium«, die Freudenbotschaft, von der zuerst Jesus und dann auch seine Nachfolger immer wieder sprechen. Und ebenfalls verborgen steckt im letzten Satz des Textes ein weiterer Bezug zu Jesus. Das hebräische Wort für »Heil« oder »Rettung« ist *jeshua* und genau so lautet auch der Name Jesus auf Hebräisch. Und wer jetzt denkt, dass ich hier wieder nur eine »verborgene Theologie« in die Evangelien hineinlese, den lade ich ein, das Matthäusevangelium zu öffnen. Hier wird ausdrücklich gesagt, dass der Name *Jeshua* ganz bewusst gewählt wurde, um einen Bezug zur verheißenen Rettungstat Gottes herzustellen:

> »Und sie wird einen Sohn gebären, dem sollst du den Namen *Jesus* geben, denn er wird sein Volk *retten* von ihren Sünden. Das ist aber alles geschehen, auf dass erfüllt würde, was der Herr durch den Propheten gesagt hat …«[97]

Die Rückkehr des Königs nach Zion, von der Jesaja hier spricht, wird übrigens von den Rabbinen ganz ausführlich mit dem Schofarblasen am Neujahrsfest in Verbindung gebracht.[98] Denn im Buch des Propheten Joel, der zur Zeit der frühen Rabbinen am Neujahrstag in der Synagoge gelesen wurde,[99] heißt es:

> »Blast die Posaune zu Zion, ruft laut auf meinem heiligen Berge! Erzittert, alle Bewohner des Landes! Denn der Tag des HERRN kommt und ist nahe.«[100]

Von hier aus ziehen die Rabbinen eine direkte Verbindungslinie zwischen dem jährlichen Neujahrsfest, bei dem die Königsherrschaft Gottes gefeiert wird, und dem endzeitlichen Erscheinen des Königs zur Rettung seines Volkes:

> »Der Heilige, gepriesen sei er, sagte: ›In der gegenwärtigen Zeit ist der Klang des Schofar ein Signal, das meine gnädige Nähe zu euch ankündigt. Ebenso wird der Klang des Schofar in der zukünftigen Zeit ein Signal sein, dass ich mich euch gnädig zuwende, wenn eure Erlösung nahe gekommen ist.‹ Woher wissen wir das? Weil wir in der Schriftlesung am Neujahrstag Jahr für Jahr lesen: ›Blast die Posaune zu Zion, ruft laut auf meinem heiligen Berge! Erzittert, alle Bewohner des Landes! Denn der Tag des HERRN kommt und ist nahe.‹«[101]

Tatsächlich ist also etwas neu an dem Evangelium, das Jesus verkündigt: Während am jüdischen Neujahrsfest Jahr für Jahr daran erinnert wird, dass Gott König ist und dass er eines Tages erscheinen wird, um sein Volk zu erlösen, tritt Jesus mit der Botschaft auf: Diese zukünftige Zeit der Erlösung ist nun da. Es geht nicht um die jährliche Ankunft des Königs im Kreislauf der Jahreszeiten. Sondern es geht um die endgültige Ankunft des Königs auf dem Zeitstrahl der Weltgeschichte.

Die Themen und Bilder, die Jesus verwendet, sind allerdings die Themen und Bilder aus dem Umfeld des Neujahrsfestes: Er erzählt Gleichnisse vom König oder Hausherrn, der mit seinen Knechten abrechnet.[102] Gleichnisse, wie sie für die rabbinischen Predigten zum Neujahrstag typisch sind. Das Gebet, das er seine Jünger lehrt, beginnt wie das jüdische *»Avinu Malkeinu«* mit den Worten »Unser Vater« und endet mit dem Ausblick auf das ewige Königreich.[103] Jesus erzählt die Geschichte von den Räubern, die in den Palast eindringen, um dem König seine Herrschaft streitig zu machen.[104] Und er fügt hinzu:

> »Wenn ich mit dem Finger Gottes die Dämonen austreibe, dann ist die Königsherrschaft Gottes mitten unter euch.«[105]

Auch in das Johannesevangelium sind, allerdings etwas versteckter, deutliche Bezüge zum Neujahrsfest eingewoben. Sie sind allerdings nicht so offensichtlich, weil Johannes sein Evangelium für tiefsinnige Denker schreibt. So erwähnt Johannes zwar, dass die Heilung eines Gelähmten am Teich Bethesda an »einem Fest der Juden« stattfand. Er verrät uns aber nicht, um welches Fest es sich handelt. Bibelforscher haben deshalb viel über diese Bemerkung gerätselt und verschiedene mögliche Feste vorgeschlagen. Andere betrachten die Frage für unnötig, denn wenn Johannes nichts dazu sage, sei es wohl auch nicht wichtig. Eine neuere Untersuchung, die die ganze Geschichte vor dem Hintergrund der rabbinischen Literatur betrachtet, kommt jedoch zu dem Ergebnis, dass Anspielungen auf das jüdische Neujahrsfest das gesamte Kapitel 5 des Johannesevangeliums durchziehen:

> »Die Übereinstimmungen zwischen dem nach Joh 5,19-30 in Jesus geschehenen Gericht und dem, was sich nach rabbinischer Tradition an Rosch haSchana ereignet, sind frappierend und dürften kaum zufällig sein. Bei allen Parallelen besteht aber ein gravierender Unterschied zwischen der rabbinischen Vorstellung vom Schofarblasen und der johanneischen Rede von der Stimme des Gottessohnes: Während das Schofar und sein Klang zwar auf Gott verweisen, jedoch von ihm und jeglicher göttlicher Ehre strikt zu unterscheiden sind (...), sind die Worte Jesu für Johannes die wirkmächtigen Worte des Schöpfers selbst.«[106]

Der König in Person

In den Evangelien klingt also ein ungeheurer Anspruch Jesu mit: Jesus selbst behauptet, dieser König zu sein, durch den Gott seine Königsherrschaft sichtbar macht: Wo er heilt, wird die Königsherrschaft sichtbar. Wo er spricht, da erklingt die Stimme Gottes. Wo er in der Synagoge die Verheißung vom »Gesalbten Gottes« vorliest, da erfüllt sich diese Verheißung vor den Ohren der Zuhörer.[107] Er selbst reitet auf einem Esel nach Zion ein, wie es die Propheten vom kommenden König vorausgesagt hatten.[108] Mit diesen Worten und symbolischen Handlungen macht Jesus deutlich: Jetzt erfüllen sich die Erwartungen, die mit dem Neujahrsfest verbunden sind. Jetzt werden die Gebete erhört, die Jahr für Jahr gebetet wurden. Jetzt zeigt der verborgene König sein Gesicht. Und er kehrt zurück in eine Stadt und eine Welt, die sich von ihm abgewandt hat.

Aber was geschieht nun eigentlich, wenn der König zurückkehrt? Wird er gnädig vergeben oder wird er zornig bestrafen? Gibt es noch eine Zeit der Gnade, in der Gelegenheit ist umzukehren? Auch das sind Fragen, die am Neujahrsfest gestellt werden und die Jesus beantwortet.

Aber wir sehen sie uns erst später an. Denn, wie bereits gesehen, markiert das Neujahrsfest nicht nur den Beginn, sondern auch den Abschluss des Jahres. Nicht nur den Anfang der Schöpfung, sondern auch den Ausblick auf das Ende der Zeit. Nicht nur die Ankunft des Königs, sondern auch seine Rückkehr. Wir werden daher noch einmal zum Neujahrsfest zurückkehren, wenn wir den Jahreskreis einmal durchschritten haben.

Kapitel 4

Sukkot (Das Laubhüttenfest), 1. Akt: Die Freude am Leben

Wer die Zeremonie des Wasserschöpfens noch nicht erlebt hat, der hat noch nie in seinem Leben echte Freude gesehen!
(Babylonischer Talmud)

Auf die Erzählung von der Schöpfung folgt in der Bibel die Erzählung vom Garten Eden. Und auf das Neujahrsfest folgt im Kalender das Laubhüttenfest. Das heißt, eigentlich findet dazwischen noch der Versöhnungstag statt. Der ergibt aber an dieser Stelle, am Anfang der Schöpfung, noch keinen Sinn. Wir haben ja noch nicht über Sünde gesprochen und es gibt auch noch keinen Grund, sich zu versöhnen. Der Versöhnungstag kommt also an die Reihe, wenn wir am Ende des Jahreskreises wieder an dieser Stelle angelangt sind. Dann nämlich werden wir wissen, warum wir den Versöhnungstag brauchen. Jetzt schreiten wir gleich fünf Tage weiter zum Laubhüttenfest.

Der Ursprung: Ein Fest der Dankbarkeit und Freude

Beim Laubhüttenfest stehen wir auf festerem biblischen Boden als beim Neujahrsfest. Wir finden nicht nur den Namen, sondern auch ausführliche Beschreibungen des Festes bereits im Alten Testament. In seinen Grundzügen handelt es sich, passend zum Herbst, um ein Erntedankfest, bei dem vor allem Freude und Dankbarkeit über die gelungene Ernte im Mittelpunkt stehen. Wichtig ist, dass nicht nur die Landbesitzer, sondern auch ihre Familien und Arbeiter, ja sogar die Fremden, Witwen und Waisen an dieser Freude unbedingt beteiligt werden sollen.

> »Das Laubhüttenfest sollst du halten sieben Tage, wenn du eingesammelt hast von deiner Tenne und von deiner Kelter, und du sollst fröhlich sein an deinem Fest, du und dein Sohn, deine Tochter, dein Knecht, deine Magd, der Levit, der Fremdling, die Waise und die Witwe, die in deiner Stadt sind. Sieben Tage sollst du dem HERRN, deinem Gott, das Fest halten an der Stätte, die der HERR erwählen wird. Denn der HERR, dein Gott, wird dich segnen in deiner ganzen Ernte und in allen Werken deiner Hände; darum sollst du fröhlich sein.«[109]

Der Beginn des siebentägigen Festes ist der 15. Tischri, also zwei Wochen nach Neujahr:

> »Sage zu den Israeliten: Am fünfzehnten Tage dieses siebenten Monats ist das Laubhüttenfest für den Herrn, sieben Tage lang. (…) Es ist eine Festversammlung; keine Arbeit sollt ihr tun. Am fünfzehnten Tage des siebenten Monats, wenn ihr die Früchte des Landes einbringt, sollt ihr ein Fest des Herrn halten sieben Tage lang. (…) Ihr sollt euch am ersten Tage Früchte nehmen von schönen Bäumen, Palmwedel und Zweige von Laubbäumen und Bachweiden und sieben Tage fröhlich sein vor dem Herrn, eurem Gott, und sollt das Fest dem Herrn halten jährlich sieben Tage lang.«[110]

Ein Feststrauß mit Bedeutung

Sieben Tage fröhlich sein vor dem Herrn, das ist der Grundtenor des Festes. Die sieben Tage erinnern an die sieben Tage der Schöpfung, sagt der mittelalterliche Lehrer Nachmanides.[111]

Überhaupt erinnern viele Bräuche des Festes an den Reichtum der Schöpfung, wie wir noch sehen werden. Es geht um die Quellen des Lebens, die Wasserströme des Garten Eden. Man betet an diesem Fest besonders um Regen. Denn im Herbst beginnt in Israel die Regenzeit und ohne Regen ist weder Leben noch Ernte möglich. Die drei verschiedenen Sorten von Zweigen und die »Frucht des schönen Baumes« symbolisieren die Vielfalt der Pflanzen und Früchte des Landes. Allerdings: Welche Frucht ist gemeint? Hieran hatten die rabbinischen Ausleger etwas zu knabbern. Verschiedene Rabbinen lieferten eine Begründung, warum nur eine einzige Frucht gemeint sein kann: Die Citrus medica oder Zitronatzitrone, hebräisch *etrog.*[112] Sie ähnelt einer Zitrone, ist aber wesentlich größer und hat eine dickere, etwas höckrige Schale. Diese Zweige und Früchte werden zu einem Strauß (*lulav*) zusammengebunden und dann feierlich in der Synagoge um das Lesepult herumgetragen, wobei man sie im Rhythmus der Lieder und Gebete auf eine bestimmte Weise in alle vier Himmelsrichtungen schwingt. Der Brauch scheint schon sehr alt zu sein und bis in die Zeit des Neuen Testaments zurückzureichen.[113] Man hat Abbildungen des Feststraußes sogar auf jüdischen Münzen aus den Jahren 69 n. Chr. und 134 n. Chr. gefunden. Wenn man heute während des Laubhüttenfestes in Jerusalem ist, dann sieht man überall auf der Straße Menschen, die mit ihrem Feststrauß unterwegs sind. In der Tat soll man ihn nicht nur in der Synagoge bei sich tragen, sondern wo immer man auch hingeht:

> »Rabbi Eleazar bar Zadok sagte: Man verläßt sein Haus mit dem Lulav in der Hand. Man geht in die Synagoge mit dem Lulav in der Hand. Man geht Kranke besuchen oder Trauernde trösten mit dem Lulav in der Hand. Wenn man sich dann dem Schriftstudium widmet, kann man den Lulav seinem Sohn oder seinem Diener in die Hand geben. Was lehrt uns das? Wir sehen daran, wie sorgfältig die Gebote erfüllt wurden.«[114]

Natürlich sahen die Rabbinen den Feststrauß nicht nur als Ausdruck der Dankbarkeit für eine gute Ernte. Sie versuchten auch eine tiefere geistliche Bedeutung in den vier Bestandteilen des Straußes zu finden. Eine sehr bekannte Deutung ist die, dass der Strauß die verschiedenen Arten von Menschen symbolisiert, die es im Volk Gottes gibt:

> »Der Etrog riecht gut und schmeckt gut. So sind Menschen, die Bibelkenntnis und gute Taten aufweisen können. Die Palme trägt Früchte, die gut schmecken, aber nicht riechen. So sind die Menschen, die zwar viel Bibelkenntnis haben, aber nicht danach leben und deshalb keine guten Taten aufweisen. Der Myrtenzweig riecht gut, hat aber keinen Geschmack. So sind die Menschen, die zwar die Bibel nicht kennen, aber trotzdem gute Taten aufweisen. Die Bachweide schließlich hat weder guten Geschmack noch einen schönen Geruch. So sind die Menschen, die weder Bibelkenntnis noch gute Taten aufweisen. Gott aber spricht: Ich will nicht, dass sie zugrunde gehen. Sie sollen alle in einem Strauß zusammengebunden werden, sodass die einen für die anderen Versöhnung erwirken können. Deshalb heißt es in der Schrift: Ihr sollt *euch* am ersten Tage Früchte nehmen. ›Ihr sollt *euch* nehmen‹, das heißt: Nehmt euch selbst als Früchte …«[115]

Die Laubhütte: Leben an der frischen Luft

Eine weitere biblische Vorschrift, die bis heute das Fest prägt, ist das Wohnen in einer Laubhütte:

> »Sieben Tage sollt ihr in Laubhütten wohnen. Wer einheimisch ist in Israel, soll in Laubhütten wohnen, damit eure Nachkommen wissen, wie ich die Israeliten habe in Hütten wohnen lassen, als ich sie aus Ägyptenland führte. Ich bin der HERR, euer Gott.«[116]

Die Vorschriften, wie die Hütte gebaut werden soll, stammen auch hier wieder aus nachbiblischer Zeit: Ursprünglich sollte sie nur aus Zweigen bestehen. Heute darf sie auch aus Latten gezimmert sein oder aus gespannten Tüchern. Eine Laubhütte liebevoll und kreativ zu dekorieren, gehört mit zur Freude des Festes. Wichtig ist allerdings, dass aus der Hütte kein geschlossenes Haus wird. Wenn man zur Decke schaut, muss man zwischen den Zweigen oder Latten noch den Sternenhimmel sehen können. Es ist üblich, dass jede Familie ihre eigene Laubhütte baut, soweit sie dazu Platz außerhalb der Wohnung findet. Der Garten, der Balkon (je nach Bauweise) oder das Dach können Orte sein, an denen man solche Laubhütten findet. In Deutschland ist es natürlich ein eher seltener Anblick. Aber in Jerusalem gibt es zur Zeit des Festes selbst in Hochhaussiedlungen kaum einen Balkon, auf dem man nicht wenigstens eine aus Bettlaken und Besenstielen improvisierte und mit einigen Zweigen geschmückte Laubhütte findet. Aber auch auf öffentlichen Plätzen oder vor Synagogen findet man oft große Laubhütten, in denen zum gemeinsamen Feiern eingeladen wird. Eigentlich müsste man sieben volle Tage in der Laubhütte wohnen. Um die Anforderungen nicht zu hoch zu hängen, reicht es aber auch aus, wenn man wenigstens das gemeinsame Abendessen in der Laubhütte zu sich nimmt.

Eine Verbindung zur Natur und zur Geschichte

In dem Gebot zum Bau der Laubhütte finden wir wieder das Ineinander von natürlichem Jahreskreis und Heilsgeschichte Israels: Von seinem Ursprung her erinnert das Wohnen in Laubhütten an den alten Brauch, während der Erntezeit zusammen in den Weinbergen und auf den Feldern zu wohnen, bis die Ernte eingebracht war. Der Prophet Jesaja beschreibt so eine typische Laubhütte, wie sie in allen Weinbergen zu finden war, damit sich Wächter und Arbeiter dort aufhalten konnten.[117]

Aber die Hütte erinnert eben auch an die Wanderung des Volkes Israel durch die Wüste. Gerade in der Zeit der Ernte, wenn die Kornspeicher voll sind und die Bäume und Felder reif mit Früchten, besteht die Gefahr, dass man satt und selbstgefällig wird. Wenn es uns gut geht, vergessen wir leicht, wem wir unser Leben zu verdanken haben. Deshalb sollen sich die Israeliten gerade in dieser Zeit daran erinnern, dass sie ihre Existenz nicht sich selbst verdanken, sondern den Geschenken Gottes: Das Leben, das Land, die Gesundheit, der Friede und eine gelingende Ernte: Das sind keine Selbstverständlichkeiten, sondern Gaben Gottes. Deshalb sollen die Israeliten dieses Fest der Dankbarkeit feiern. Dankbarkeit für das Geschenk des Lebens. Für Gottes Versorgung in der Natur. Und für Gottes Versorgung auf der Wanderung durch die Zeit. Und sie sollen sich in diesen Tagen besonders bewusst machen, dass sie hier auf Erden nur Gäste sind. In einem gewissen Sinne immer noch auf der Wanderschaft. Auf der Durchreise. Auf einem Weg in eine bessere, kommende Welt. Der neutestamentliche Satz »Wir haben hier keine bleibende Stadt, sondern die zukünftige suchen wir«[118] könnte inspiriert sein durch diese regelmäßige Erfahrung des Laubhüttenfestes. Sie findet sich ja auch im Hebräerbrief, der besonders viele jüdische Bräuche und Traditionen aufgreift.

Das Erleben der Natur geschieht dabei durch die vielen Symbole des Festes: Man sitzt im Freien und betet um Regen (wenn er dann kommt, kann es auch schon mal in die Suppe regnen, denn das Dach der Hütte soll ja extra durchlässig sein. Man schwingt den Feststrauß, dankt für die Ernte und freut sich über das Geschenk des Wassers (siehe dazu den nächsten Absatz). Und am letzten Tag des Festes werden die ersten Verse der Bibel, die Erzählung von der Schöpfung, in der Synagoge laut vorgelesen. Die Erinnerung an die Geschichte Israels geschieht durch die sieben »unsichtbaren Gäste«, die jeweils am Abend der sieben Tage in die Laubhütte eingeladen werden. Jeder Abend ist einer biblischen Person gewidmet: Abraham, Isaak, Jakob, Mose, Aaron, Josef und David. Man erzählt ihre Geschichten und blickt in Dankbarkeit auf die lange Geschichte Gottes mit seinem Volk zurück. Auch hier findet sich ein möglicher Anklang des Festes im Hebräerbrief, wenn dort von der unsichtbaren »Wolke von Zeugen« die Rede ist, die uns umgibt und die uns verbindet mit der Geschichte Israels.[119]

Die Quellen des Lebens

Eine wichtige Tradition des Laubhüttenfestes, die sich aber wohl erst nach dem Abschluss des Alten Testaments entwickelte, war die Zeremonie des Wasserschöpfens oder, wie sie offiziell hieß: »Freudenfest im Haus des Wasserschöpfens« (*simchat beit ha-shoevah*). Sie war der Höhepunkt des gesamten Festes und muss eine großartige Zeremonie gewesen sein. Es lohnt sich deshalb, einige Auszüge aus den rabbinischen Erzählungen ausführlicher anzusehen. In der ersten Phase des Festes wurden zunächst vier Ölfackeln entzündet, die offensichtlich Dimensionen eines olympischen Feuers hatten und die ganze Stadt erleuchteten:

> »Wer das Freudenfest im Haus des Wasserschöpfens noch nicht miterlebt hat, der hat noch nie in seinem Leben echte Freude miterlebt. Und so verlief die Zeremonie des Wasserschöpfens: Am letzten Tag des Festes stiegen die Priester im Tempel herab aus dem Vorhof der Priester in den Vorhof der Frauen. Dort waren auf großen Säulen vier goldene Becken für Öl aufgestellt, die als Leuchter dienten. Die Kinder der Priester kamen mit großen Krügen, die 30 Liter Öl enthielten, kletterten auf Leitern bis zur Spitze der Säulen und füllten die Ölbecken der Leuchter mit Öl. (...) Als sie entzündet wurden, leuchteten sie so hell, dass es in ganz Jerusalem keine Straße und keinen Hof gab, der nicht im Licht dieser Leuchter erstrahlte.«[120]

Die Prozession der Priester muss ein Anblick für sich gewesen sein. Sie war nicht würdevoll und seriös, sondern ein fröhlicher Umzug. Es wird erzählt, dass führende Rabbis und Würdenträger vor dem Festzug her tanzten und die umstehenden

Zuschauer zu Liedern und Gebeten ermunterten. Leviten mit Leiern, Harfen, Zimbeln und Trompeten gingen hinterher und spielten dazu die Musik. Manche der Rabbis taten sich sogar durch besondere Kunststücke hervor:

»Von Rabbi Simon ben Gamaliel wird berichtet, dass er vor der Prozession hertanzte und dabei mit den Fackeln, die er trug, jonglierte: Er nahm acht brennende Fackeln und warf sie in die Höhe, immer nacheinander und so, dass keine die andere berührte. (...) Levi pflegte vor Rabbi Juda herzulaufen und dabei mit acht Messern zu jonglieren. Samuel ging vor König Shapur her und jonglierte mit acht gefüllten Weingläsern, ohne dass dabei etwas verschüttet wurde. Abaye ging vor Rabba her und jonglierte mit acht rohen Eiern.«[121]

Nachdem die festliche und fröhliche Prozession zunächst die verschiedenen Höfe des Tempels durchschritten hatte, führte der Weg hinab vom Tempelberg zum Teich Siloah am Fuß des Berges. Dieser Teich wurde gespeist von der Gihonquelle, der wichtigsten und ältesten Wasserquelle Jerusalems, die den gleichen Namen trug wie einer der vier Flüsse im Garten Eden. In den letzten Jahren wurde diese Quelle und die mit ihr verbundenen monumentalen Wassersysteme durch archäologische Ausgrabungen Stück für Stück wieder freigelegt und man kann sich heute ein gutes Bild von den Ausmaßen der riesigen Becken machen. Die Prachtstraße, auf der die Prozession zum Teich Siloah hinabzog, war jahrhundertelang verschüttet und überbaut. Aber in den letzten Jahren ist auch sie unterirdisch wieder freigelegt worden. Seit 2019 können Touristen und Besucher in einem unterirdischen Tunnel diese Straße wieder entlanggehen.

»Man füllte einen goldenen Krug mit Wasser aus dem Teich Siloah. Wenn diejenigen, die den Krug herauftrugen, am ›Tor des Wassers‹ ankamen, wurde das Schofar geblasen, zuerst ein langer Ton *(Tekia)*, dann eine Reihe von kurzen Tönen *(Terua)*, dann wieder ein langer Ton

> *(Tekia)*. Der Priester schritt die Rampe hinauf und goss das Wasser in eins der zwei silbernen Becken im Tempel, die westlich und östlich vom Altar standen. Das andere Becken war mit Wein gefüllt. Beide Becken hatten unten eine kleine Öffnung, aus der das Wasser und der Wein über den Altar flossen. Dabei mussten die Priester sehr genau darauf achten, wie sie die Krüge festhielten. Denn einmal passierte es, dass ein Sadduzäer das Wasser aus Versehen über seine Füße verschüttete. Da wurde die Menge so zornig, dass sie mit ihren Lulav-Feststräußen und ihren Etrog-Früchten auf ihn eindroschen. Worauf gründeten sich alle diese Bräuche? Auf die Schriftstelle aus Jesaja 12,3: ›Ihr werdet mit Freuden schöpfen aus den Quellen der Erlösung.‹«[122]

Die Zeremonie des Wasserschöpfens wird in der Bibel nicht beschrieben oder angeordnet. Sie stammt also vermutlich aus nachbiblischer Zeit. Aber wie das letzte Zitat zeigt, wird die Symbolik des Wasserschöpfens aus der Bibel gespeist: Jesaja spricht hier von den »Quellen der Erlösung« oder »Quellen des Heils«, aus denen das Volk Israel am Ende der Zeiten schöpfen wird. Im Buch des Propheten Hesekiel wird beschrieben, wie am Ende der Zeiten eine Quelle mitten im Tempel entspringen wird, aus der frisches Wasser in die Wüste fließt, sodass sogar das Tote Meer wieder lebendig wird:

> »Und wenn es ins Meer fließt, soll dessen Wasser gesund werden und alles, was darin lebt und webt, wohin der Strom kommt, das soll leben. Und es soll sehr viele Fische dort geben, wenn dieses Wasser dorthin kommt; und alles soll gesund werden und leben, wohin dieser Strom kommt.«[123]

Auch im Buch des Propheten Sacharja gibt es zwei Kapitel, die regelmäßig am Laubhüttenfest gelesen werden. In ihnen wird der »Tag des Herrn« angekündigt, an dem Gott vom Ölberg aus nach Jerusalem zurückkehren wird. An jenem Tag, so heißt es dort, werden die Einwohner Jerusalems »einen offenen Quellbrunnen haben gegen Sünde und Befleckung«:[124]

> »Und an jenem Tag werden lebendige Wasser aus Jerusalem fließen, die eine Hälfte zum Meer im Osten und die andere Hälfte zum Meer im Westen, und so wird es sein im Sommer und im Winter. Und der HERR wird König sein über alle Lande. An jenem Tag wird der HERR der einzige sein und sein Name der einzige.«[125]

Die Quelle des Lebens wird hier also ganz eng mit der Rückkehr des Königs verbunden, der seine Herrschaft antritt. Und dann, so beschreibt es der Prophet, werden alle Völker der Welt nach Jerusalem kommen, um dort das Laubhüttenfest zu feiern.[126] In den rabbinischen Schriften über das Laubhüttenfest werden diese prophetischen Texte ausführlich ausgelegt und auf die Zeremonie des Wasserschöpfens bezogen.[127] Aber auch andere Bibeltexte, in denen das Wasser eine Rolle spielt, werden von den Rabbinen herangezogen. So werden die Wasserströme im Tempel mit »allen Wassern der Schöpfung« verglichen[128] oder mit dem Fels in der Wüste, aus dem Wasser entsprang, um das Volk Israel zu versorgen.[129] An anderen Stellen ist das Wasser, das aus dem Teich Siloah geschöpft wird, ein Symbol für den Heiligen Geist:

> »Rabbi Josua ben Levi sagte: Warum heißt es ›Freudenfest im Haus des Wasserschöpfens‹? Weil man von dort den heiligen Geist schöpft, wie es in der Schrift heißt: ›Ihr werdet mit Freuden schöpfen aus den Quellen des Heils‹ (...) Rabbi Jona sagte dazu: Jona ben Amitai pflegte regelmäßig zum Laubhüttenfest nach Jerusalem zu gehen. Als er eintrat zum Freudenfest des Wasserschöpfens in diesem Haus, fiel der Heilige Geist auf ihn.«[130]

Die Zeremonie des Wasserschöpfens spannt also einen weiten Bogen von der Schöpfung der Welt bis zum Ende der Tage: Die Wasser des Heils werden aus der Quelle Gihon am Fuß des

Tempelberges geschöpft und der Name dieser Quelle erinnert an einen der vier Flüsse im Garten Eden.[131] Dieses Wasser wird dann hinaufgetragen in den Tempel und symbolisiert dort die endzeitlichen Quellen des Heils, die mitten im Tempel entspringen sollen, um von dort aus Heilung, Vergebung und Reinigung zu bringen. Und sie symbolisiert die Ausgießung des Heiligen Geistes und der Freude. Ein Fest des Lebens. Ein Fest der Dankbarkeit für die Gaben der Schöpfung und ein Fest der Freude im Ausblick des ewigen Heils.

Hosianna: O Herr hilf!

Am letzten Tag des Laubhüttenfestes findet das »große Hosannagebet« (*hoschanna rabbah*) statt. Die Mischna schreibt dazu:

> »An jedem Tag des Festes pflegte man einmal rund um den Altar zu ziehen und dabei zu rufen: ›O Herr, hilf (*hoschiana*)! O Herr, lass wohlgelingen!‹[132] Am letzten Tag des Festes aber zog man sieben Mal um den Altar.«[133]

Für diese Zeremonie wurde der Altar mit Zweigen von Weidenbäumen geschmückt und Palmzweige wurden auf den Boden geworfen. Auch hierin liegt wieder eine doppelte Bedeutung: Zum einen die Bitte um Regen und Segen für die Gegenwart (der Aspekt der Schöpfung). Zum Zweiten der Ausblick auf die messianische Zeit am Ende der Tage und den Tag, an dem Gott zu seinem Volk kommt, um es endgültig zu erretten (der Aspekt der Geschichte). Nach der Zerstörung des Tempels im Jahr 70 n. Chr. war es nicht mehr möglich, um den Altar zu ziehen. Deshalb findet das »große Hosannagebet« heute in den Synagogen oder auf öffentlichen Plätzen statt. Man tanzt um das Tora-Lesepult herum, schwingt dabei den Feststrauß aus Palmzweigen, Weidenzweigen, Myrtenzweigen und Etrog und ruft dabei immer wieder: »Hoschana! Hoschana!«

Der Ausblick auf die messianische Zeit ist, genauso wie der Rückblick auf die Schöpfung, ein wichtiger Aspekt des Laubhüttenfestes. In der Prophetenlesung am Laubhüttenfest, Sacharja 13, ist das Kommen des messianischen Erlösers eng mit der Feier des Laubhüttenfestes verbunden. In manchen Traditionen wird daher die Ankunft des Messias am Laubhüttenfest erwartet. Aber das bringt uns schon wieder zum Ende der Zeit, wo wir doch eigentlich gerade erst am Anfang des Jahres gestartet sind. Wir werden deshalb auch hier noch einmal zum Laubhüttenfest zurückkehren, wenn wir das Jahr einmal durchschritten haben.

Simchat Tora: Anfang und Ende der Tora

In der jüdischen Tradition ist es seit vielen Jahrhunderten Brauch, dass die Tora, also die fünf Bücher Mose, im Kreislauf eines Jahres von vorne bis hinten durchgelesen wird. Dazu ist der Bibeltext in bestimmte, festgelegte Wochenabschnitte (*parashot*) eingeteilt und in jeder Synagoge wird am Sabbat über einen Text aus diesem Wochenabschnitt gesprochen. Der Kreislauf beginnt und endet am Tag nach dem Laubhüttenfest. Auch hier wird also der Bogen von der Schöpfung zur Vollendung gespannt. Um diesen Bogen auch symbolisch sichtbar werden zu lassen, werden an diesem Tag die letzten Verse des 5. Buches Mose laut gelesen. Wenn man beim letzten Wort der Torarolle angelangt ist, wird die gesamte Rolle, die ja an zwei Stäben aufgerollt ist, wieder zurück zum Anfang gewickelt. Das dauert eine Zeit, geschieht aber so schnell wie möglich. Sobald man wieder am Anfang angelangt ist, werden die ersten Worte des ersten Buches Mose gelesen: Die Erzählung von der Schöpfung. So beginnt der Kreislauf des Lebens, und damit auch der Kreislauf der Toralesungen, aufs Neue.

Der Tag, an dem die Lesung der Tora von vorne beginnt, heißt »Freude an der Tora« oder »Freude am Gesetz« (*simchat tora*). In vielen Synagogen ist es üblich, dass an diesem Tag die Torarolle besonders fröhlich, unter Singen und Tanzen, durch die Gemeinde getragen wird. Für christliche Beobachter kann das eine heilsame und inspirierende Erfahrung sein. Wir hören in christlichen Predigten so oft, wie sehr »die Juden« unter der

Last der Tora, des Gesetzes, leiden und wie gut es ist, dass Jesus uns davon befreit hat. Hier sehen wir das Gegenteil: Ausgelassene Freude und Dankbarkeit über die Tora. Und wenn wir unser Neues Testament prüfen, dann entdecken wir, dass auch Jesus nirgends davon spricht, dass wir davon befreit werden müssten. Aber das ist ein Thema, das uns später, beim Pfingstfest (*shawuot*) noch einmal ausführlicher begegnen wird. Denn das Pfingstfest ist die Erinnerung an den Tag, an dem die Tora gegeben wurde.

Das Laubhüttenfest im Neuen Testament

Ausdrücklich wird das Laubhüttenfest im Neuen Testament nur einmal erwähnt: »Es war aber nahe das jüdische Laubhüttenfest.«[134] Weil das Fest bevorsteht, drängen die Geschwister Jesu ihn dazu, nach Jerusalem zu gehen und sich dort als Messias öffentlich zu erkennen zu geben. Auch hier ist das Laubhüttenfest also eng mit der messianischen Erwartung verbunden. Jesus lässt sich zwar nicht drängen und antwortet: »Meine Zeit ist noch nicht gekommen.« Der öffentliche Einzug nach Jerusalem vom Ölberg her, der an Sacharja 13-14 anknüpft, wird nicht an diesem Fest stattfinden, sondern an einem Passafest.[135] Die Geschwister reisen also zunächst allein los. Jesus folgt ihnen, vermutlich einige Tage später, und kommt rechtzeitig zum Höhepunkt des Festes in Jerusalem an. Es gibt keinen öffentlichen Einzug nach Jerusalem. Aber am letzten Tag des Festes stellt sich Jesus in den Tempel und ruft:

> »Wen da dürstet, der komme zu mir und trinke! Wer an mich glaubt, von dessen Leib werden, wie die Schrift sagt, Ströme lebendigen Wassers fließen.«[136]

So jedenfalls übersetzt es die Lutherübersetzung von 2017. Vom Urtext her möglich ist aber auch eine andere Übersetzung, die sich etwa in der katholischen Einheitsübersetzung von 2016 findet:

»Wer Durst hat, komme zu mir und es trinke, wer an mich

> glaubt! Wie die Schrift sagt: Aus seinem Inneren werden Ströme von lebendigem Wasser fließen.«

Woher also kommen die Ströme des lebendigen Wassers? Aus dem Inneren dessen, der glaubt, oder aus dem Inneren dessen, der hier spricht? Unter Auslegern ist diese Frage umstritten. Unklar ist auch, auf welche Stelle (oder Stellen?) der Schrift sich Jesus hier bezieht. Ein Zitat, das genau so lautet, gibt es im Alten Testament nicht. Möglicherweise liegt hier ein bewusstes Wortspiel zugrunde. Denn ein viel zitierter Vers im Rahmen des Laubhüttenfestes war ja, wie wir gesehen haben, die Verheißung aus Jesaja 12,3:

> »Ihr werdet mit Freuden schöpfen aus den Quellen des Heils.«

Das hebräische Wort für »Heil« ist, wie bereits gesagt, identisch mit dem hebräischen Namen Jesus, *jeshua*. Im Hebräischen könnte der Satz also auch so gelesen werden: »Ihr werdet mit Freuden schöpfen aus den Quellen *jeshuas*.« Wollte Jesus vielleicht darauf anspielen mit den Worten »aus *seinem* Inneren ...«? Möglicherweise wollte er aber auch auf die biblische Erzählung vom Fels in der Wüste anspielen, aus dem Wasser hervorsprang.[137] Dieser Fels wird schon innerhalb des Alten Testaments mehrmals erwähnt als ein Zeichen der Leben spendenden Hilfe Gottes.[138] In frühen jüdischen Auslegungen wird der Felsen auch als Verheißung für die zukünftige messianische Zeit gedeutet.[139] In der rabbinischen Literatur ist der Fels in der Wüste ein Vorbild für die Zeremonie des Wasserschöpfens am Laubhüttenfest.[140] Auch Paulus greift auf diese jüdische Auslegungstradition zurück, wenn er den Felsen in der Wüste als ein Bild für den verborgen gegenwärtigen Messias deutet.[141] Vielleicht spielt Jesus aber auch auf einen der anderen bereits oben zitierten Bibeltexte an, die von Quellen des Wassers sprechen und die am Laubhüttenfest auf das zukünftige Kommen des Messias gedeutet wurden.[142] Am wahrscheinlichsten ist jedoch, dass Jesus nicht nur eine Bibelstelle im Sinn hat, sondern den ganzen breiten Strom von Bibeltexten, der im Hintergrund des Laubhüttenfestes steht und der die Grundlage für das »Fest der Freude im Haus des Wasserschöpfens« bildet. Und wie manche Rabbinen deutet er das Bild von den Quellen auch als ein Bild für die Gabe des Heiligen Geistes.

Ähnlich wie beim Neujahrsfest stellt Jesus hier also eine gewagte Behauptung auf: Er bezieht die tiefe Symbolik des Festes auf seine eigene Person. Die prachtvolle Zeremonie des Wasserschöpfens symbolisierte die Verbindung zwischen den Lebensquellen der Schöpfung und den neu entspringenden Lebensquellen der kommenden messianischen Zeit, die vom Inneren des Tempels ausgehen sollen. Und genau dahin stellt sich Jesus, um die Menschen zu sich zu rufen: Diese Zeit des Heils, auf die das Laubhüttenfest hinweist, bricht nun an. Die verheißenen Quellen der Endzeit entspringen in mir. Kommt her, wenn ihr Durst habt. Und trinkt voll Vertrauen von mir.

Die Symbolik der Laubhütten

Auch wenn das Laubhüttenfest nur einmal im Neuen Testament ausdrücklich erwähnt wird, gibt es doch an verschiedenen Stellen kleinere Hinweise darauf: Johannes etwa beginnt sein Evangelium mit einem Loblied auf das ewige Wort Gottes, das bei Gott war und zugleich selbst Gott war. Dann aber kommt der überraschende Satz: »Und das Wort wurde Fleisch und wohnte unter uns.«[143] Im griechischen Text klingt im Wort »wohnen« das griechische Wort *szene* (»Zelt, Hütte«) an, das im Alten Testament für die Laubhütten verwendet wird. Man könnte also lesen: »Das Wort wurde Fleisch und errichtete seine Laubhütte bei uns.« Möglicherweise will Johannes damit an die jüdische Tradition anknüpfen, dass der Messias zur Zeit des Laubhüttenfestes in die Welt kommt. Allerdings wird das gleiche Wort auch für das »Heilige Zelt«, also die Stiftshütte verwendet und es ist auch denkbar, dass Johannes Jesus mit der Stiftshütte vergleicht, dem Ort, wo im Alten Testament Gott inmitten seines Volkes wohnte.

Um das Erscheinen des Messias ging es auch, als Jesus seine Freunde Petrus, Jakobus und Johannes mit auf einen Berg nahm, um sich dort in himmlischem Glanz zu offenbaren. Die Reaktion des Petrus, drei Hütten zu bauen, wirkt auf den ersten Blick etwas eigenartig.[144] In Predigten wird das gern so ausgelegt, dass Petrus die geistliche »Gipfelerfahrung« so schön fand, dass er gar nicht mehr zurückwollte ins »Tal des Alltags«. Das ist zwar eine schöne und erbauliche Übertragung für heute, aber vermutlich nicht der Sinn des Textes. Wahrscheinlicher ist es auch hier, dass die Theologie des Laubhüttenfestes im Hintergrund steht: Wenn der Herr am jüngsten Tag erscheint, dann ist es Zeit, das Laubhüttenfest zu feiern, so wie es in Sacharja 14 angekündigt wird.

Auch Paulus verwendet das Bild von der Laubhütte in seinem zweiten Brief an die Gemeinde in Korinth:[145] Das ist um so erstaunlicher, als der Brief nach allem, was wir wissen können, vornehmlich an Nichtjuden gerichtet ist. Dennoch verwendet der Jude Paulus das Bild von der Laubhütte für das irdische Leben und den Ausblick auf das Leben nach dem Tod:

> »Denn wir wissen: Wenn unser irdisches Haus, diese Hütte, abgebrochen wird, so haben wir einen Bau, von Gott erbaut, ein Haus, nicht mit Händen gemacht, das ewig ist im Himmel.«[146]

Diese Passage über das Laubhüttenfest ist eigentlich noch länger. Aber weil es dabei vor allem um das Leben nach dem Tod und den Ausblick auf den Himmel geht, werden wir diesen Text im 9. Kapitel noch einmal ausführlicher betrachten, wenn wir nach Ende des Jahres noch einmal zum Laubhüttenfest zurückkehren.

Hosianna beim falschen Fest

Als Jesus kurz vor Beginn des Passafestes auf einem Esel nach Jerusalem einreitet, wird er von seinen Anhängern mit Palmzweigen und lauten »Hosianna«-Rufen begrüßt. Einige Pharisäer, die dabeistanden, wunderten sich und forderten Jesus auf, seine Jünger zum Schweigen zu bringen. Nun kann das daran liegen, dass es oft Meinungsverschiedenheiten zwischen Pharisäern und Jesus gab. Diesmal kam aber noch etwas anderes hinzu: Palmzweige und Hosiannarufe gehörten hier einfach nicht hin. Sie gehörten zum Laubhüttenfest und nicht zum Passafest. Das war so, als würde man am Ostersonntag »Stille Nacht« singen oder den Weihnachtsbaum mit Ostereiern schmücken.

Was bewegte die Anhänger Jesu dazu, die Feste so eigenartig durcheinanderzubringen? Sie waren überzeugt, dass jetzt, am Passafest, das geschah, wovon sie am Laubhüttenfest immer gesungen hatten und wofür die Palmen und Hosiannagebete standen: Jetzt war der Tag, an dem Gott als König in seine Stadt Jerusalem zurückkehrte. Er hatte »seinen Fuß auf den Ölberg gesetzt«, wie es der Prophet Sacharja verheißen hatte.[147] Er ritt auf einem Esel, wie es an anderer Stelle vom gleichen Propheten gesagt wurde.[148] Der König kam in seine Stadt, »ein Gerechter und ein Helfer«. In diesem Moment fanden das Grundthema des Neujahrsfestes (die Ankunft des Königs) und eines der Grundthemen des Laubhüttenfestes (das Heil der kommenden Welt) an einem Ort zusammen. Und sie verbanden sich mit einem dritten Fest: dem Passafest. Was es mit diesem Fest auf sich hat und warum Jesus gerade zu dieser Zeit nach Jerusalem kam, darum geht es im nächsten Kapitel.

Kapitel 5

Pesach (Das Passafest): Das Fest der Freiheit

Alle, die hungrig sind,
sollen herkommen und essen.
Alle, die bedürftig sind,
sollen herkommen und mitfeiern.
Dieses Jahr noch hier,
nächstes Jahr im Land Israel.
Dieses Jahr noch in der Knechtschaft,
nächstes Jahr in der Freiheit!
(Aus der Pesach-Haggada)

Mit dem Passafest (*pesach*) tun wir einen großen Sprung nach vorn im Jahreskreis: Wir befinden uns nun im Frühjahr, am 14. Tag des Monats Nisan, der ersten Vollmondnacht nach der Wintersonnenwende. Hier wird das Fest der Befreiung gefeiert. Und natürlich kommen auch hier wieder Natur und Geschichte, Kreislauf und Zeitstrahl, zueinander: Der Beginn des Frühlings markiert die Befreiung aus dem strengen und kalten Griff des Winters. Gras und Blumen sprießen überall auf, vor allem in Israel ist dies die Zeit, in der die Wüste anfängt zu blühen. Zum Passafest feiert man deshalb auch die ersten Ernteerträge des Jahres.[149] Gleichzeitig geht es aber um die Erinnerung an die Befreiung aus der Sklaverei in Ägypten. Und um den Ausblick auf die Befreiung von allem, was uns immer noch gefangen hält.

Der Ursprung: Wir waren Sklaven in Ägypten

Warum sind wir gefangen? Und worin? Auf dem Zeitstrahl der Weltgeschichte steht *Rosch Haschanah* für den ersten Tag der Schöpfung und *Sukkot* für die Fülle des Lebens im Garten Eden. Mit *Pesach* tun wir auch hier einen großen Sprung nach vorn: Von den ersten Kapiteln des 1. Buches Mose zum 12. Kapitel des zweiten Buches Mose. Vom Garten Eden in die Zeit der Sklaverei in Ägypten. Wie konnte es dazu kommen? Wie gerieten wir vom paradiesischen Leben im Garten zur bedrückenden Knechtschaft unter fremden Herrschern? Diese Frage ist eine existenzielle Frage. Eine Frage, die sich nicht nur das Volk Israel stellen muss. Das erste Buch Mose gibt eine Antwort darauf, indem es Geschichten von Misstrauen und Ungehorsam gegenüber Gott, von Beschämung und Versteckspiel, von Neid und Brudermord, von Größenwahn und Totalitarismus, von Familienstreit, Betrug und Verrat erzählt. Aber auch vom roten Faden der Treue Gottes, der durch alle diese dunklen Kapitel hindurch nicht abreißt.

Am Ende dieser Erzählungen findet sich das Volk Gottes in der Gefangenschaft. Ägypten steht für alles, was in diese Gefangenschaft hineinführt, und für alles, was uns bis heute noch gefangen hält: soziale Ungerechtigkeiten und materielle Unterdrückung, wirtschaftliche Ausbeutung, Schuld- und Sexsklaverei, politische Unfreiheit, Diskriminierung und Benachteiligung. Aber auch für die Gefangenschaft in seelischen Abhängigkeiten, in Egoismus und Selbstüberschätzung, Selbsthass und Selbstverlust, Gier und Mangel, Maßlosigkeit und Geiz, Süchte und tragische Verstrickungen. Die Gefangenschaften, die wir uns selbst antun oder die andere uns antun. Die Gefangenschaft, wie es eine alte christliche Tradition sagt, durch die Mächte der Sünde, des Todes und des Teufels. Die langen und kalten Monate des Winters stehen für all diese Mächte, unter deren Herrschaft wir geraten sind. Aber nun beginnt der Frühling und Gott tritt auf den Plan. Diesmal nicht als König oder Schöpfer, sondern als Retter und Helfer.

In der hebräischen Sprache, wie auch in der griechischen, ist das Wort für »Rettung« viel umfassender als im Deutschen. In unseren Bibeln wird es manchmal mit »Hilfe« und manchmal mit »Heil« übersetzt, manchmal mit »Gesundwerden« im körperlichen Sinn, mit »Befreiung« im materiellen und politischen Sinn oder mit »Errettung« und »Erlösung« in einem spirituellen Sinn. All das schwingt mit, wenn das Passafest gefeiert wird. Es geht um die Erfahrung von Hilfe, Errettung, Befreiung, Heil, Heilung und Erlösung in einem umfassenden Sinn.

In der Geschichte der Kirche hat man den biblischen Begriff der Errettung manchmal einseitig im einen oder anderen Sinn verstanden: Zu manchen Zeiten und in manchen geistlichen Strömungen stand ausschließlich das »innere Seelenheil« des Menschen im Vordergrund. Materielle Ungerechtigkeiten und politische Unfreiheiten waren bedeutungslos, weil Gott, so schien es, nur an unserer Seele interessiert ist. Zuweilen aber schwingt das Pendel auch in die andere Richtung: Da reicht es dann, wenn politische Befreiung geschieht, sozialer Friede oder materieller Wohlstand herrschen. Ob Menschen eine Beziehung zu Gott haben oder was sie über ihn glauben, das erscheint ebenso als unwichtige religiöse Nebensache wie die Frage, ob sie ihr persönliches Leben nach Gottes Geboten gestalten. Und die, die danach fragen, gelten als störende religiöse Fanatiker.

In der Bibel lässt sich das eine aber nicht vom anderen trennen: Gott ist der Schöpfer von Himmel und Erde. Ihm geht es um das äußere Wohl und das innere Heil des Menschen. Um gesellschaftliche Befreiung und um die Freiheit von den Mächten der Sünde und des Todes. Wer immer das eine vom anderen trennt oder das eine zugunsten des anderen vernachlässigt, hat die Botschaft des Passafestes nicht verstanden.

Das geschlachtete Lamm

Im Zentrum des Passafestes steht das Passalamm. Es wurde geschlachtet in der Nacht, als die Israeliten Ägypten verließen. Neun Plagen hatte Gott über Ägypten geschickt, weil der Pharao das Volk Israel nicht in die Freiheit ziehen lassen wollte. Nun war die zehnte Plage angekündigt: Alle erstgeborenen Kinder des Landes sollten in dieser Nacht sterben. Nur an den Häusern, deren Türpfosten mit dem Blut des Passalammes bestrichen waren, würde der Todesengel vorübergehen (hebr. *pasach*).[150] Ein erschreckender und grausamer Text. Und bei aller Freude über die Verschonung der Israeliten sollte man nicht leichtfertig an den Fragen vorbeigehen, die die Erzählung vom Tod unzähliger unschuldiger Kinder an unser Gottesbild stellt. Hier ist allerdings nicht der Ort, diese Fragen zu vertiefen. Denn eine schnelle Antwort auf diese Fragen habe ich bisher noch nicht gefunden.

In einem jüdischen Midrasch habe ich allerdings eine Erzählung gefunden, die zeigt, dass schon die Rabbinen mit dieser Frage gerungen haben. In diesem Midrasch wird erzählt, was im Himmel geschah, als der Pharao von Ägypten mit seiner ganzen Armee im Meer versank, nachdem die Israeliten trockenen Fußes hindurchgezogen waren. Im biblischen Bericht wird erzählt, dass die Israeliten Gott ein Lob- und Danklied sangen, weil er sie vor den Ägyptern gerettet hatte und »Roß und Reiter im Meer versanken«.[151] Aber einer der Rabbis warnt davor, vorschnell in diesen Jubel einzustimmen.

> »Rabbi Jonathan sagt: Der Herr hat keine Freude am Untergang der Frevler. (...) In der Nacht, als die Ägypter im Schilfmeer ertranken, wollten die Engel im Himmel ein Loblied anstimmen. Aber Gott sprach zu ihnen: ›Meine Geschöpfe versinken im Meer und ihr wollt Jubellieder singen?‹«[152]

Die Freude über unsere Errettung sollte nie in Gehässigkeit, Überheblichkeit oder Schadenfreude denen gegenüber umschlagen, die diese Freude nicht teilen oder diese Errettung nicht erfahren haben. Gott selbst sagt an anderer Stelle: »So wahr ich lebe, spricht Gott der HERR: Ich habe kein Gefallen am Tode des Gottlosen, sondern dass der Gottlose umkehre von seinem Wege und lebe. So kehrt nun um von euren bösen Wegen.«[153] Das Angebot der Errettung, nicht der Sieg über die Feinde ist das Thema des Passafestes.

Aber nun zurück zum Passalamm: Nach biblischer Vorschrift soll es noch in der gleichen Nacht geröstet und gegessen werden.[154] Entweder im Kreis der Familie oder, wenn die Familie zu klein ist, dann zusammen mit den Nachbarn. Man soll es essen zusammen mit bitteren Kräutern und ungesäuertem Brot. Man soll dabei Reisekleidung anziehen, Laufschuhe an den Füßen tragen und den Wanderstock in der Hand halten. Das Ganze soll in Eile geschehen, denn es erinnert an die Nacht, als die Israeliten aus Ägypten aufbrachen.

Natürlich wird das Fest heute nicht mehr so gefeiert, wie es in der Bibel beschrieben wird. Das geht schon deshalb nicht, weil es keinen Tempel mehr gibt und die Passalämmer nach der Ankunft im Gelobten Land nur noch im Tempel von Jerusalem geopfert werden durften.[155] Heute wird das Passafest zu Hause im Kreis von Familie und Freunden gefeiert, nach einer Ordnung, die die Rabbinen entworfen haben. Dazu werden wir gleich noch kommen. Wer allerdings einmal eine Passafeier wie in biblischer Zeit miterleben möchte, der kann dies noch Jahr für Jahr beim kleinen Volk der Samaritaner tun, die bis heute in Israel leben. Die Samaritaner sind Nachkommen des Volkes Israel aus dem ehemaligen nördlichen Königreich. Sie zerstritten sich mit den Israeliten aus dem Südreich darüber, wer die wahren Israeliten sind und wo der wahre Ort des Tempels ist. Die Samaritaner erkannten den Tempel in Jerusalem nicht an und hatten stattdessen ihren eigenen Tempel auf dem Berg Garizim. Dort feiern sie bis heute jedes Jahr das Passafest und dabei werden tatsächlich noch Passalämmer geschlachtet, in großen Erdöfen geröstet und in der Nacht gemeinsam gegessen.[156]

Das Fest der ungesäuerten Brote

Eng verbunden mit dem Passafest, aber streng genommen ein eigenes Fest, ist das »Fest der ungesäuerten Brote«, das am Tag nach dem Passafest beginnt. Es dauert sieben Tage und an diesen Tagen soll man nur ungesäuertes Brot essen. Auch damit wird an die Eile erinnert, mit der die Israeliten aus Ägypten aufgebrochen sind: Es war keine Zeit, den Teig aufgehen zu lassen.

Im Gegensatz zum Passalamm kann die Vorschrift, ungesäuertes Brot zu essen, auch heute noch eingehalten werden. Es gehört daher zum Passafest, dass das Haus am Tag vor Beginn des Passafestes gründlich von allem »gesäuerten Brot« (*chametz*) gesäubert wird: Getreu dem biblischen Gebot »Schafft den Sauerteig aus euren Häusern!«[157] werden am Tag vor dem Passafest Kühlschrank und Vorratsschränke durchgesehen, ob sich noch irgendetwas darin findet, das Sauerteig, Hefe oder ein anderes Treibmittel enthält. Unter die Regel fällt dabei nicht nur Brot, sondern z. B. auch Bier, Nudeln, Cornflakes, Ketchup, Fischstäbchen und sogar Lakritze. Es kommt auf die Zutaten an. Viele jüdische Familien verbinden die Suche nach verbotenen Lebensmitteln mit einem großen Frühjahrsputz, bei dem alle Schränke, Regale und die verborgenen Ecken des Fußbodens gründlich ausgefegt werden, denn es könnten ja noch Brotkrümel irgendwo herumliegen. Auch Kochgeschirr und Behälter müssen auf eine bestimmte, vorgeschriebene Weise gereinigt werden. Um das Suchen und Finden für Kinder interessanter zu machen und damit man nicht umsonst sucht, ist es an vielen Orten üblich, vor der Suche zehn Brotkrumen überall im Haus zu verstecken. Nach rabbinischer Vorschrift sollte man bei der Prüfung eine Kerze verwenden, um auch die dunklen Ecken der Schränke und Räume gründlich auszuleuchten. Das »Reinemachen« wird so zu einem spannenden und aufwendig inszenierten Familienevent.

Die Idee, »den alten Sauerteig wegzuschaffen«, um einen neuen, befreiten Anfang zu machen, hat natürlich auch eine geistliche Komponente. Diese findet sich schon sehr früh in der jüdischen Tradition. Paulus zum Beispiel benutzt das Bild von der *chametz*-Reinigung dafür, dass Christen mit alten, unguten Gewohnheiten abschließen sollten, wenn sie ein neues Leben beginnen:

> »Wisst ihr nicht, dass ein wenig Sauerteig den ganzen Teig durchsäuert? Darum schafft den alten Sauerteig weg, auf dass ihr ein neuer Teig seid, wie ihr ja ungesäuert seid. Denn auch unser Passalamm ist geopfert, das ist

> Christus. Darum lasst uns das Fest feiern nicht mit dem alten Sauerteig, auch nicht mit dem Sauerteig der Bosheit und Schlechtigkeit, sondern mit dem ungesäuerten Teig der Lauterkeit und Wahrheit.«[158]

In den sieben Tagen, die auf das Passafest folgen, wird darauf geachtet, nur Lebensmittel zu essen, die »koscher für Pesach« sind, die also kein *chametz* enthalten. In Deutschland muss man dafür bestimmte Geschäfte oder Zulieferer nutzen. In Israel ist die Veränderung deutlicher zu spüren: So räumen viele Supermärkte ihre Nudel- und Brotregale komplett leer. Die großen Burgerketten verkaufen während des Passafestes entweder Burger, bei denen das Brot durch Salatblätter ersetzt wird, oder aber sie verwenden spezielle, ungesäuerte Brötchen. Geschmacklich ist beides gewöhnungsbedürftig. Auf jeden Fall aber merkt man als nichtjüdischer Tourist, an wie vielen Stellen das alltägliche Leben vom »alten Sauerteig« durchdrungen ist, ohne dass man darüber nachdenkt. Auch im Blick auf das eigene geistliche Leben ist das eine bedenkenswerte Lektion.

Der Seder-Abend

Nach der Zerstörung des Tempels in Jerusalem war es nicht mehr möglich, die Passalämmer nach den biblischen Gesetzen zu schlachten. Die Rabbinen entwarfen daher eine neue Ordnung (*seder*), wie das Fest gefeiert werden sollte. Die frühesten rabbinischen Beschreibungen für den Ablauf des ersten Abends stammen aus dem 3. Jahrhundert. Es ist daher umstritten, welche der hier gesammelten Vorschriften schon zur Zeit Jesu existierten und welche erst später hinzukamen. Bibelforscher und Forscher der jüdischen Geschichte stehen hier vor einer etwas paradoxen Situation: Einerseits geht man davon aus, dass sich die Feier des christlichen Abendmahls auf die Feier des jüdischen Passafestes gründete und aus ihr entwickelt hat. Blickt man jedoch auf die historischen Quellen, ist es genau umgekehrt: Die älteste Beschreibung eines jüdischen Passamahls im Privathaus findet sich im Neuen Testament. Es ist der Bericht vom letzten Abendmahl Jesu mit seinen Jüngern. Dieser Text ist daher auch für jüdische Forscher hochinteressant, denn er ist etwa 200 Jahre älter als die ältesten jüdischen Vorschriften. Israel Yuval, ein berühmter Historiker des Judentums, geht sogar davon aus, dass die Entwicklung des Passafestes teilweise umgekehrt war, als bisher angenommen, und dass viele Bestandteile der heutigen jüdischen Passafeier bereits eine »Antwort« sind auf die frühe christliche Abendmahlspraxis, die Juden in ihrer Umgebung erlebten und beobachteten.

Andererseits jedoch ist gerade der neutestamentliche Bericht vom Passamahl Jesu mit seinen Jüngern ein wichtiges historisches Zeugnis dafür, dass einige Grundzüge des Festes schon zur Zeit Jesu so bestanden, wie sie in der späteren rabbinischen Literatur beschrieben werden. Dazu gehört etwa, dass über Brot und Kelch ein Segen gesprochen wird und beiden eine symbolische Bedeutung gegeben wird. Dazu gehört die Tatsache, dass in einer familiären Runde zu Hause gefeiert wird. Dass man beim Essen die Speisen eintaucht.[159] Dass die Feier innerhalb der Stadtmauern Jerusalems stattfinden soll (Jesus wohnte mit seinen Jüngern normalerweise in Bethanien jenseits des Ölbergs und ging von dort morgens in die Stadt. Für den Passaabend aber ließ er seine Jünger extra einen Gastraum innerhalb der Stadt suchen).[160] Die Tatsache, dass dieser Gastraum »mit Kissen ausgelegt« sein sollte, könnte dabei ein früher Hinweis auf den späteren Brauch sein, beim Passafest im Liegen zu essen. Und die Bemerkung, dass Jesus mit seinen Jüngern am Ende des Abends »den Lobpreis sang«, bezieht sich vermutlich auf das sogenannte »große Hallel«, den großen Lobgesang am Ende des Sederabends, der aus den Psalmen 113 bis 118 besteht. Auch wenn die rabbinischen Vorschriften für den Sederabend erst in späteren Jahrhunderten aufgeschrieben wurden, zeigen also gerade die Berichte des Neuen Testaments, dass viele dieser Vorschriften bereits in die Zeit Jesu zurückreichen und schon damals praktiziert wurden.

Essen mit Symbolkraft

Bei allen jüdischen Festen spielen Rituale und Symbole eine große Rolle. Gott begegnen mit allen fünf Sinnen: Sehen, hören, schmecken, tasten und riechen gehört zum Feiern dazu. Beim Passafest ist die Symbolik des Essens aber noch einmal besonders vielfältig und tiefsinnig und für die Gestaltung des Festmahles gibt es ein besonders ausgefeiltes, über Jahrhunderte immer weiter gewachsenes und angereichertes Programm, die sogenannte »Pesach-Haggada«. Sie füllt eigentlich für sich genommen schon ein ganzes Buch, daher können hier nur ein paar wenige Highlights daraus kurz vorgestellt werden. Man findet aber im Internet viele detaillierte Beschreibungen zu allen Teilen dieses Abends.

Der wichtigste Bestandteil des festlich gedeckten Tisches neben dem ungesäuerten Brot (*mazzot*), dem Kelch mit Wein und den Kerzen ist die Schüssel, die in der Mitte des Tisches steht. Darauf befinden sich sechs verschiedene symbolische Speisen, die im Laufe des Abends gegessen werden und die alle eine Bedeutung haben: Die erste ist ein Hühner- oder Lammknochen (*seroa*), der an das Passalamm erinnert, das früher im Tempel geopfert wurde. Das Zweite ist eine »Frucht der Erde« (karpas), z. B. eine Kartoffel, Sellerie, Petersilie oder Karotte. Sie ist zum einen ein Symbol für die Frühjahrsernte, aber auch für die Geschichte des Volkes Israel, das wie eine Erdfrucht lange im Verborgenen im Lande Ägypten heranwuchs und größer wurde, bis es schließlich von Gott aus der Knechtschaft »herausgezogen« wurde, so wie man das Gemüse aus der Erde zieht. Das Dritte ist das Bitterkraut (*maror*), oft Meerrettich, Chicoree oder Kresse. Wichtig ist, dass die Augen tränen, wenn man es isst. Denn es erinnert an den Schmerz und die Tränen der Sklaverei in Ägypten. Das Vierte ist ein zweites bitteres Kraut (*chaseret*). Hier werden ähnliche Zutaten verwendet wie für das *maror*. Das Fünfte ist der »Lehm« (*charosset*), ein süßer Brei aus geriebenem Apfel, Nüssen, Datteln und Wein. Er symbolisiert den Lehm, aus dem die Israeliten in der Sklaverei Ziegel brennen mussten. Und schließlich noch ein hart gekochtes Ei, über dessen Bedeutung es unterschiedliche Meinungen gibt. Manche sagen, es erinnert an den zerstörten Tempel, andere sagen, es stehe für das Wunder des Lebens oder für die Festigkeit, die das Volk Israel in allen Prüfungen der Sklaverei erlangt habe.

Eigentlich müsste man beim Passamahl fürstlich zu Tisch liegen, wie es in der antiken Welt üblich war. Denn freie Menschen essen im Liegen, während Sklaven im Stehen oder Hocken essen müssen. Weil es aber in heutigen Wohnzimmern schwierig ist, am Tisch zu liegen, hat man sich auf ein Minimum geeinigt: Man sollte sich immer dann, wenn man aus den Weinbechern trinkt oder von den symbolischen Speisen isst, seitlich über die Stuhllehne lehnen und so wenigstens ein wenig das Gefühl eines antiken Festgelages erleben.

Seder: Ein festgelegter Ablauf

Der Seder-Abend verläuft traditionell in fünfzehn Etappen, die den fünfzehn Stufen entsprechen, die man früher auf dem Weg in den Tempel emporstieg. Jeder dieser Schritte hat einen hebräischen bzw. aramäischen Namen:[161]

1. Heiligung (*kadesh*): Der Abend beginnt damit, dass ein Becher Wein erhoben wird und durch Segenssprüche »geheiligt« wird (*kiddush*):

> »Gepriesen bist du, Herr unser Gott, König der Welt,
> der du die Frucht des Weinstocks erschaffen hast.
> Gepriesen bist du, Herr unser Gott, König der Welt,
> der du Israel und die Zeiten geheiligt hast.
> Gepriesen bist du, Herr unser Gott, König der Welt,
> der du uns lebendig gemacht und lebendig erhalten hast,
> der du uns aufgerichtet und bewahrt hast
> und der du uns geführt hast
> bis hinein in diesen Augenblick der Zeit.«[162]

Insgesamt werden an diesem Abend vier Becher mit Wein getrunken. Dabei ist es wichtig, dass man nicht nur vorsichtig am Wein nippt, sondern einen ordentlichen Schluck nimmt. Die Faustregel lautet: Man sollte beim Schlucken ein deutliches Glucksen hören. Über die symbolische Bedeutung der vier Becher diskutierten schon die alten Rabbinen. Die bis heute üblichste Deutung ist die von Rabbi Huna:

> »Rabbi Huna sagte im Namen von Rabbi Benaja: Die vier Becher sind eine Erinnerung an die vier Worte, mit denen Gott die Errettung aus Ägypten beschreibt: ›Ich bin der HERR und will euch wegführen (*jaza*) von den Lasten, die euch die Ägypter auflegen, und will euch erretten (*natzal*) von ihrem Frondienst und will euch erlösen (*ga'al*) mit ausgerecktem Arm und durch große Gerichte; ich will euch annehmen (*lakach*) zu meinem Volk und will euer Gott sein, dass ihr's erfahren sollt, dass ich der HERR bin, euer Gott.«[163]

Nach dieser Deutung stehen die vier Becher für unterschiedliche Aspekte der Befreiung und Erlösung: die physische Befreiung von der Zwangsarbeit; die politische Befreiung aus der Sklaverei Ägyptens; die umfassende Erlösung Israels und der Bund, den Gott mit seinem Volk schließt. Andere Lehrer schlagen andere mögliche Deutungen vor:

> »Rabbi Samuel ben Nachman sagte: Die vier Becher erinnern an die vier Becher, die in der Erzählung von Joseph und dem Pharao genannt werden (das heißt: Beim Passamahl stößt man auf den Sieg über den Pharao an).[164] Rabbi Levi sagte: Es sind die vier Weltreiche, die Daniel in seiner Vision vom Weltende sah (das heißt: beim Passamahl stößt man auf den Untergang aller großen Weltreiche an).[165] Aber es gibt auch die vier Becher, mit denen Gott Israel das Heil der messianischen Zukunft verspricht: ›Der Herr ist mein Gut und mein Kelch.‹[166] ›Mein Kelch fließt über. Gutes und Barmherzigkeit werden mir

folgen mein Leben lang.‹[167] ›Ich will den Kelch der Errettungen erheben!‹[168] In diesem letzten Psalm ist nicht nur von einer Errettung, sondern von zweien die Rede: Eine, wenn die messianische Zeit anbricht. Und eine am Ende der Tage.«[169]

Spätere Ausleger schlugen noch weitere Deutungen vor: Der mittelalterliche jüdische Lehrer Isaac ben Judah Abarbanel (1437–1508) sah in den vier Bechern ein Bild für die vier Phasen der Heilsgeschichte Israels: die Zeit Abrahams, die Zeit des Mose, die Zeit in der Zerstreuung und die messianische Zeit. Der neuzeitliche Lehrer Elijah ben Solomon Zalman (1720–1797), bekannt als der »Gaon von Wilna«, deutete sie als die vier Zeitalter der Weltgeschichte: die jetzige Zeit, die Zeit des Messias, die Auferstehung der Toten und die kommende Welt. So verschieden diese Auslegungen auch sind: Sie machen deutlich, dass die vier Becher wie ein roter Faden sind, der die Geschichte der Befreiung Israels aus Ägypten mit der Hoffnung auf eine endgültige messianische Erlösung in der Zukunft verbindet.

Heute wird beim Sederabend noch ein fünfter Becher gefüllt und auf den Tisch gestellt. Er wird aber nicht getrunken. Dieser Becher ist der »Becher für Elia«, ein Symbol für die messianische Erwartung. Über die Rolle Elias für das Passafest werden wir später, am Ende des Abends, noch mehr erfahren.

2. Händewaschen (*u-rechaz*): Dem Leiter des Sederabends wird nun eine Schüssel mit Wasser gereicht, in der er seine Hände wäscht. Möglicherweise hängt die Fußwaschung vor dem letzten Abendmahl, von der Johannes berichtet,[170] mit diesem Brauch der Waschung zusammen.

3. Erdfrucht (*karpas*): Die Erdfrucht aus der Seder-Schüssel wird in Salzwasser getaucht und gegessen. Das Salzwasser erinnert wieder an die Tränen, die das Volk Israel in der Sklaverei vergoss.

4. Brotbrechen (*jachaz*): Traditionell werden die Mazzot-Schei-

ben in einer speziellen Tasche aufbewahrt, die drei Innentaschen hat, sodass drei Mazzot übereinanderliegen. Sie stehen symbolisch für drei Gruppen im Volk Israel: die Priester, die Leviten und das restliche Volk. An dieser Stelle wird die mittlere der drei Mazzot in die Hand genommen und in zwei Teile gebrochen. Eins dieser Teile wird in ein Tuch gewickelt und beiseitegelegt. Es ist das sogenannte *afikoman* (vermutlich ein griechisches Lehnwort, das so viel bedeutet wie »Nachtisch« oder »das, was am Ende noch kommt«) und spielt im späteren Verlauf des Abends noch eine Rolle. In vielen Familien ist es üblich, dass der *afikoman* irgendwo im Haus versteckt wird, damit die Kinder später danach suchen können. Wer es findet, bekommt einen Preis. So bleibt es auch für die Kinder spannend bis zum Ende des Abends. In einer neueren Erklärung zum Passafest wird die Bedeutung des *afikoman* so beschrieben:

> »Einwickeln und Verstecken des *afikoman* unterstreichen, dass der Auszug aus Ägypten erst der Beginn war. Seine letzten Geheimnisse bleiben verdeckt, bis sie in der messianischen Zeit in ihrer ganzen Tiefe verstanden werden. Indem er an das kleinere Stück der mittleren Mazza anknüpft, das er in der Hand hält, wird der Vater nun die Pesachgeschichte erzählen.«[171]

Die Erzählung der Freiheit

5. Erzähler (*maggid*): Nun beginnt der inhaltliche Hauptteil des Abends. Traditionell ist es die Aufgabe des Familienvaters, die Geschichte vom Auszug aus Ägypten zu erzählen. Dieser Teil des Abends geht zurück auf eine biblische Vorschrift, der zufolge man im Tempel, wenn man das Passaopfer brachte, dem Priester zuerst die Geschichte vom Auszug erzählen musste. Und zwar so, als wäre man selbst dabei gewesen:

> »Dann sollst du anheben und sagen vor dem HERRN, deinem Gott: Mein Vater war ein Aramäer, dem Umkom-

men nahe, und zog hinab nach Ägypten und war dort ein Fremdling mit wenig Leuten und wurde dort ein großes, starkes und zahlreiches Volk. Aber die Ägypter behandelten uns schlecht und bedrückten uns und legten uns einen harten Dienst auf. Da schrien wir zu dem HERRN, dem Gott unserer Väter. Und der HERR erhörte unser Schreien und sah unser Elend, unsere Angst und Not und führte uns aus Ägypten mit mächtiger Hand und ausgerecktem Arm und mit großem Schrecken, durch Zeichen und Wunder, und brachte uns an diese Stätte und gab uns dies Land, darin Milch und Honig fließt. Nun bringe ich die Erstlinge der Früchte des Landes, das du, HERR, mir gegeben hast. – Und du sollst sie niederlegen vor dem HERRN, deinem Gott, und anbeten vor dem HERRN, deinem Gott.«[172]

Der Bibelwissenschaftler Gerhard von Rad hat diese Kurzzusammenfassung der Rettungsgeschichte Israels das »kleine geschichtliche Credo« genannt. »Credo« ist das erste Wort des traditionellen christlichen Glaubensbekenntnisses: »Ich glaube an Gott, den Vater ...« Ganz ähnlich, so von Rad, werde hier der Glaube Israels im Rahmen des Gottesdienstes zusammengefasst. Aber der Glaube besteht dabei eben hauptsächlich aus einem Rückblick auf das befreiende und errettende Handeln Gottes in der Geschichte. Bis heute gilt beim Passafest die Regel: Jeder, der mitfeiert, soll so feiern, als wäre er selbst persönlich beim Auszug dabei gewesen. Man sagt also nicht: »Damals, als die Israeliten aus Ägypten auszogen«, sondern: »Damals, als Gott uns aus Ägypten herausführte.«

Zu Beginn der Erzählung nimmt der Familienvater die Mazzen in die Hand, von denen er kurz vorher eine zerbrochen hat. Er hebt sie in die Höhe und sagt:

»Das ist das Brot des Elends,
das unsere Väter in Ägypten aßen.
Alle, die hungrig sind, sollen herkommen und essen.
Alle, die bedürftig sind, sollen herkommen und mitfeiern.

Dieses Jahr noch hier, nächstes Jahr im Land Israel.
Dieses Jahr noch in der Knechtschaft,
nächstes Jahr in der Freiheit.«[173]

An diesen Worten wird deutlich, dass die Feier des Passafestes weit über den geschichtlichen Rückblick hinausgeht: Der Blick geht in alle Richtungen der Zeit:

- in die Vergangenheit, in der Gott sich als Befreier und Erlöser gezeigt hat;
- in die Gegenwart, in der Menschen sich nach Befreiung und Erlösung sehnen, sei es materiell oder spirituell. Sie werden eingeladen, ihre Rettung beim Gott Israels zu finden. Und die feiernde Gemeinde ist der Ort, wo zur Rettung eingeladen wird und schon ganz praktisch Hilfe angeboten wird. Wir erinnern uns. Im Hebräischen ist Errettung, Erlösung, Hilfe, Heilung und Heil ein und dasselbe Wort.
- Und zuletzt geht der Blick auch in die Zukunft und richtet sich auf zukünftige Befreiung und Erlösung. In dieser Welt und in der kommenden.

Über Jahrhunderte wurde dieses Fest mit diesen Worten gefeiert. Über Jahrhunderte und bis heute ist die Erfahrung der Gefangenschaft und Unfreiheit für viele Juden weltweit real: Sie wohnen in fremden Ländern, erfahren oft Verfolgung, Diskriminierung und antisemitische Übergriffe. Deshalb bleibt die Sehnsucht nach Befreiung real und aktuell. Und diese Befreiung hat politische, soziale, aber auch spirituelle, persönliche und kosmische Dimensionen.

Die vier Söhne: Lernen durch Fragen

Auch an dieser Stelle spielen die anwesenden Kinder wieder eine wichtige Rolle. Wie alle jüdischen Feste ist auch das Passafest ein zentraler Ort jüdischer Bildung. Schon lange, bevor es in Israel Schulen für Kinder gab, fand das religiöse Lernen vor allem in der Familie statt. Der jüdische Philosoph Philo von Alexandrien, der etwa zur gleichen Zeit lebte wie Jesus, schrieb:

> »Die Eltern, die die Kinder zur Welt bringen, sind auch ihre ersten Lehrer. Denn sie geben ihren Kindern von frühester Kindheit an alles weiter, was sie selbst wissen. Aber nicht nur Wissen und Denken bringen sie ihnen bei, sondern auch die Fähigkeit, sich für das Gute zu entscheiden und das Böse zu meiden. Denn wer könnte für die Kinder ein besserer Wohltäter sein als die Eltern: Sie haben sie nicht nur zur Welt gebracht, sondern sie haben sie auch für wert erachtet, Nahrung und Erziehung zu empfangen. Auf diese Weise befähigen sie ihre Kinder nicht nur zum Überleben, sondern zu einem wirklich guten Leben.«[174]

Die Weitergabe des Glaubens von den Eltern an die Kinder wird schon im Alten Testament immer wieder als eine wichtige Aufgabe beschrieben.[175] Die Erzählung vom Auszug aus Ägypten geschieht deshalb wenn möglich immer im Gespräch zwischen den Generationen: Die Kinder stellen Fragen, die Alten antworten. Schon sehr alt ist der Brauch, dass das jüngste Kind (oder die jüngsten vier Kinder) viermal hintereinander die Frage stellen, die oft sogar als Lied gesungen wird: »Was ist eigentlich so besonders an dieser Nacht?« (*ma nishtana ha-laila ha-seh?*).[176] Auf die vier Fragen bekommen sie vier verschiedene Antworten. Es wird erklärt, warum man an diesem Abend ungesäuertes Brot isst. Warum man bittere Kräuter isst. Warum man sie in Salzwasser tunkt. Und warum man im Liegen, oder wenigstens angelehnt, isst.

Warum viermal die gleiche Frage und vier verschiedene Antworten? Für die frühen rabbinischen Ausleger geht diese Tradition auf vier verschiedene Bibeltexte aus der Tora zurück, die alle davon handeln, wie man seinen Kindern von der Befreiung aus Ägypten erzählen soll. Weil alle diese vier Bibeltexte ähnlich sind, aber doch im Detail unterschiedlich, schlossen die Rabbinen: Diese vier verschiedenen Bibeltexte zeigen vier verschiedene Weisen, mit den Kindern über religiöse Fragen zu sprechen.[177] Weil jedes Kind unterschiedlich ist und weil auch die Art zu fragen unterschiedlich ist. Aus dieser Beobachtung entstand die Tradition von den vier verschiedenen Söhnen:

Der erste Sohn ist der »kluge Sohn«, der eine sehr komplexe und ausführliche Frage stellt und deshalb auch eine sehr ausführliche Antwort darüber bekommt, warum es sich lohnt, die Gebote Gottes zu halten.[178] Dieser Sohn gilt als der Inbegriff des wissbegierigen und interessierten Kindes:

> »Was sind das für Vermahnungen, Gebote und Rechte, die euch der HERR, unser Gott, geboten hat?«[179]

Der zweite Sohn ist der »böse Sohn«. Er gilt als Symbol für die Erfahrung, dass Kinder sich oft auch gegen den Glauben der Eltern wenden oder kritisch fragen. Gerade bei der Passafeier, ähnlich wie bei uns am Weihnachtsfest, kommen solche Differenzen oft an die Oberfläche. Aber auch solche kritischen und skeptischen Fragen sollen am Passaabend erlaubt sein und werden bewusst in die Feier integriert. Der »böse Sohn« stellt seine Frage kürzer und mit einem skeptischen Unterton.

> »Was habt ihr da (bloß) für einen Brauch?«[180]

Eigentlich steht hier im Bibeltext nicht, dass das Kind »fragt«, sondern nur, dass es diese Worte »sagt«. Daraus schließen die Rabbinen, dass es gar nicht so recht an der Antwort interessiert ist, sondern nur seine Distanz ausdrücken will. Aber, so lautet die Anweisung, trotzdem soll man antworten. Nicht ganz so ausführlich wie beim ersten Sohn, sondern nur mit dem persönlichen Zeugnis des eigenen Glaubens. Der dritte Sohn, der »unverständige Sohn«, weiß noch gar nicht so recht, worum es geht. Seine Frage lautet deshalb noch kürzer:

> »Was ist das?«[181]

Auch ihm soll man ausführlich erklären, was geschieht. Vergleicht man jedoch die Antwort an dieser Stelle mit der Antwort an den »klugen Sohn«, wird deutlich: Hier steht eine Erklärung der Bräuche und Handlungen im Vordergrund, während der kluge Sohn bereits tiefer in die Geheimnisse der Gebote Gottes eingeführt wird. Religiöses Lernen geschieht also oft in Phasen: Zunächst einmal lernt man durch Zuschauen, Mitmachen und praktisches Nacherleben. Die Reflexion und das Verständnis für die tieferen Zusammenhänge kommen dann oft später dazu. Die jüdischen Feste mit ihren vielen Anreizen zum Sehen, Schmecken, Riechen, Hören und Fühlen sind deshalb ein großartiges Vorbild für anschauliches und erlebnisorientiertes religiöses Lernen.

Aber dann gibt es auch noch den vierten Sohn: Den, der gar nicht weiß, wie man fragt. Auch solche Menschen gibt es. Manche sind noch zu klein, um zu fragen. Manche zu schüchtern. Manche zu uninteressiert. Manche zu höflich. Und manche wurden vielleicht zu oft enttäuscht und haben keine Lust mehr zu fragen. Die Rabbinen lehren: Man soll nicht immer darauf warten, bis man gefragt wird. Die Tora erwähnt deshalb auch den Sohn, der gar nicht fragt. In diesem Fall soll man die Geschichte von Gott und seiner Errettung eben von sich aus erzählen, ungefragt und in Gestalt eines persönlichen Zeugnisses:

> »Du sollst deinem Sohn sagen an demselben Tage: Das halte ich um dessentwillen, was mir der HERR getan hat, als ich aus Ägypten zog.«[182]

Um die lange Zeit des Erzählens, Fragens und Zuhörens für die Kinder interessanter zu halten, werden in die Erzählung verschiedene Lieder, Spiele und Überraschungen eingebaut, die immer wieder den Ernst des Gesprächs unterbrechen und für Freude und Leichtigkeit sorgen. Wenn zum Beispiel von den zehn Plagen erzählt wird, die Gott über Ägypten schickte, dann wird bei jeder Plage ein wenig Wasser (oder Wein) aus dem Trinkglas mit dem Finger in die Runde verspritzt. Die Anwesenden wissen, dass sie darauf mit erschrecktem Gekreisch antworten dürfen, was den Schrecken der Plagen noch einmal unterstreicht.

Dajenu: Es reicht!

Zur Erzählung vom Auszug gehört traditionell das Lied »Dajenu.« *Dai* ist das hebräische Wort für »genug«, »es reicht!« oder »Schluss jetzt«. Im Alltag der israelischen Straßen hört man es vor allem, wenn ungeduldige Eltern ihre Kinder zur Ordnung rufen. Hängt man die Endung »-enu« an, kommt »Dajenu« heraus. »Es ist genug für uns.« Das Lied ist spielerisch in Strophen aufgeteilt und jede Strophe ist eine Steigerung der vorherigen. Alle Heilstaten Gottes werden so der Reihe nach aufgezählt und eine davon überbietet die andere:

> Es wäre ja für uns schon genug gewesen,
> hätte Gott uns nur aus Ägypten herausgeführt.
> Aber er hat obendrein auch noch die Ägypter besiegt!
>
> Es wäre ja für uns schon genug gewesen,
> hätte Gott nur die Ägypter besiegt.
> Aber er hat auch noch die Götter der Ägypter besiegt!
>
> Es wäre ja für uns schon genug gewesen,
> hätte Gott nur die Götter der Ägypter besiegt.
> Aber er hat auch noch das Meer für uns geteilt!

Und so geht es in den nächsten Strophen weiter, z. B.:

> ... er hat uns auch noch trockenen Fußes hindurchgeführt!
> ... er hat uns auch noch vierzig Jahre lang in der Wüste versorgt!
> ... er hat uns auch noch mit Manna gespeist!
> ... er hat uns auch noch zum Berg Sinai geführt!
> ... er hat uns auch noch die Tora gegeben!

... er hat uns auch noch in das Land Israel geführt!
... er hat uns dort auch noch den Tempel gebaut![183]

Nach jeder Strophe erklingt der fröhliche Refrain: Daj, Dajenu! Genug, es ist genug! Wer genau hinhört, der entdeckt dabei wieder einmal einen doppelten Sinn. Vordergründig geht es um die Freude über die vielen Geschenke und Erfahrungen der Gnade Gottes, die das Volk Israel in seiner Geschichte erlebt hat. Gleichzeitig schwingt aber auch der Unterton eines subversiven Protestes gegen die immer noch aktuelle Erfahrung der Sklaverei, der Verfolgung und der Ungerechtigkeit mit. Man stelle sich das vor: Da sitzen die jüdischen Familien Jahr für Jahr versammelt um die Festtafel. Sie singen davon, wie Gott sie befreit hat aus der Hand ungerechter Unterdrücker. Sie sangen diese Lieder, als sie im babylonischen Exil saßen. Sie sangen sie, als die Römer ihr Land besetzt und ihren Tempel zerstört hatten. Sie sangen sie im mittelalterlichen Spanien, als Juden blutig verfolgt und vertrieben wurden. Und sie sangen sie im nationalsozialistischen Deutschland. »Es reicht. Es reicht uns! Es ist genug!« Die Gesänge des Passafestes gaben den Juden die Möglichkeit, ihrem Protest gegen die Ungerechtigkeiten der Gegenwart und ihrer Hoffnung auf baldige Erlösung und Freiheit lautstark Ausdruck zu verleihen, ohne dass man sie dafür belangen konnte. Denn wenn die Polizei an die Tür klopfte, konnte man sagen: Wir singen ja nur Lieder über biblische Geschichten ...

Das Passafest trägt in sich nicht nur die Hoffnung auf eine künftige, bessere Welt und nicht nur die Erinnerung an eine glorreiche Vergangenheit. Sondern es enthält Kraft und Potenzial, gegen das bestehende Unrecht in der Welt zu protestieren, auf Gottes rettendes Eingreifen zu hoffen, dafür zu beten und sich für Veränderung einzusetzen.

Weiter im Programm

Nachdem die Geschichte von der Befreiung ausführlich erzählt wurde, wird der zweite Becher Wein an diesem Abend geleert.

Danach geht es weiter mit den nächsten Programmpunkten:

6. Händewaschen (*rachaz*): Nach dem langen »Vorprogramm« geht es jetzt auf die eigentliche Mahlzeit zu. Deshalb werden noch einmal die Hände gewaschen.

7. Hervorzieher (*mozi*): Der Hausherr nimmt noch einmal die Mazzen in die Hand. Diesmal spricht er den traditionellen Tischsegen über das Brot: »Gepriesen bist du, Herr unser Gott, König der Welt, der du das Brot aus der Erde hervorziehst.«[184]

8. Mazzen (*mazzah*): Man isst jeweils ein Stück von der oberen und der mittleren der drei Mazzen, die auf dem Tisch liegen.

9. Bitterkraut (*maror*): Das Bitterkraut wird in das Salzwasser getaucht und gegessen.

10. Bitterfrucht (*korech*): Die zweite bittere Frucht, meistens Meerrettich, wird in das Apfel-Nuss-Mus (*charosset*) getaucht und gegessen. Ein dazu gesprochener Segensspruch erinnert an Hillel, den berühmten Lehrer aus der Zeit Jesu. Auf ihn geht auch der Brauch zurück, die verschiedenen Speisen zu einem »Hillel-Sandwich« zusammenzustellen: Zwischen zwei Mazzenstücke wird zur Hälfte Meerrettich, zur Hälfte *charosset* gestrichen und beides noch mit Bitterkraut garniert. Man beginnt das Sandwich mit der bitteren Seite und beißt sich dann langsam zum süßen Ende durch. So erlebt man den Weg von der bitteren Sklaverei in die süße Freiheit auch hier wieder mit allen Sinnen.

11. Der gedeckte Tisch (*schulchan aruch*): Jetzt folgt das eigentliche Abendessen mit einer festlichen Hauptmahlzeit.

12. Verborgenes (*zafun*): Zum Abschluss des Essens wird die halbe Mazze gesucht, die am Anfang des Abends im Haus versteckt wurde. Wer sie findet, bekommt einen Preis. Der *afikoman* steht symbolisch für die Erlösung, die noch kommt. Dieser Vorgeschmack der endgültigen Erlösung soll das Letzte sein, was man

an diesem Abend als Geschmack im Mund behält. Man singt dazu den Psalm 126, ein Lied von der Hoffnung auf Erlösung, in dem Tränen und Lachen nah beieinander sind wie an diesem ganzen Passaabend:

> »Wenn der HERR die Gefangenen Zions erlösen wird, so werden wir sein wie die Träumenden. Dann wird unser Mund voll Lachens und unsre Zunge voll Rühmens sein. Da wird man sagen unter den Völkern: Der HERR hat Großes an ihnen getan! Der HERR hat Großes an uns getan; des sind wir fröhlich. HERR, bringe zurück unsre Gefangenen, wie du die Bäche wiederbringst im Südland. Die mit Tränen säen, werden mit Freuden ernten. Sie gehen hin und weinen und tragen guten Samen und kommen mit Freuden und bringen ihre Garben.«

13. Tischsegen (*barech*): Wie nach jedem Essen wird ein kurzer Segen gesprochen und zum dritten Mal ein Becher Wein geleert. In vielen Familien ist es üblich, dass an dieser Stelle die Tür nach draußen geöffnet wird: Eine symbolische Einladung an den Propheten Elia, der als Vorbote der messianischen Zeit erwartet wird, wie es am Ende des Buches Maleachi in den zwei Sätzen angekündigt wird, die die Prophetenbücher der jüdischen Bibel abschließen.[185]

14. Lobpreis (*hallel*): Zum Ausgang des Abends wird das *hallel* gesungen, also die Psalmen 113 bis 118, und dann abschließend noch das »große *hallel*«, Psalm 136. Dazu gibt es den vierten und letzten Becher Wein im Lauf des Abends.

15. Wohlgefällige Aufnahme (*nirza*): Ein Gebet beschließt den Abend. Darin wird Gott gebeten, die Gebete dieses Abends wohlgefällig anzuhören und auch seine Verheißungen für die Erlösung in der Zukunft bald einzulösen: »Bringe uns zurück nach Zion mit fröhlichen Liedern!«[186] Anders als es oft zu hören ist, ist der jüdische »Zionismus« keine moderne Erfindung. Er ist verwurzelt in den biblischen Verheißungen an das Volk Isra-

el im Exil. Und es wurde durch die Jahrhunderte wachgehalten durch Gebete wie diese, die am Passaabend gesprochen wurden. Die Rückkehr nach Jerusalem und die Heimkehr nach Zion sind Sinnbilder für die Hoffnung auf endgültige Erlösung. Deshalb beendet man den Abend mit dem gegenseitigen Wunsch:

»Nächstes Jahr in Jerusalem!«[187]

Das Passafest im Neuen Testament

Das Passafest ist im Neuen Testament von allen jüdischen Festen das prominenteste. Das Passafest steht am Anfang wie am Ende des Lebens Jesu. Lukas, der als Einziger der vier Evangelisten eine Episode aus der Kindheit Jesu berichtet, erzählt vom Passafest, das Jesus »wie jedes Jahr« mit seinen Eltern besuchte. Wie es sich für ein Passafest gehört, finden wir das Kind Jesus im Gespräch der Generationen mit den jüdischen Lehrern. Ob er vielleicht die obligatorische Frage gestellt hat: »Was ist so besonders an dieser Nacht?« Das können wir natürlich nicht wissen. Auch der Evangelist Johannes stellt das Passafest an den Anfang seines Evangeliums: Schon im zweiten Kapitel, chronologisch gar nicht an der richtigen Stelle, erzählt er von der Vertreibung der Händler aus dem Tempel und leitet sie ein mit den Worten: »Und das jüdische Passafest war nahe und Jesus zog hinauf nach Jerusalem.«[188] Ein Ausblick auf das Ende, dramaturgisch geschickt schon ganz am Anfang erzählt.

Die anderen drei Evangelisten berichten den Einzug nach Jerusalem und die Reinigung des Tempels da, wo sie vermutlich auch chronologisch hingehören: Wenige Tage vor dem Passafest, an dem Jesus starb. Die wichtigsten Ereignisse der Evangelien geschehen an diesem Passafest. Das letzte Abendmahl Jesu ist ein Passamahl. Jesus wird am Passafest gekreuzigt. Und am dritten Tag des Festes erscheint er seinen Jüngerinnen und Jüngern wieder lebendig. Auch in einer alten rabbinischen Tradition, einer sogenannten Baraita, wird der Tod Jesu ausdrücklich mit dem Passafest in Verbindung gebracht:

»Am Vorabend des Passafestes wurde Jesus hingerichtet.«[189]

Die verschiedenen Zeitangaben des Neuen Testaments und der rabbinischen Erzählung sind nicht ganz einfach zu deuten: Einerseits isst Jesus zusammen mit seinen Jüngern am Abend vor seinem Tod das Passamahl.[190] Andererseits weigern sich einige jüdische Anführer oder Wachleute am nächsten Morgen, das Haus des Pilatus zu betreten, weil sie an diesem Tag noch das Passamahl essen wollten.[191] Was sicher ist, ist, dass Jesus an einem Freitag Nachmittag hingerichtet wurde. Mithilfe von astronomischen Kalendern kann man berechnen, in welchen Jahren das Passafest auf einen Freitag oder auf einen Donnerstag fiel. Als wahrscheinlichster Termin kommt dabei das Passafest des Jahres 30 n. Chr. infrage, in dem das Passafest auf einen Freitag fiel. Nimmt man alle diese Beobachtungen zusammen, dann ergibt sich als wahrscheinlichste Erklärung: Jesus und seine Jünger schlachteten und aßen das Passalamm bereits am Donnerstag Abend, während die offiziellen Feiern des Passafestes im Tempel erst am Freitag stattfanden. Tatsächlich wissen wir aus jüdischen Quellen, dass es unter verschiedenen jüdischen Gruppen Streitigkeiten um den richtigen Passatermin gab. Es ist z. B. möglich, dass Pharisäer und Sadduzäer an zwei unterschiedlichen Tagen feierten. Möglich ist aber auch, dass es Unterschiede zwischen galiläischen und judäischen Pilgern gab. Vielleicht wurde das Fest auch wegen der großen Zahlen über mehrere Tage gefeiert.[192]

Neue Aspekte eines alten Festes

Wie wir bereits gesehen haben, stimmen die neutestamentlichen Berichte in mehreren kleinen Details überraschend genau mit den späteren rabbinischen Vorschriften überein. Wir können also davon ausgehen, dass die Grundzüge der rabbinischen Praxis bereits zur Zeit Jesu existierten. Um so interessanter ist es deshalb, wie Jesus diese Traditionen aufgreift und im Blick auf seine eigene Person neu deutet.

Da ist zum Beispiel das Brot, das gebrochen wird: Wie in der späteren Pesach-Liturgie beschrieben, nimmt Jesus das Brot in die Hand, bricht es und spricht den Segensspruch. In unseren vertrauten Abendmahlsworten geht beides sehr oft schnell an uns vorüber: »Er nahm das Brot, dankte, brach es und sprach ...« Vor dem Hintergrund des jüdischen Passafestes sollte man vielleicht nicht nur sagen »er dankte«, sondern »er sprach den Lobpreis (*beracha*)«, nämlich den traditionellen jüdischen Dank- und Segensspruch über das Brot:

> »Gepriesen bist du, Herr unser Gott, König der Welt,
> der du das Brot aus der Erde hervorziehst.«[193]

Möglicherweise ist das »Brechen« des Brotes auch eine Anspielung auf den späteren Brauch, die mittlere von drei Mazzen zu zerbrechen und beiseitezulegen. Sicher wissen kann man das aber nicht. Auf jeden Fall ist das, was jetzt folgt, ungewöhnlich und unerwartet. An der Stelle, an der in der späteren Pesach-Liturgie das Brot erhoben wird mit der Erklärung: »Dies ist das Brot unseres Elends, das unsere Väter in Ägypten aßen«, deutet Jesus das gebrochene Brot ebenfalls, aber anders:

> »Das ist mein Leib, der für euch gegeben wird; das tut zu meinem Gedächtnis.«[194]

Auch der Kelch, den Jesus nach dem Mahl in die Hand nimmt, erinnert an die vier Kelche mit Wein, die im Laufe eines Seder-Abends getrunken werden. Lukas berichtet dabei als Einziger der Evangelisten von zwei verschiedenen Kelchen während dieses Mahles. Einer zu Beginn des Mahles und einer nach dem Mahl. Wir sind von unserem christlichen Abendmahl so sehr die Reihenfolge »Erst Brot, dann Wein« gewöhnt, dass uns dieses Detail beim Lesen leicht entgeht: Beim ersten Kelch spricht Jesus ausdrücklich vom »Gewächs des Weinstocks«, eine Formulierung, die an den hebräischen Segensspruch erinnert, der beim *kiddusch* am Anfang des Mahles gesprochen wird. Auch hier wird gesagt, dass Jesus »dankte«, also einen Segensspruch sagte:

> »Gepriesen bist du, Herr unser Gott, König der Welt,
> der du das Gewächs des Weinstocks geschaffen hast.«[195]

Der zweite Kelch, den Lukas erwähnt, wird »der Kelch nach dem Mahl« genannt. Falls wir darin einen Hinweis auf die spätere Seder-Liturgie sehen dürfen, dann handelt es sich hier um den vierten Becher. Dieser Becher wird nach der traditionellen Deutung mit dem hebräischen Wort *lakach* verbunden und der Verheißung: »Ich will euch annehmen zu meinem Volk und will euer Gott sein.«[196] In der Bibelwissenschaft nennt man diese Formel die »Bundesformel«, weil sie von Gott wiederholt wird, als er am Sinai seinen Bund mit dem Volk Israel schließt. Von ihrer Form her erinnert sie an Formulierungen von einem Ehebündnis oder einer Adoption.[197] Sie erscheint in der Bibel insgesamt 37-mal, 17-mal im direkten Zusammenhang mit verschiedenen Bundesschlüssen Gottes.[198] Viermal ist dabei von einem »neuen Bund« die Rede, den Gott in der Zukunft schließen will.[199] Deshalb wird dieser vierte Kelch auch der »Kelch des Bundes« genannt. Es passt also, wenn Jesus diesen Kelch in die Hand nimmt und sagt:

> »Dieser Kelch ist der neue Bund in meinem Blut, das für euch vergossen wird!«[200]

Dass ein Bundesschluss mit Blut besiegelt wird, hat eine lange biblische Tradition: Noah opferte von den Tieren der Arche, als Gott seinen Bund mit ihm schloss.[201] Als Gott den Bund mit Abraham schloss, schlachtete Abraham Tiere und teilte sie in zwei Hälften. In einem Traum schritt Gott in Gestalt eines Feuers mitten durch die Tierhälften.[202] Die Symbolik ist ernst und erschreckend anschaulich. Sie findet sich ähnlich auch in anderen Berichten von Bundesschlüssen im alten Orient, die die Archäologie zutage gefördert hat, und drückt aus: »So wie diese zerteilten Tiere, die hier um mich her liegen, soll es mir ergehen, sollte ich diesen Bund jemals brechen.« Auch beim Bundesschluss am Berg Sinai wird das Blut der Opfertiere auf das Volk Israel versprengt mit den Worten:

> »Seht, das ist das Blut des Bundes, den der HERR mit euch geschlossen hat aufgrund aller dieser Worte.«[203]

Wir haben beim Neujahrsfest und beim Laubhüttenfest bereits gesehen, wie Jesus die Verheißungen und Erwartungen dieser Feste auf seine eigene Person bezieht. Gerade beim Einzug nach Jerusalem einige Tage vor dem Passafest hatte er die Erwartung des kommenden Königreiches Gottes und die Erwartung des endzeitlichen Heils miteinander verknüpft. Hier, am Abend des Passafestes, wird nun auch die Hoffnung auf Freiheit und Erlösung mit hineingewoben in das Leben Jesu: Jesus ist nicht nur König im kommenden Königreich und die Quelle des lebendigen endzeitlichen Wassers. Er ist auch der Retter und Befreier, der sein Volk aus der Knechtschaft erlöst. Das Passafest verbindet den Rückblick auf die Befreiung aus der Knechtschaft Ägyptens mit der Hoffnung und dem Ausblick auf die kommende Befreiung und Erlösung von allem, was uns gefangen hält und knechtet. Indem Jesus das »Brot des Elends« und den »Kelch des Bundes« als Symbole für seinen bevorstehenden Tod deutet, behauptet er: Jetzt ist diese Zeit da, von der das Passafest spricht. Jetzt erscheint Gott, um sein Volk zu erlösen.

Aber welche Knechtschaft ist es, aus der das Volk durch den Tod Jesu erlöst wird? Offensichtlich ist es nicht die Herrschaft der Römer, denn die endet nicht am Tag, als Jesus stirbt. Es ist auch nicht die spätere Herrschaft der europäischen Mächte, des sogenannten »Dritten Reichs« oder anderer finsterer Mächte der Gegenwart. Denn auf die Erlösung aus diesen Knechtschaften warten wir immer noch, bis heute, und zwar zusammen mit dem Volk Israel. Jesus spricht hier also nicht nur von der zukünftigen Befreiung der Welt aus Knechtschaft. Sondern er spricht auch von einer anderen, einer persönlichen Dimension von Knechtschaft: Jesus hatte zu seinen Lebzeiten von einer anderen Form der Sklaverei gesprochen:

> »Wer Sünde tut, der ist ein Sklave der Sünde. (…) Wenn euch aber der Sohn befreit, dann seid ihr wirklich frei!«[204]

Diese Art der Knechtschaft und diese Art der Freiheit hatte Jesus also vermutlich im Blick, als er das Passafest mit seinen Freunden feierte und dabei das Brot als Bild für seinen eigenen Tod deutete.

Das große Hallel

Am Ende des Seder-Abends werden die Psalmen 113 bis 118 gesungen. Auch im Matthäusevangelium wird berichtet, dass Jesus am Ende des Abends mit seinen Jüngern »den Lobpreis«, also vermutlich das *hallel*, sang, bevor der mit ihnen in den Garten Gethsemane ging.[205] Es waren also die Worte dieses Psalms, die noch nachhallten, als Jesus seinen letzten Weg in die Gefangenschaft und ans Kreuz antrat. Und wenn man diesen Psalm einmal bewusst liest, dann ist es erstaunlich, wie viele Anklänge an den Leidensweg Jesu er enthält, angefangen vom Einzug in Jerusalem bis hin zum Angstschweiß im Garten Gethsemane, über den Leidensweg ans Kreuz bis hin zum Ausblick auf den Sieg:

> »In der Angst rief ich den HERRN an; und der HERR erhörte mich und tröstete mich. Der HERR ist mit mir, darum fürchte ich mich nicht; was können mir Menschen tun? Der HERR ist mit mir, mir zu helfen; und ich werde herabsehen auf meine Feinde. (...) Sie umgeben, ja umringen mich. (...) Man stößt mich, dass ich fallen soll. Aber der HERR hilft mir. Der HERR ist meine Macht und mein Psalm und ist mein Heil. Man singt mit Freuden vom Sieg / in den Hütten der Gerechten: Die Rechte des HERRN behält den Sieg! (...) Ich werde nicht sterben, sondern leben und des HERRN Werke verkündigen. Der HERR züchtigt mich schwer; aber er gibt mich dem Tode nicht preis. (...) Der Stein, den die Bauleute verworfen haben, ist zum Eckstein geworden. Das ist vom HERRN geschehen und ist ein Wunder vor unsern Augen. Dies ist der Tag, den der HERR macht; lasst uns freuen und fröhlich an ihm sein. Hosianna! (...) Gelobt sei, der da kommt im Namen des HERRN!«

Jesus, das Passalamm Gottes

Das Passafest ist in den Evangelien nicht nur dort von Bedeutung, wo es ausdrücklich erwähnt wird. Die Evangelisten bauen an vielen Stellen verborgene Bezüge zum Fest in ihre Erzählung ein, um deutlich zu machen: Dieses Fest ist ein wichtiges Grundthema, das sich wie ein roter Faden durch die Erzählung zieht. Im Johannesevangelium ist es noch am deutlichsten: Hier wird gleich dreimal davon erzählt, dass Jesus zu einem Passafest nach Jerusalem ging. Einmal ganz am Anfang des Evangeliums, einmal in der Mitte und einmal am Ende.[206] Beim ersten Mal steht die Reinigung des Tempels im Vordergrund. Beim zweiten Mal spricht Jesus zuerst über das »Brot vom Himmel« und erinnert damit an die Versorgung mit Manna beim Auszug aus Ägypten. Dann spricht er vom Brot und vom Blut, zwei zentrale Symbole des Passafestes: Das Blut des Lammes, das auf die Türpfosten gestrichen wird, bewahrt vor dem strafenden Todesengel. Und das Brot, das zusammen gegessen wird, ist das Symbol für den Aufbruch in die Freiheit.

Bei der dritten Erwähnung des Passafestes schließlich häufen sich bei Johannes die verborgenen Anspielungen auf das Passafest. Es sind auch deutlich mehr als bei den anderen drei Evangelisten. So benennt Johannes den Zeitpunkt des Todes Jesu als »Freitag des Passafestes, zur sechsten Stunde«.[207] Das ist nun aber genau der Zeitpunkt, an dem bei den offiziellen Feiern im Tempel von Jerusalem die Passalämmer geschlachtet wurden.[208] Während die anderen drei Evangelisten also betonen, dass Jesus mit seinen Jüngern das Passamahl aß (vermutlich einen Tag vor dem offiziellen Termin), betont Johannes, dass Jesus selbst als ein Passalamm starb. Überhaupt ist Johannes auch der Einzige, der davon berichtet, dass schon Johannes der Täufer Jesus als das »Lamm Gottes« bezeichnete.[209] Er ist der Einzige, der von einem Ysopzweig berichtet, mit dem Jesus kurz vor seinem Tod Essig gereicht bekommt.[210] Ysopzweige wurden benutzt, um beim Passafest das Blut des Lammes auf die Türpfosten zu streichen.[211] Nur bei Johannes findet sich der Hinweis, dass die Knochen Jesu am Kreuz nicht gebrochen wurden, und dazu ein fast wörtliches Zitat aus den Passavorschriften, nach denen die Passalämmer keine gebrochenen Knochen haben durften.[212] Gerade Johannes macht also mit seiner Art, vom Tod Jesu zu erzählen, deutlich: Hinter dem Tod Jesu liegt die verborgene Theologie des Passafestes. Wer ihn verstehen will, muss das Fest und seine Bedeutung kennen.[213]

Jesus, der Retter der Welt

Auch bei Lukas bildet das Passafest, wie bei Johannes, einen Rahmen um das ganze Evangelium: Als Kind besucht Jesus das Fest in Jerusalem. Auf die verwunderte Nachfrage seiner Eltern antwortet er: Hier gehöre ich hin. Denn hier ist »das, was meines Vaters ist«.[214] Und am Ende des Evangeliums stirbt er an einem Passafest und legt seinen Geist vertrauensvoll zurück in die Hände dieses Vaters.[215] Nur Lukas erzählt von diesen Worten Jesu am Kreuz. Einen ganz versteckten Hinweis auf das Passafest hat Lukas in der Mitte seiner Erzählung eingebaut, als die Handlung einen ersten Höhepunkt erreicht: Nachdem Jesus durch seine Predigten, seine Heilungen und seine Wunder in ganz Galiläa bekannt geworden war, nahm er zwei seiner Jünger mit auf einen Berg und offenbarte ihnen dort seine Herrlichkeit. Diese Begebenheit wird auch von Matthäus und Markus berichtet. Alle drei berichten außerdem, dass Mose und Elia erschienen. Nur bei Lukas findet sich allerdings der Satz:

> »Die erschienen in himmlischer Klarheit und redeten von seinem Ende, das er in Jerusalem erfüllen sollte.«[216]

Durch die Wortwahl Martin Luthers geht hier im Deutschen der tiefere Sinn dieser Aussage verloren. Für das deutsche Wort »Ende« steht hier nämlich im griechischen das Wort *exodos*, »Exodus«. Mit anderen Worten: Für Lukas ist das, was Jesus in Jerusalem bevorsteht, so etwas wie der Exodus Israels, ein Rettungs- und Befreiungshandeln Gottes an seinem Volk. Auch hier denkt Lukas also vom Passafest her. Überhaupt ist er von allen

Evangelisten derjenige, der am häufigsten und deutlichsten das vielschichtige Wort *soteria* (Heil, Heilung, Befreiung, Erlösung, Rettung, Hilfe) in seinen verschiedenen Facetten verwendet, das im Hebräischen dem Namen Jesu, *jeshua*, entspricht. Nur er verwendet den Titel *soter* (»Retter«, »Erlöser«, »Heiland«) für Jesus. Für ihn ist das Evangelium durch und durch eine Rettungsgeschichte. Und deshalb ist das Passafest, das Fest der Rettung und der Befreiung, für ihn so wichtig.

Jesus und das Volk Israel

Auch Matthäus webt die Theologie des Passafestes in sein ganzes Evangelium hinein. Er tut es aber anders als Johannes und auch anders als Lukas. Matthäus erzählt die ganze Geschichte Jesu als eine Passageschichte. Das Leben von Jesus ist ein Spiegelbild der Geschichte Israels. Das wird besonders in den Geschichten von der Geburt und der Kindheit Jesu deutlich, die die anderen Evangelisten nicht erzählen. So wie der Pharao von Ägypten die neugeborenen Kinder der Israeliten töten ließ, so lässt auch König Herodes die neugeborenen Kinder in Bethlehem töten. So wie Mose mit einem Körbchen auf dem Nil gerettet wird, so wird auch Jesus durch die Flucht seiner Familie nach Ägypten gerettet. Selbst die Träume Josephs, des Vaters von Jesus, haben ihre Parallele in den Träumen Josephs, des Stammvaters der Israeliten: In beiden Erzählungen führen diese Träume zu einer Rettung in Ägypten. Schließlich kehrt Jesus aus Ägypten zurück nach Israel, so wie einst das Volk Israel. Vielleicht halten Sie diese Auslegung des Matthäusevangeliums für gewagt. Aber Matthäus selbst stellt diese Brücke zwischen dem Volk Israel und Jesus her. Er zitiert einen Vers aus dem Prophetenbuch Hosea, der eigentlich über das Volk Israel redet, und bezieht ihn ganz direkt auf Jesus:

> »Aus Ägypten habe ich meinen Sohn gerufen.«[217]

Wer dieses Wort des Propheten Hosea unvoreingenommen liest, der kann nicht daran zweifeln, dass der Prophet von der Rettung Israels aus Ägypten redet. Der »Sohn«, von dem Gott redet, ist das Volk Israel. Und doch kann Matthäus sagen: Dieses Prophetenwort hat sich erfüllt im Leben von Jesus. Matthäus wendet hier eine Art der Bibelauslegung an, die wir auch in den rabbinischen Texten häufig finden. Dabei gehen die Ausleger davon aus, dass es neben dem offensichtlichen, wörtlichen Sinn eines Bibeltextes auch immer einen verborgenen, tieferen Sinn geben kann. Wenn sich also ein Prophetenwort »erfüllt«, dann ist es oft so, dass es in einer neuen Zeit und anderen Situation noch einmal einen tieferen, neuen Sinn entfaltet, ohne dass der ursprüngliche, wörtliche Sinn damit verloren geht oder vernachlässigt wird.

Matthäus erzählt die Geschichte von Jesus so, wie man am Passaabend die Geschichte Israels erzählt: Es ist eine Geschichte der Vergangenheit, die sich aber gleichzeitig auf die eigene Gegenwart bezieht und sich in der Zukunft vollständig erfüllen wird. Viele Bibelausleger sagen, dass Matthäus durch seine Art zu erzählen Jesus mit Mose vergleichen möchte und in Jesus den »neuen Mose« sieht, der den »alten« ersetzt. Ich glaube aber, Matthäus geht es um etwas anderes: Jesus ist nicht der neue Mose, sondern er verkörpert das Volk Israel und seine Geschichte mit Gott. Gott selbst kommt hinein in die Geschichte seines Volkes. Er wird in Jesus Teil seines Volkes. Und mit seinem Leben geht er selbst noch einmal den Weg, den Israel bis hierher gegangen ist.

Noch einmal durch Schilfmeer und Jordan

Und diese Geschichte endet nicht mit der Rückkehr von Jesus aus Ägypten: Sondern Jesus kommt als erwachsener Mann zu Johannes, dem Täufer an den Jordan, und zwar genau an der Stelle, wo einst das Volk Israel den Jordan durchquerte. Wenn man in der Bibel nach den Worten »Jordan« und »tauchen« sucht, dann findet man nur drei Stellen, in denen beide Wörter zusammen vorkommen: Als das Volk Israel seine Füße in den Jordan tauchte und so die »Rettung« im gelobten Land fand.[218] Als der Syrer Naeman sich im Jordan untertauchte und so die »Rettung« beim Gott Israels fand.[219] Und als Jesus, dessen Name »Rettung« bedeutet, von Johannes im Jordan untergetaucht wird.[220] Johannes der Täufer hat sich diese Stelle im Jordan vermutlich bewusst ausgesucht. Wer sich von ihm im Jordan taufen lässt, der stellt sich hinein in die Rettungsgeschichte Gottes mit seinem Volk. Er durchlebt noch einmal den Exodus, den Durchzug durch das Schilfmeer und den Einzug ins gelobte Land.

Auch auf dem weiteren Lebensweg Jesu setzen sich die Parallelen fort: Jesus verbringt 40 Tage in der Wüste, so wie das Volk Israel 40 Jahre in der Wüste verbrachte. Jesus verkündet den Willen Gottes auf einem Berg, so wie das Volk Israel auf dem Berg Sinai die Gebote Gottes erhielt.

Der Weg in den Tod und die Verheißung des neuen Lebens

Selbst Tod und Auferstehung Jesu haben ihre Parallele in der Geschichte Israels: Der Prophet Hesekiel vergleicht das Volk Israel im babylonischen Exil einmal mit einem Feld, das mit Totengebeinen übersät ist.[221] Schuld und Sünde haben es in diesen Tod getrieben. Als Jesus stirbt, nimmt er diese Leidens- und Todeserfahrung Israels auf sich selbst. Deshalb sagt Matthäus:

> »... dass erfüllt würde, was gesagt ist durch den Propheten Jesaja, der da spricht: Er hat unsre Schwachheit auf sich genommen und unsre Krankheiten hat er getragen.«[222]

Aber der Tod hat nicht das letzte Wort. Nicht in der Geschichte Israels und nicht im Leben Jesu. Gott verspricht dem Volk Israel, die Toten wieder herauszuholen aus ihren Gräbern und dem Volk neues Leben einzuhauchen. Und tatsächlich erlebt das Volk Rückkehr und Neuanfang in Jerusalem:

»Und ihr sollt erfahren, dass ich der HERR bin, wenn ich eure Gräber öffne und euch, mein Volk, aus euren Gräbern heraufhole. Und ich will meinen Odem in euch geben, dass ihr wieder leben sollt, und will euch in euer Land setzen, und ihr sollt erfahren, dass ich der HERR bin.«[223]

Die jüdische Hoffnung auf eine allgemeine Auferstehung der Toten am Ende der Zeiten gründet sich auf diesen Bibeltext. Auch diese Verheißung des Propheten ist also vielschichtig: Vordergründig geht es um die Rückkehr aus dem Exil in die Stadt Jerusalem. Aber in einem tieferen Sinne geht es um die Rettung aus dem Tod und die Hoffnung auf ein ewiges Leben. In Jesus ist diese Hoffnung bereits Wirklichkeit geworden. Das jedenfalls glaubten die ersten Christen und davon berichten die Evangelien. In Jesus ist die Geschichte Gottes schon zu ihrem Ziel gekommen, und zwar mitten in der Weltgeschichte. Seine Auferstehung nimmt vorweg, worauf wir alle hoffen, Juden und Christen: Die Auferstehung der Toten am Ende der Zeit.

Das Fest der Rettung und die Person des Retters

Matthäus erzählt die Geschichte Jesu als eine Passageschichte: Es ist die Erinnerung an das, was Gott in der Geschichte seines Volkes getan hat und was er in der Person seines Sohnes Jesus getan hat. In Jesus verdichtet sich Gottes Geschichte mit Israel und Gottes Geschichte mit der Welt in einer einzigen Person. Der Sohn Gottes selbst wird Teil des Volkes Gottes und geht gehorsam dessen Weg bis ans Ende. Am Anfang des Weges steht der Kindermord des bösen Königs und die Rückkehr aus Ägypten. Und am Ende dieses Weges steht wieder ein Passafest: Das letzte Abendmahl, die Kreuzigung am Festtag und die Auferstehung von den Toten am Morgen des dritten Tages. Programmatisch wird das schon am Anfang des Matthäusevangeliums deutlich. Denn nur Matthäus erklärt die Bedeutung des hebräischen Namens Jesus:

> »Und sie wird einen Sohn gebären, dem sollst du den Namen Jesus (»Rettung«) geben, denn er wird sein Volk retten von ihren Sünden.«[224]

Vielleicht hatte Matthäus auch hier schon einen Vers aus der Passageschichte im Blick: Als die Israeliten am Ufer des Schilfmeeres standen, das Meer vor sich und die Armee der Ägypter hinter sich, da schienen sie ausweglos gefangen. Der Tod schien die einzige Option: »Gab es nicht in Ägypten genug Gräber? Musstest du uns in die Wüste führen, damit wir hier sterben?«. Aber Mose antwortet:

> »Fürchtet euch nicht! Steht fest und seht die Rettung (*jeshua*) des Herrn!«[225]

Viele Bibelausleger sind unglücklich mit der Art, wie Matthäus in seinem Evangelium Bibelverse zitiert. Er zitiert ungewöhnlich oft aus dem Alten Testament und immer wieder leitet er seine Zitate mit den Worten ein: »So wurde erfüllt, was durch den Propheten gesagt wurde ...« Und oft, wenn man die Zitate nachschlägt, dann denkt man: Hier ist doch gar nicht die Rede von Jesus, sondern es geht um das Volk Israel. Matthäus, so sagt man, verdrehe die Bibel böswillig. Wenn man aber versteht, dass Matthäus ganz bewusst die Parallele zwischen dem Volk Israel und Jesus herstellen will, dann wird deutlich: Matthäus verdreht nicht die Zitate, sondern er sucht nach einem tieferen Sinn. Ja, alle diese Zitate handeln von Israel, dem Knecht und Sohn Gottes. Aber gerade weil sie von Israel handeln, handeln sie auch von Jesus. Denn Jesus, der Knecht und Sohn Gottes, ist einer von Israel. Und in seinem Leben erfüllt sich die Geschichte Gottes mit Israel ebenso wie die Verheißungen Gottes an Israel. Aber das Heil und die Rettung, die Gott verheißen hat, bleiben nicht auf Israel beschränkt. Alle Völker können dazukommen. So wie der syrische Hauptmann Naeman, der sich im Jordan untertauchte und damit hineinstellte in die Geschichte und den Glauben Israels. So wie der römische Hauptmann von Kapernaum, dessen Glaube in Israel vorbildlich war.[226] Und so werden am Ende des Evangeliums alle Völker eingeladen, Jünger Jesu zu werden. Die Rettung Israels wird zum Eingangstor für das Heil der Völker. Der Messias Israels ist der Herr der ganzen Welt. Das ist die Rettungsgeschichte, die Matthäus erzählt.

Kapitel 6

Schawuot (Das Pfingstfest): Das Geschenk der Tora

Lies nicht: Eingegraben auf den Tafeln,
sondern: Freiheit auf den Tafeln!
(Midrasch Schemot Rabbah)

Der Auszug aus Ägypten war nur der Anfang des Weges in die Freiheit. Freiheit liegt nicht nur in dem Alten, wovon wir uns lösen. Sondern auch in dem Neuen, das wir gestalten. Im jüdischen Jahreskreis folgt auf das Passafest das Pfingstfest, auf den Auszug aus Ägypten die Gabe des Gesetzes am Berg Sinai. Wie bei allen Festen ist auch hier der Kreislauf der Natur und der Zeitstrahl der Geschichte miteinander verbunden: Das Fest der »Wochen« (*shawuot*), wie es in der Bibel heißt, soll gefeiert werden, wenn die erste Weizenernte eingebracht wird.[227] Seinen Namen hat es deswegen, weil man sieben Wochen vom Passafest aus zählen soll. Es heißt an anderer Stelle aber auch einfach das »Erntefest« oder der »Tag der Erstlingsfrüchte«.[228]

Ursprung: Fest der Ernte und des Bundes

Schon früh hat man sich an diesem Tag an den Bundesschluss vom Sinai erinnert und das Bundesversprechen erneuert. Denn am 14. Tag des ersten Monats verließen die Israeliten Ägypten und im dritten Monat erreichten sie den Berg Sinai.[229] Im Buch der Chronik wird berichtet, wie das Volk im dritten Monat ein Fest der Bundeserneuerung feierte:

> »Und sie traten in den Bund, den HERRN, den Gott ihrer Väter, zu suchen von ganzem Herzen und von ganzer Seele. (...) Und sie schworen dem HERRN mit lauter Stimme, unter Freudengeschrei und unter Trompeten- und Posaunenschall. Und ganz Juda war fröhlich über den Schwur; denn sie hatten geschworen von ganzem Herzen und sie suchten den Herrn mit ganzem Willen und er ließ sich von ihnen finden.«[230]

Im Buch der Jubiläen, einem jüdischen Text aus dem 2. Jahrhundert v. Chr., wird erzählt, dass alle großen Bundesschlüsse Gottes jeweils am 1. Tag des dritten Monats stattfanden, also am Termin des Wochenfestes. Am Sinai wurde dieses Fest daher nur erneuert, weil es in Vergessenheit geraten war. Nach diesem Text sagte Gott zu Mose:

> »Deshalb ist in den himmlischen Tafeln festgesetzt und niedergeschrieben, sie sollen in diesem Monat das Wochenfest einmal im Jahr feiern, zur Bundeserneuerung in jedem einzelnen Jahr. Denn dieses Fest wurde schon im Himmel gefeiert, vom Tag der Schöpfung an bis zu den Tagen Noahs. Noah und seine Kinder feierten es. (...) Auch Abraham allein befolgte es, ebenso Isaak, Jakob und seine Söhne bis zu deinen Tagen. In deinen Tagen aber vergaßen es die Israeliten, bis ich es für sie auf diesem Berg erneuerte. Gebiete nun den Israeliten, sie sollen dieses Fest in all ihren Geschlechtern feiern! Am ersten Tag in diesem Monat sollen sie jährlich das Fest feiern! Denn es ist das Fest der Wochen und ebenso das Fest der Erstlingsfrucht.«[231]

Die Gabe der Tora

Für die rabbinischen Ausleger ist das Wichtigste am Schawuot-Fest die Erinnerung an die Gabe der Tora am Sinai. Das Schawuot-Fest ist daher in besonderer Weise dem Torastudium gewidmet. In der Nacht vor dem Fest veranstalten viele jüdische Gemeinden eine besondere Nacht des Torastudiums, in der man nicht schlafen geht, sondern die ganze Nacht mit der Auslegung von Bibel, Mischna und Talmud verbringt. Während des Festtags ist es üblich, sich nur von Milch und Süßspeisen, vor allem Honig, zu ernähren. Das hat mehrere Gründe: Zum einen erinnert es an einen Schriftvers aus dem Hohelied:

> »Von deinen Lippen, meine Braut, träufelt Honigseim. Honig und Milch sind unter deiner Zunge und der Duft deiner Kleider ist wie der Duft des Libanon.«[232]

Natürlich, so die Rabbinen, kann Salomo mit dieser süßen Braut nur die Tora gemeint haben. Ein zweiter Grund ist aber, dass die Buchstaben des hebräischen Wortes für Milch (chalav) den Zahlenwert 40 haben und damit an die 40 Tage erinnern, in denen Mose die Tora empfing. Und schließlich erinnert es auch daran, dass die Israeliten nach der Gabe der Tora zunächst nur von Milch und Honig leben konnten. Denn auf einen Schlag galt es die Gesetze der *kashrut*, also des koscheren Kochens, zu beachten. Dafür mussten aber erst einmal die richtigen Geräte und Gefäße hergestellt und entsprechend gereinigt werden. Das dauerte seine Zeit. Bevor die Israeliten also zum ersten Mal Fleisch kochen konnten, mussten sie sich eine Zeit lang auf Milchspeisen beschränken.

Warum feiert man an diesem Tag die »Gabe der Tora« und nicht »den Empfang der Tora«? Martin Buber erzählt von Rabbi Menachem Mendel von Kotzk (gest. 1859), der diese Frage so beantwortete:

> »Am Fuß des Sinai wurde die Tora uns nur gegeben. Sie zu empfangen, das muss jeden Tag neu, hier und heute geschehen.«[233]

Zuerst die Gnade, dann das Gesetz

In christlichen Predigten wird sehr gerne von der Gesetzlichkeit des Judentums gesprochen und davon, dass Jesus und Paulus die »Freiheit vom Gesetz« gepredigt hätten. Immer wieder hört man, wie sehr die Juden unter dem »Joch der Tora« leiden und dass sie sich den Weg zum Himmel durch Gesetzesgehorsam verdienen müssen, während es bei uns die Gnade umsonst gibt. Ich habe darüber in meinen beiden Büchern über Jesus und Paulus schon ausführlicher geschrieben. Hier möchte ich mich auf einige Beobachtungen zum Schawuot-Fest und zur Bedeutung des Gesetzes für Juden beschränken.

Die erste Beobachtung ist: Auch im jüdischen Kalender, und damit in der jüdischen Theologie, kommt die Gnade vor dem Gesetz, Passa vor Schawuot, das Geschenk der Errettung vor dem Geschenk der Tora. Zuerst hat Gott sein Volk aus der Knechtschaft befreit, dann hat er ihm den Weg in ein neues und anderes Leben gezeigt. Ein altes rabbinisches Gleichnis drückt es so aus:

> »Warum wurden die zehn Gebote nicht schon ganz am Anfang der Tora ausgesprochen? Nimm dafür ein Gleichnis. Womit kann man die Sache vergleichen? Mit einem, der in eine Stadt kam und zu den Bürgern sagte: Ich will König über euch sein! Sie antworteten ihm: Hast du uns denn irgendetwas Gutes für uns getan, dass du König über uns sein willst? Was tat er also? Er baute ihnen die Stadtmauer, leitete ihnen das Wasser zu und führte für sie Kriege. Dann kam er wieder und sagte zu ihnen: Ich will König über euch sein! Sie aber antworteten: Ja, aber ja! Ebenso führte auch Gott Israel aus Ägypten, zerteilte ihnen das Meer, ließ das Manna für sie herabkommen, den Brunnen in der Wüste für sie aufsteigen, die Wachteln für sie herbeifliegen und führte für sie den Krieg mit Amalek. Dann sagte er zu ihnen: Ich will König über euch sein! Sie aber sagten zu ihm: Ja, aber ja!«[234]

Diese Reihenfolge von Gnade und Gesetz wird ja bereits am Beginn der zehn Gebote deutlich. Auch hier erinnert Gott zuerst an das, was er schon für die Israeliten getan hat. Und dann gibt er die Gebote:

> »Ich bin der HERR, dein Gott, der ich dich aus Ägyptenland, aus der Knechtschaft, geführt habe. Du sollst keine anderen Götter haben neben mir ...«[235]

Als Christen sehen wir darin oft den entscheidenden Unterschied zwischen Christentum und Judentum: Dort muss man die Gesetze halten, damit Gott gnädig ist. Aber bei uns ist Gott gnädig und deshalb halten wir seine Gebote. Wenn wir den jüdischen Kalender, und damit auch die Geschichte Gottes mit Israel, ernst nehmen, dann kam auch hier die Errettung allein aus Gnade. Und das veränderte Leben ist eine Folge dieser Errettung: Weil wir erlebt haben, dass Gott es gut mit uns meint, folgen wir auch seinen Weisungen. Aus Dankbarkeit und aus Vertrauen.

Freiheit vom Gesetz?

Für jüdische Ohren muss es eigenartig klingen, wenn wir als Christen die »Freiheit vom Gesetz« feiern und darin eine vermeintlich große Errungenschaft des Christentums sehen. Auch Jesus und Paulus hätten sich gewundert. Nach jüdischem Verständnis ist das Gesetz, die Tora, ein wertvolles Geschenk Gottes an die Menschen. Gerade deshalb, weil es die Freiheit bringt. Sicher, das hebräische Wort *tora* bedeutet mehr, als das deutsche Wort »Gesetz« ausdrückt. *Tora* bedeutet »Weisung« und beinhaltet sowohl die Gesetze und Gebote Gottes und die Erzählungen von Gottes Geschichte mit der Welt und mit Israel, als auch seine Verheißungen und Zusagen für die Zukunft. Alles drei finden wir miteinander verbunden, wenn wir die fünf Bücher Mose lesen. Sie tragen deshalb ebenfalls den Namen *tora*. Schon beim Fest der Torafreude am Ende des Laubhüttenfestes haben wir gesehen, wie kostbar und wertvoll die Tora für Juden ist und wie ausgelassen die Freude über dieses Geschenk ist. Warum sollte man von diesem Geschenk befreit werden wollen?

Gesetz und Freiheit stehen nach jüdischem Verständnis nicht im Widerspruch. Im Gegenteil: Das Gesetz ist das Manifest der Freiheit. Die zehn Gebote beginnen, wie gerade gesehen, mit den Worten:

> »Ich bin der HERR, dein Gott, der ich dich aus Ägyptenland, aus der Knechtschaft, geführt habe ...«[236]

Es ist Gott selbst, der befreit. Und weil das Volk Israel von nun an nicht mehr in der Knechtschaft, sondern in der Freiheit leben soll, gibt es Anweisungen dafür, wie diese Freiheit gestaltet und bewahrt werden kann. Die Gabe der Tora ist deshalb die Fortführung der Befreiung, die mit dem Passafest begann:

> »Gott sagt: Im ersten Monat sollt ihr das Passafest feiern! Das kann man vergleichen mit einem König, der seinen Sohn aus der Gefangenschaft befreit und dann sagt: Feiert ab jetzt jedes Jahr ein Fest, um den Tag zu feiern, an dem mein Sohn von der Finsternis ins Licht, vom eisernen Joch zum Leben, von der Sklaverei in die Freiheit und von Gefangenschaft zur Erlösung fand! ... So fand Israel von einem Joch aus Eisen zum Joch der Tora.«[237]

Das Bild vom Joch, das auch Jesus, Petrus und Paulus verwendeten,[238] ist also nicht per se ein negatives Bild: Es geht vielmehr um die Frage, wonach ich mein Leben ausrichte, von wem ich mich bestimmen lasse, wer oder was meinem Leben Richtung gibt. »Ich selbst« lautet natürlich das Credo der Neuzeit. Aber das ist, wenn man ehrlich zu sich selbst ist, eine Selbsttäuschung: Denn das, was ich vermeintlich »selbst« entscheide, ist ja immer schon beeinflusst von dem, was meine Umwelt sagt. Was ich gelernt habe. Was mich geprägt hat und woher ich meine Informationen beziehe. Auch, wenn ich »selbst« entscheide, orientiere ich mich immer an Maßstäben, an Werten, an Idealen und an Zielen. Meine Entscheidungen muss ich zwar selbst treffen, aber ich wähle dabei zwischen den verschiedenen Optionen, Meinungen und Angeboten, die mir zur Verfügung stehen. Die Rabbinen würden sagen: Ich ziehe mir immer irgendein Joch an. Die Frage ist deshalb nicht, ob ich mir ein Joch auflege, sondern nur, welches ich wähle. Wähle ich die Gebote Gottes oder die Gebote der Wirtschaftlichkeit, der Bequemlichkeit oder der Mehrheitsmeinung? Ordne ich mich der Herrschaft Gottes unter oder dem Diktat der Nützlichkeit, des Opportunismus oder des Zeitgeistes? Wähle ich die Knechtschaft Ägyptens oder die Freiheit der Tora?

> »Rabbi Nechonja ben Hakana sagte: Wer das Joch der Tora auf sich nimmt, der wird frei vom Joch irdischer Herrscher und irdischer Belange. Aber wer das Joch der Tora abwirft, der gerät unter das Joch irdischer Herrscher und irdischer Belange.«[239]

Rabbinische Bibelausleger lieben es, bei Bibeltexten auf den genauen Wortlaut zu sehen und dabei Nuancen zu entdecken, die auf den ersten Blick nicht sichtbar sind. Das Schriftwort: »ist nicht mein Wort wie ein Hammer, der Felsen zerschlägt«[240] deutet ein Rabbi so: »So wie ein Hammer auf den Felsen schlägt und damit viele Funken erzeugt, so bringt jede Schriftstelle viele Auslegungen hervor.«[241] Auch die Gabe der zehn Gebote enthält so einen Schatz, den man erst entdecken muss. Er beruht auf der Tatsache, dass der hebräische Text der Tora nur aus Konsonanten besteht. Die Vokale kommen erst beim Lesen hinzu. An manchen Stellen gibt es daher verschiedene Möglichkeiten, den Text zu lesen. Und bei der Folgenden entsteht dabei ein schönes Wortspiel mit den Worten charuth (»eingegraben«) und cheruth (»Freiheit«):

> »Die Schrift sagt: ›Und die Gesetzestafeln waren ein Werk Gottes und die Schrift war die Schrift Gottes, eingegraben auf die Tafeln.‹[242] Was bedeutet hier ›eingegraben‹? Rabbi Jehuda sagt: Lies nicht ›eingegraben‹ (*charuth*),

> sondern ›Freiheit‹ (*cheruth*), nämlich die Freiheit von irdischen Herrschaften. Rabbi Nechemja sagt: Freiheit vom Todesengel; unsere Rabbinen sagen: Freiheit von Leiden. Rabbi Eleasar, der Sohn des Rabbi Joses, des Galiläers, sagte: Wenn der Todesengel käme und vor Gott spräche: Du hast mich umsonst in der Welt erschaffen, so würde er ihm antworten: Über jede Nation in der Welt lass ich dich herrschen, nur über diese nicht. Denn dieser habe ich die Freiheit (*cheruth*) verliehen. Das also bedeuten die Worte: »Freiheit (*cheruth*) auf den Tafeln.«[243]

Wahre Freiheit finden wir da, wo wir uns nicht anderen Menschen, anderen Mächten, anderen Ideologien oder anderen Zwängen unterwerfen, sondern Gottes guter Weisung (*tora*) für unser Leben.

Ein exklusiver Klub?

An Schawuot wird Gottes Bund mit Israel gefeiert und die Gabe der Tora an Israel. In der Geschichte hat das oft dazu geführt, dass man Israel einen exklusiven Nationalismus, ja sogar Rassismus vorgeworfen hat. Und bis heute verklingen diese Vorwürfe nicht und werden selbst von ranghohen Politikern und Kirchenleitern immer wieder aufgegriffen. Die Idee eines »erwählten Volkes« ist vielen Christen ein Dorn im Auge. Deshalb werden hier gern die Gegensätze zwischen Christentum und Judentum aufgezeigt: Das Judentum sei eine Nationalreligion, das Christentum eine Universalreligion. Das Judentum sei exklusiv, das Christentum inklusiv. Das Judentum beanspruche das Heil nur für sich allein, das Christentum aber öffne die Türen des Heils für alle Völker.

Am Schawuot-Fest wird jedoch deutlich, dass hier zu kurz gedacht wird. Traditionell wird am Passafest das »Hohelied der Liebe« gelesen, um Gottes besondere Liebesbeziehung zu Israel widerzuspiegeln. An Schawuot wird hingegen das Buch Rut gelesen. Und worum geht es im Buch Rut? Darum, dass alle Völker eingeladen sind, an den Gott Israels zu glauben. Und dass der jüdische Glaube offen ist für Menschen aus allen Völkern. Das Buch Rut erzählt die Geschichte einer Moabiterin, die sich mit ihrer Schwiegermutter Naomi von Moab nach Israel aufmacht und sich dort nicht nur der Familie Naomis und dem Volk Israel, sondern auch dem Glauben an den Gott Israels anschließt:

> »Wo du hingehst, da will ich auch hingehen; wo du bleibst, da bleibe ich auch. Dein Volk ist mein Volk und dein Gott ist mein Gott.«[244]

Die Geschichte von Rut ist bis heute Grundlage und Vorbild für den Übertritt von Nichtjuden zum Judentum. Und Schawuot ist das Fest, an dem man daran besonders erinnert. Im heutigen Judentum wird dafür nicht aktiv geworben und es wird nicht offensiv missioniert. Im Gegenteil: Wenn jemand den Wunsch äußert, Jude zu werden, soll man zuerst einmal versuchen, ihn von einem vorschnellen oder unüberlegten Übertritt abzubringen. Wenn er es aber ernst meint, dann wird er willkommen geheißen. Die Beschneidung (für Männer) und ein Tauchbad (für Männer und Frauen) symbolisieren den Eintritt in den Bund Abrahams und in die Exodus-Erfahrung Israels. Und sie symbolisieren den Übergang vom Tod in ein neues Leben.

> »Man taucht ihn ins Taufbecken ein, und wenn er wieder heraussteigt, gilt er in jeder Hinsicht als echter Israelit.«[245]

Schon zur Zeit Jesu war es jederzeit möglich, zum Judentum überzutreten. Es scheint sogar so, als sei es damals deutlich häufiger geschehen als heute. Wir lesen in jüdischen Quellen, aber auch im Neuen Testament von vielen solchen »Proselyten«, also Übergetretenen, die sich jüdischen Synagogen anschlossen. Sogar eine Königsfamilie aus Adiabene (heute: Irbil im kurdischen Teil Iraks), die nach Jerusalem übersiedelte, war darunter.

Das Geschenk der Tora ist nicht exklusiv. Und auch der Bund mit Israel ist offen für alle, die sich ihm anschließen wollen.

Aber nicht jeder will. Davon erzählt auch ein rabbinischer Midrasch, der aus verschiedenen Bibelstellen ableitet, dass Gott die Tora schon allen anderen Völkern angeboten hatte, bevor er sie am Sinai Israel anbot. Aber die anderen Völker lehnten das Geschenk ab, nachdem sie hörten, was darin geschrieben steht. Nur die Israeliten nahmen es an:

> »Was bedeutet dieses Schriftwort: ›Der Herr kam vom Berg Sinai und er erstrahlte vom Berg Se'ir.‹ Er ist erschienen vom Berge Paran her und ist gezogen nach Meribat-Kadesch; in seiner Rechten ist ein feuriges Gesetz für sie. Ja, er liebt die Völker!‹[246] Es bedeutet: Als der Heilige (gepriesen sei er) sich Israel offenbarte, um ihm die Tora zu geben, offenbarte er sich nicht allein Israel, sondern allen Völkern. Zuerst ging er zu den Edomitern und sprach zu ihnen: Nehmt ihr die Tora an? Sie sagten: Was steht denn darin geschrieben? Er antwortete: ›Du sollst nicht töten.‹ Da sagten sie: Wir alle sind Mörder und schon unser Vater war ein Mörder.[247] Da ging er zu den Ammonitern und Moabitern und sagte: Nehmt ihr die Tora an? Auch sie fragten: Was steht denn darin geschrieben? Er antwortete: ›Du sollst nicht ehebrechen!‹ Da sagten sie: Wir alle leben in Unzucht und schon unsere Vorfahren waren unzüchtig.[248] Da ging Gott zu den Ismaeliten und sprach zu ihnen: Wollt ihr die Tora annehmen? Sie fragten: Was steht denn darin geschrieben? Er antwortete: ›Du sollst nicht stehlen!‹ Da sagten sie: Wir sind selbst alle Räuber und schon unser Vater war ein Räuber.[249] So ging Gott nach und nach zu allen Völkern der Welt. Er fragte sie, ob sie die Tora annehmen wollten. Deshalb heißt es auch: ›Alle Könige der Erde priesen dich, Herr, als sie die Worte deines Mundes hörten!‹[250] Als der Heilige (gepriesen sei er) das sah, gab er die Tora dem Volk Israel. Und die Israeliten nahmen sie an.«[251]

»Tun und Hören« statt »Hören und Tun«

Die Lehre aus dieser Geschichte ist: Oft wollen wir selbst darüber entscheiden, welche Gebote Gottes wir annehmen und welche nicht. Wir fragen kritisch: »Was steht denn darin?«, und wenn uns der Inhalt nicht passt, dann lehnen wir ab. Das Volk Israel aber reagierte anders. In jüdischen Predigten und Bibelauslegungen zum Schawuot-Fest wird deshalb oft der zentrale Satz zitiert, mit dem die Israeliten am Sinai die Tora annahmen:

> »Alles, was der HERR gesagt hat, wollen wir tun und darauf hören.«[252]

Die Reihenfolge ist hier entscheidend. Es geht nicht darum, zuerst einmal alles anzuhören und dann zu entscheiden, ob man es tut. Sondern das Hören und Verstehen entstehen aus dem Tun. »Hören« und »Gehorsam« sind im Hebräischen nicht nur verwandte Wörter, sondern identisch. Ein echtes Hören der Tora geschieht daher im Vollzug, im Tun. Indem ich Gottes Worten folge, höre ich sie erst wirklich.

Schawuot im Neuen Testament

Ausdrücklich wird das Schawuot-Fest im neuen Testament nur dreimal erwähnt. Zweimal erscheint es als Termin, der für die Reisepläne des Paulus eine Rolle spielt.[253] Offensichtlich hat Paulus sich auch nach seiner Bekehrung zu Jesus weiterhin am jüdischen Festkalender orientiert und die Feste nach Möglichkeit in Jerusalem gefeiert. Am ausführlichsten jedoch ist der Bericht von der Ausgießung des Heiligen Geistes in Apg 2, die sich am Schawuot-Fest ereignete. Im griechischen Urtext erscheint hier der griechische Name *pentekoste*, auf Deutsch der »fünfzigste Tag«. Im Deutschen wurde aus *pentekoste* dann mit der Zeit der Name »Pfingsten«. Die Zahl fünfzig hängt mit den sieben Wochen bzw. 50 Tagen zusammen, die vom Passafest aus bis zu diesem Fest gezählt werden sollen.

Das Schawuot-Fest war in mehrfacher Hinsicht ein geeigneter Termin für das, was in Jerusalem an diesem Tag passierte: Beim Auszug aus Ägypten lagen 50 Tage zwischen der Rettungstat Gottes und dem Geschenk der Tora. Jetzt liegen 50 Tage zwischen der Rettungstat Gottes am Kreuz und dem Geschenk des Geistes. Die Feuerzungen und das Brausen in der Luft, von denen die Apostelgeschichte erzählt, erinnern an Feuer und Donner bei der Erscheinung Gottes am Sinai. In der Tat gibt es sogar eine Überlieferung im jüdischen Midrasch, die von ganz ähnlichen Wunderzeichen spricht:

> »Als Gott das Gesetz auf dem Sinai gab, ließ er die Israeliten durch seine Stimme Wunder über Wunder sehen. Wie geschah das? Als Gott sprach, erscholl ein Klang und verbreitete sich in der ganzen Welt. (...) Es heißt dort in der Schrift: Das ganze Volk sah ›die Stimmen‹, nicht ›die Stimme‹.[254] Rabbi Johanan erklärte das so: Die Stimme ging aus und zerteilte sich in 70 verschiedene Stimmen und 70 verschiedene Zungen, entsprechend den 70 Sprachen, die es in der Welt gibt, damit alle Völker sie hören können. Jede Nation hörte die Stimme in ihrer eigenen Sprache (Zunge).«[255]

Und im Talmud findet sich ein ähnliches Bild über das Wort Gottes, das sich in Zungen zerteilt:

> »Jedes Wort und jede Sache, die aus dem Mund des Allmächtigen hervorgeht, zerteilt sich in 70 Zungen (oder 70 Sprachen).«[256]

Die Ähnlichkeit dieser Bilder mit dem Bericht der Apostelgeschichte ist hier allerdings so frappierend, dass viele Ausleger annehmen, der jüdische Midrasch ist eine bewusste und später erst entstandene, jüdische Antwort auf das Neue Testament. Die Rabbinen wollen sagen: Was die ersten Christen dort am Schawuot-Fest erlebten, erlebte das Volk Israel eigentlich schon damals am Sinai. Und in der Tat: Dass Gottes Heilsangebot für alle Völker gilt und dass er zu allen Völkern redet, war ja keine

Neuigkeit, die erst seit der Auferstehung Jesu galt. Das wurde schon im Alten Testament immer wieder gesagt. Das Überraschende an diesem Pfingsttag war, dass der Heilige Geist jetzt in einer neuen Weise ausgegossen wurde.

Gesetz und Geist

Die Ausgießung des Geistes in der messianischen Endzeit ist, wie wir schon gesehen haben, eher ein Thema für das Laubhüttenfest. Ähnlich wie die Palmen am Passafest ist also der Geist am Schawuot-Fest nicht ganz an der richtigen Stelle. Aber auch hier geht es darum, dass die beiden Feste miteinander verknüpft werden. Schawuot war in neutestamentlicher Zeit vor allem das Fest der Bundeserneuerung, die Erinnerung an Gottes Bundesschlüsse in der Vergangenheit und der Ausblick auf den neuen Bund, den Gott in der Zukunft schließen würde. Am Tag vor seinem Tod hatte Jesus davon gesprochen, dass dieser neue Bund, von dem die Propheten sprachen, durch sein Blut besiegelt würde. Was aber war das Neue an diesem neuen Bund? Auch hier gibt es viele christliche Missverständnisse. So glauben viele Christen, dass der alte Bund ein Bund mit Israel war, der neue aber ein Bund mit allen Menschen. Ein Blick in die Bibel zeigt jedoch, dass das ein Irrtum ist. Auch der neue Bund ist ein Bund mit Israel:

> »Siehe, es kommt die Zeit, spricht der HERR, da will ich mit dem Hause Israel und mit dem Hause Juda einen neuen Bund schließen ...«[257]

Viele Bibelwissenschaftler raten daher auch dazu, nicht vom »neuen Bund«, sondern vom »erneuerten Bund« zu sprechen. Der neue Bund, den die Propheten verheißen, beendet nicht den alten und macht ihn auch nicht ungültig. Sondern er erneuert ihn auf eine neue Weise. Er bleibt der Bund mit Israel, den Gott nie aufgekündigt hat. Aber alle Völker sind eingeladen, in diesen Bund mit einzutreten. Andere Christen erklären den Unterschied zwischen altem und neuem Bund mit dem Gegensatz zwischen Gesetz und Geist: Der Bund am Sinai sei mit der Gabe der Tora verbunden, der neue Bund hingegen mit der Gabe des Geistes. Aber auch das ist nicht das, was der Bibeltext sagt, denn auch der neue Bund ist mit der Gabe des Gesetzes verbunden:

> »Das soll der Bund sein, den ich mit dem Hause Israel schließen will nach dieser Zeit, spricht der HERR: Ich will mein Gesetz in ihr Herz geben und in ihren Sinn schreiben, und sie sollen mein Volk sein und ich will ihr Gott sein.«[258]

Beim neuen Bund geht es nicht um den Gegensatz zwischen Gesetz und Geist, sondern darum, dass das Gesetz Gottes dieses Mal nicht mit Buchstaben auf Stein geschrieben wird, sondern durch den Geist in die Herzen gegeben wird. Deshalb spricht auch Paulus, wenn er vom neuen Bund spricht, nicht von einem Gegensatz zwischen Gesetz und Geist, sondern zwischen Buchstaben (wörtlich: »Geschriebenem«) und Geist.[259] Die heute beliebte Auslegung dieser Paulusworte, man solle sich nicht nach dem »Buchstaben« der Gebote Gottes richten, sondern nach seinem »Geist«, geht deshalb völlig an dem vorbei, was Paulus hier sagen möchte. Der Heilige Geist ist nicht eine »sinngemäße Auslegung« des Gesetzes, sondern die Kraft Gottes, die uns innerlich verwandelt und so dazu befähigt, nach Gottes Weisungen zu leben. Nicht immer, aber immer mehr. Deshalb benutzt Paulus ein anderes Bild aus dem Schawuot-Fest, wenn er den Heiligen Geist als eine »Erstlingsfrucht« der erneuerten Schöpfung Gottes bezeichnet:

> »Denn wir wissen, dass die ganze Schöpfung bis zu diesem Augenblick seufzt und in Wehen liegt. Nicht allein aber sie, sondern auch wir selbst, die wir den Geist als Erstlingsgabe haben, seufzen in uns selbst und sehnen uns nach der Kindschaft, der Erlösung unseres Leibes.«[260]

Freiheit vom Gesetz?

Die Wertschätzung für das Gesetz, die am Schawuot-Fest gefeiert wird, findet sich auch im Neuen Testament. Die Idee, dass Jesus oder Paulus die »Freiheit vom Gesetz« gepredigt oder gelebt haben, hat ihre Ursprünge nicht im Bibeltext selbst, sondern in der späteren Auslegungsgeschichte. Jesus benutzt das Bild von den zwei Jochen, wenn er davon redet, dass man nicht zwei Herren dienen kann, Gott und dem Mammon.[261] Wie die Rabbinen lädt er dazu ein, das »leichte Joch« der Königsherrschaft Gottes auf sich zu nehmen und damit frei zu werden vom Joch irdischer Knechtschaften.[262] Freiheit bedeutet für Jesus die Freiheit von der Knechtschaft der Sünde, die man dann findet, wenn man ihm folgt.[263] Ihm ist nicht daran gelegen, das Gesetz aufzulösen.[264] Die Idee, dass Jesus die »Freiheit vom Gesetz« lehrt, stammt aus dem Missverständnis, dass Jesus zum Beispiel durch Heilungen am Sabbat oder durch den Umgang mit Aussätzigen bewusst gegen das Gesetz verstößt. Wenn man sich aber den Text genauer anschaut und auch die jüdischen Gesetze, um die es jeweils geht, dann wird deutlich: Jesus bricht nicht die Gebote, sondern streitet mit Pharisäern und Schriftgelehrten darüber, wie sie richtig auszulegen sind. Das ist nicht die Freiheit vom Gesetz, sondern ein Bemühen um möglichst große Treue zum Gesetz.[265]

Gleiches gilt für Petrus und Paulus: Zwar sind sie sich einig, dass niemand in der Lage ist, das Gesetz zu erfüllen oder, wie es Petrus sagt, »das Joch des Gesetzes zu tragen«.[266] Sie kämen deshalb aber nie auf die Idee, es für ungültig zu erklären oder sich nicht mehr daran zu halten. Auch hier werden verschiedene Bibeltexte oft falsch ausgelegt oder missverstanden. Bei genauerer Betrachtung des Bibeltextes und genauerer Kenntnis der dazugehörigen jüdischen Gesetze verletzen weder Petrus noch Paulus mit ihrem Verhalten irgendwelche jüdischen Gesetze.[267] Wenn Paulus vom »Joch der Knechtschaft« spricht, dann meint er nicht das »Joch der Tora«, sondern die Knechtschaft unter irdischen Mächten und Gewalten, von der er in den Versen vorher gesprochen hat.[268] Auch für ihn macht das »Gesetz des Messias«[269] frei von der Knechtschaft irdischer Mächte und Gewalten. Das »Gesetz des Geistes« und das »Gesetz Gottes« sind für Paulus das, was uns frei macht vom »Gesetz der Sünde und des Todes«.[270] Auch für Paulus ist Gottes Gesetz also ein Manifest der Freiheit. Aber etwas ist neu: Gott hat seinen Bund erneuert, als der Messias sich selbst als Passalamm für sein Volk gab. Und er hat am Schawuot-Fest seinen Geist in die Herzen derer ausgegossen, die diesem Messias folgen. Das »Gesetz Gottes« und das »Gesetz des Geistes« sind keine Gegensätze. Sondern durch den Geist Gottes wird jetzt das Gesetz Gottes auf neue Weise in die Herzen geschrieben. Nicht die Freiheit vom Gesetz, sondern das »Gesetz des Messias« ist jetzt das, wovon Paulus sein Leben bestimmen lässt.

Die zerbrochenen Tafeln

Die jüdische Wertschätzung für die Tora ist nicht blauäugig oder leichtfertig. Ja, man kann tanzen und singen und sich freuen über die Tora. Man kann sie küssen und feiern und nächtelang studieren. Aber das alles bedeutet nicht, dass man nicht um die eigenen Grenzen weiß. In der Geschichte der christlichen Auslegung hat man den Juden oft Selbst- und Werkgerechtigkeit vorgeworfen, ein »Rühmen« über die eigene Gesetzestreue. Rudolf Bultmann, der große Marburger Neutestamentler, beschreibt die Sünde des jüdischen Menschen zusammenfassend als

> »... Hochmut, der im jüdischen Bereich als der Eifer der Gesetzeserfüllung und der Stolz auf die Leistungen wie auf die israelitischen Ehrentitel zur Entfaltung kommt.«[271]

Oft wird als ein Paradebeispiel des »überheblichen Juden« das Gleichnis vom Pharisäer und vom Zöllner angeführt, das Jesus erzählte. Ganz schnell identifiziert man dann den selbstgerechten Pharisäer mit den Juden, während man den zerknirschten und schuldbewussten Zöllner als das Vorbild eines guten Christen darstellt. Übersehen wird dabei jedoch, dass im Gleichnis

Jesu sowohl der Pharisäer als auch der Zöllner Juden sind. Es geht also nicht um den Kontrast zwischen jüdischer und christlicher Einstellung, sondern um den Kontrast zwischen einer richtigen und einer falschen jüdischen Einstellung: Man soll sich eben nichts auf den eigenen Gesetzesgehorsam einbilden, sondern ehrlich eingestehen, dass man ein Sünder ist. Das ist allerdings keine spezifisch christliche Erkenntnis, sondern eine Erkenntnis, die bereits die alten Rabbinen formulierten, wenn sie warnten:

> »Rabbi Zadok sagte: Mache die Worte der Tora nicht zu deiner Krone, um dich mit ihnen zu rühmen, und auch nicht zu deinem Spaten, um dich von ihnen zu nähren! Denn schon Rabbi Hillel sagte: Wer sich eine Krone aufsetzt, hat seinen Lohn dahin.«[272]

Tatsächlich geht diese Einsicht aber schon auf die ersten Tage am Sinai zurück. Denn schon dort fertigt sich das Volk Israel, noch während Mose auf dem Berg die Tafeln des Gesetzes erhält, ein goldenes Kalb an und betet es an. Die Gebote Gottes werden gebrochen in dem Moment, wo sie gegeben werden. Auch das ist die Realität des Gesetzes. Zur Erzählung von der Gabe des Gesetzes am Sinai gehört daher immer schon die Erzählung vom Bruch des Gesetzes am Sinai. Es gab nie eine »heile Welt« oder eine »perfekte Zeit«, in der die Tora eingehalten und befolgt wurde. Deshalb wurden die ersten Gesetzestafeln zerbrochen und erst nach einem intensiven Ringen mit Gott fertigt Mose neue Tafeln an. Die Tora erzählt von diesem Gespräch zwischen Mose und Gott über die Realität der Sünde. Es ist ein Gespräch, das schon hinausweist über das Ende des Schawuot-Festes und vorausweist auf den Versöhnungstag im Herbst, an dem das Problem der Sünde im Zentrum steht und die Frage, wie Gott mit unserer Schuld umgeht:

> »Am nächsten Morgen sprach Mose zum Volk: Ihr habt eine große Sünde getan; nun will ich hinaufsteigen zu dem Herrn, ob ich vielleicht Vergebung erwirken kann

für eure Sünde. Als nun Mose wieder zu dem Herrn kam, sprach er: Ach, das Volk hat eine große Sünde getan und sie haben sich einen Gott von Gold gemacht. Vergib ihnen doch ihre Sünde; wenn nicht, dann tilge mich aus deinem Buch, das du geschrieben hast. Der Herr sprach zu Mose: Ich will den aus meinem Buch tilgen, der an mir sündigt. So geh nun hin und führe das Volk, wohin ich dir gesagt habe. Siehe, mein Engel (oder: Bote) soll vor dir hergehen. Ich werde aber ihre Sünde heimsuchen, wenn meine Zeit kommt.«[273]

»Siehe, mein Bote soll vor dir hergehen.« Mit einem Verweis auf diesen Vers beginnt der Evangelist Markus sein Evangelium.[274] Und er deutet an, dass nun ein altes Versprechen Gottes, sich um die Sünde des Volkes zu kümmern, zu seinem Ziel kommt. Für Markus ist mit dem Auftreten Jesu die Zeit gekommen, in der Gott die Sünde des Volkes endgültig heimsucht, aber auf seine eigene Weise und zu seiner eigenen Zeit. Um das zu verstehen, müssen wir aber im Jahreskreis noch weiter fortschreiten. Denn die »hohen Feiertage« des Herbstes, das Neujahrsfest und der große Tag der Versöhnung, reden davon, wie im jüdischen Kalender auf die Frage von Sünde und Vergebung geantwortet wird.

Kapitel 7

Rosch Ha-Schana (Das Neujahrsfest), 2. Akt: Die Rückkehr des Königs

Die Tore des Himmels stehen offen und ich höre auf eure Gebete, ich halte Ausschau durch die Fenster und spähe durch die Gitter.
(Pesikta de Rab Kahana)

Der Jahreskreis schließt sich nun zum ersten Mal. Aber der jüdische Kalender kommt damit noch nicht an sein Ende. Der Neujahrstag markiert den Beginn des Jahres, aber auch den Beginn der Schöpfung. Ebenso markiert er das Ende eines Jahres und den Ausblick auf das letzte Gericht am Ende der Welt. Wenn Gott der König der Welt ist, dann liegt es auch bei ihm, die Welt zu richten.

Wenn also nun der Neujahrstag am Ende des Jahres wieder naht, gibt es erneut einen Weckruf: Wieder erklingt das Schofar, wieder erscheint der König. Und dieses Mal erscheint er zum Gericht. Wie ein König, der einmal im Jahr in die Stadt kommt, um mit seinen Untertanen Abrechnung zu halten.

Das Leben als Darlehen

Das Bild von der Abrechnung finden wir nicht nur in vielen rabbinischen Gleichnissen, sondern auch immer wieder bei Jesus: ein König, der mit seinen Schuldnern abrechnet.[275] Ein Hausherr, der mit seinen Knechten abrechnet.[276] Ein Weinbergbesitzer, der mit seinen Pächtern abrechnet.[277] Überhaupt wird die Schuld des Menschen vor Gott im Griechischen wie auch im Hebräischen oft mit demselben Wort bezeichnet, mit dem man auch Geldschulden benennt. Dahinter steckt das Bild, das uns schon ganz am Anfang dieses Buches begegnet ist: Unser Leben ist wie ein Darlehen, das wir von Gott zur Verfügung gestellt bekommen, um etwas daraus zu machen.

> »Rabbi Akiba sagte: Alles ist uns auf Bürgschaft gegeben: Der Laden steht offen, der Krämer leiht aus, die Schreibtafel ist aufgeschlagen und die Hand schreibt. Und jeder, der borgen will, kommt und borgt. Und die Einnehmer gehen beständig an jedem Tag herum und machen sich von dem Menschen bezahlt mit seinem Wissen und ohne sein Wissen. Sie haben ihre Aufzeichnungen, auf die sie sich stützen, und das Gericht ist ein gerechtes Gericht und alles ist zum Festmahl bereitet.«[278]

Im jüdischen Kalender ist deshalb der letzte Monat vor dem Neujahrsfest, der Monat Elul, besonders der Abrechnung gewidmet. Wir haben das schon am Anfang des Jahreskreises gesehen, wenn es darum geht, ohne Altlasten ins neue Jahr zu starten. Jetzt, nachdem wir das Jahr einmal durchschritten haben, wissen wir, wie nötig wir diesen Monat haben. Wir kommen vom Sinai her. Wir haben die Erfahrung der Befreiung gemacht. Wir haben das Geschenk der Gebote Gottes empfangen. Und haben doch im gleichen Moment die Erfahrung gemacht, dass wir dieses Geschenk mit Füßen treten. Und wir kennen beides aus unserem eigenen Leben. Jeden Tag, jeden Monat und jedes Jahr machen wir diese Erfahrung neu: Wir bleiben Gott und anderen schuldig, was ihnen eigentlich zustünde.

Jeder Mensch soll deshalb am Ende des Jahres noch einmal sein Leben vor Gott prüfen: Was ist mir im letzten Jahr gelungen, was misslungen? Wo bin ich Gott oder anderen Menschen etwas schuldig geblieben? Wo kann ich noch etwas wiedergutmachen oder mich versöhnen? Es werden Briefe geschrieben und Telefongespräche geführt, um zerrissene Gesprächsfäden wieder aufzunehmen oder Ungeklärtes zu klären. In Israel geschieht diese Selbstprüfung oft auch öffentlich: In Zeitungskommentaren, politischen Reden und Synagogenpredigten wird danach gefragt, was wir als Gesellschaft falsch oder richtig gemacht haben und wo es Zeit ist, den Kurs zu wechseln. In unserem christlichen Kalender gibt es so eine »Zeit der Besinnung« kaum. Die Adventszeit, die eigentlich diesen Ursprung hat (»Macht euch bereit, der König kommt!«), ist viel zu sehr mit den Weihnachtsvorbereitungen belegt, als dass man sie nutzen könnte, um am Jahresende Bilanz zu ziehen. Daher fällt dieser Teil bei uns höchstens auf die letzten wenigen Tage zwischen Weihnachten und Neujahr und beschränkt sich auf das Sammeln von »guten Vorsätzen«, anstatt dass wir uns Zeit nehmen, noch offene Rechnungen zu klären.

Die Bücher werden aufgetan

Am Morgen des Neujahrstags erklingt das Schofar. Der König erscheint und nun wird im Himmel Abrechnung gehalten. Die Rabbinen benutzen dafür das Bild von Büchern, in denen die Namen aufgeschrieben werden. Ein Bild, das uns auch aus der Bibel vertraut ist:

> »Rabbi Kruspedai sagte im Namen von Rabbi Johanan (ca. 250 n. Chr.): Drei Bücher werden am Neujahrsfest aufgeschlagen: eins für die vollkommen Gottlosen, eins für die vollkommen Gerechten und eins für die in der Mitte dazwischen. Die vollkommen Gerechten werden sofort zum Leben aufgeschrieben und besiegelt, die vollkommen Gottlosen werden sofort zum Tode aufgeschrieben und besiegelt. Die in der Mitte bleiben aber vom Neujahrstag bis

> zum Versöhnungstag noch zehn Tage in der Schwebe. Haben sie sich in dieser Zeit verdient gemacht, so werden sie zum Leben aufgeschrieben. Haben sie sich nicht verdient gemacht, so werden sie zum Tod aufgeschrieben.«[279]

Das Bild vom »Buch des Lebens«, in das die Namen der Menschen geschrieben werden, ist schon sehr alt: Mose gebrauchte es, als er mit Gott auf dem Sinai über die Schuld des Volkes Israel verhandelte.[280] Der Prophet Daniel sieht in seinen prophetischen Visionen des Endgerichts, wie im Himmel Bücher aufgetan werden.[281] Auch Jesus, Paulus und Johannes sprechen von diesen Büchern.[282]

Ein anderes Bild der Abrechnung, das ebenfalls von Jesus verwendet wird, ist das vom Hirten, der seine Schafe und Böcke zählt:

> »Am Neujahrstag ziehen alle Geschöpfe vor Gott vorbei wie Schafe vor ihrem Hirten. Denn die Schrift sagt ja: ›Der ihnen allen das Herz geschaffen hat, der kennt auch alle ihre Werke.‹«[283]

Was sieht Gott, wenn er in unser Herz blickt? In welchem der drei Bücher würde unser Name aufgeschrieben. Wir haben am Anfang dieses Buches schon gehört, dass man sich zum Neujahrstag nicht nur ein »gutes und süßes Jahr« wünscht, sondern auch »eine gute Eintragung und Versiegelung« oder: »Mögest du zum Leben eingetragen und versiegelt werden.« Natürlich ist das unser Wunsch, aber wenn wir ehrlich sind, dann müssen wir uns eingestehen: Vermutlich werden wir nicht sofort eingeschrieben, sondern landen erst einmal im »mittleren Buch«. Gott ist noch nicht fertig mit uns.

Gottes vielfältiger Charakter

Was für ein König ist das, dem wir da begegnen? Und was für ein Richter? Ist er streng oder barmherzig? Liebt er das Recht oder die Gnade? Soll man ihn fürchten oder darf man vertrauen? In der westlichen Welt, und vor allem in der christlichen Tradition, neigen wir dazu, uns jeweils für eine der beiden Seiten zu entscheiden. So war im Mittelalter fast nur vom strengen Richter zu hören, während die Gnade und Barmherzigkeit in den Hintergrund traten. In der Neuzeit ist das Pendel auf die andere Seite geschwungen. Und natürlich neigen wir wie jede Generation dazu, unsere eigene Zeit so sehr zu überschätzen, dass wir überzeugt sind, jetzt endlich die Wahrheit entdeckt zu haben, während alle Generationen vor uns auf dem Holzweg waren. So trennen wir also den gnädigen vom zornigen Gott, den strengen Richter vom barmherzigen Vater. Nicht selten verteilen wir diese Rollen auch auf »den Gott des Alten Testaments« und »den Gott des Neuen Testaments«. Oder auf einen Gegensatz zwischen jüdischem und christlichem Gottesbild. Franz Alt, ein bekannter Fernsehjournalist, Kirchentagsredner, Friedens- und Umweltaktivist der 80er-Jahre, brachte diese verbreitete Ansicht so auf den Punkt:

> »Jede Harmonisierung des Gottesbildes Jesu mit dem patriarchalischen Richter-Gottesbild des Alten Testaments ist Gift für lebendige Religion. ... Im Alten Testament steht Gott meist für den allmächtigen Patriarchen. Jesu »Abba« ist der mütterlich-liebende Vater. Der eine hat mit dem anderen nichts zu tun. Einen größeren Gegensatz gibt es religionsgeschichtlich nicht. ... Solange wir noch nicht das befreiende Jesus-Bild und noch nicht seinen Gott der Liebe entdeckt haben, ist es kein Wunder, dass sich seit Jesus nicht viel geändert hat. Der »Herr der Heerscharen« ist ein Kriegsgott und das Gegenteil des gütigen Vaters, den Jesus erkannte! Die meisten Christen stehen auf der vor-jesuanischen Bewusstseinsstufe dieses aggressiven Kriegsgottes.«[284]

Wer allerdings so urteilt, der kennt seine Bibel schlecht. Das Bild vom liebenden Vater ist ein Bild aus dem Alten Testament und im Neuen Testament ist weitaus öfter und pointierter vom Zorn Gottes die Rede als im Alten.

In der jüdischen Tradition werden deshalb die verschiedenen Aspekte des biblischen Gottesbildes nicht voneinander getrennt oder gegeneinander ausgespielt, sondern ganz bewusst beieinandergehalten, auch wenn sie in Spannung zueinander stehen. Man spricht von den verschiedenen »Maßen« (*middot*) oder Charaktereigenschaften Gottes. Ein zentraler Bibeltext ist dabei die Begegnung von Mose mit Gott auf dem Berg Sinai. Mose hatte sich gewünscht, Gott von Angesicht zu Angesicht zu sehen. Aber diese Bitte wurde ihm nicht erfüllt. Stattdessen durfte er Gott von einer Höhle auf dem Berg aus »hinterhersehen«, als dieser an ihm »vorüberzog«. Was genau wir uns darunter vorstellen sollen, weiß ich nicht. Aber es liegt eine tiefe Symbolik in diesem Vorgang: Gottes Wesen erkennen wir oft erst im Hinterhersehen. Im Betrachten dessen, was Gott getan und gesagt hat und wo er sich gezeigt hat. Wir können ihn nicht mit unserer Logik erschließen oder uns ein perfektes Gottesbild ersinnen. Sondern wir müssen Gott da finden, wo er sich uns zeigt, und so, wie er das tut. Als Mose am Sinai Gott hinterherblickt, hört er seine Stimme:

> »HERR, HERR, Gott, barmherzig und gnädig und geduldig und von großer Gnade und Treue, der da Tausenden Gnade bewahrt und vergibt Missetat, Übertretung und Sünde, aber ungestraft lässt er niemand, sondern sucht die Missetat der Väter heim an Kindern und Kindeskindern bis ins dritte und vierte Glied.«[285]

Barmherzigkeit und Gericht, beides steckt in diesen Worten. Obwohl die Beschreibung der Barmherzigkeit weit ausführlicher ausfällt. Für Mose waren das nicht nur leere theologische Worte; in seinen Händen hielt er die beiden Gesetzestafeln. Nicht die ursprünglichen, die er kurz vorher zerbrochen hatte. Sondern die neuen, die er angefertigt hatte, nachdem Gott ihm versprochen hatte, sich beizeiten selbst um die Sünde des Volkes zu kümmern. Die zwei Tafeln standen also für beides: für das Recht Gottes, für die Forderung seines Gesetzes und die gerechte Ordnung. Aber auch für die Vergebung, für den Neuanfang. Für die Einsicht, dass wir nur aus der Barmherzigkeit Gottes leben können.

Bibelforscher nennen diesen Satz die »Gnadenformel«. Sie erscheint in dieser oder ähnlicher Form immer wieder in der Bibel. In den talmudischen Bestimmungen zum Neujahrstag werden die einzelnen Bestandteile des Satzes von den Rabbinen ausführlich diskutiert. »Wenn immer Israel sündigt, sollen sie es so machen, wie es hier beschrieben ist, und Gott wird ihnen vergeben.«[286] Es ist daher üblich, dass der Vorbeter in der Synagoge sich am Neujahrstag in einen Gebetsschal hüllt, um die Verborgenheit Gottes auszudrücken, und dann diese Passage aus der Bibel laut vorliest. Die rabbinischen Ausleger entdecken in diesem Satz insgesamt 13 verschiedene »Charaktereigenschaften« (*middot*) Gottes:

> »Mit diesen 13 *middot* wurde Gottes Bund wiederhergestellt. Denn es heißt ja im nächsten Satz: ›Siehe ich will einen Bund schließen.‹«[287]

Die genaue Zählung ist allerdings umstritten und es gibt zahllose Vorschläge, wie die dreizehn Eigenschaften auf die Worte des Satzes aufzuteilen sind. Der Einfachheit halber hat man deshalb an vielen Stellen die Zahl der *middot* auf zwei reduziert: Das »Maß der Barmherzigkeit« (*middat ha-rachamim*) und das »Maß des Rechts« (*middat ha-din*). Diese beiden Seiten Gottes findet man schon in den beiden Gottesnamen, mit denen die Gnadenformel beginnt. »Herr, Herr« (im Hebräischen steht hier der Gottesname JHWH). Er steht für die barmherzigen und gnädigen Aspekte Gottes. »Gott« (*elohim*) steht dagegen für das Recht und die Strafe Gottes. Beide Aspekte Gottes seien bereits in der Schöpfung zu finden. Das ist auch die Erklärung, warum es zwei Schöpfungsberichte gibt. Der erste, der die Ordnung der Schöpfung betont, gebraucht nur die Bezeichnung *elohim*. Der zweite, der vor allem die Beziehung zwischen Gott und dem Menschen betont, benutzt den Gottesnamen JHWH. In dem einen Vers, der zwischen beiden Berichten steht und sie miteinander verbindet, werden jedoch beide Namen zusammen genannt:

»›Es war zu der Zeit, da Gott, der HERR, Erde und Himmel machte.‹[288] Das kann man vergleichen mit einem König, der zwei leere Gläser hatte. Er sagte sich: Wenn ich nur heißes Wasser hineingieße, werden sie zerspringen. Wenn ich nur ganz kaltes Wasser hineingieße, werden sie auch zerspringen. Was tat er also? Er mischte heißes und kaltes Wasser und goß es hinein. So blieben die Gläser heil. Ebenso sagte der Heilige (gepriesen sei er) bei der Schöpfung der Welt: Wenn ich die Welt nur mit dem Maß der Barmherzigkeit erschaffe, dann wird die Sünde überhandnehmen. Wenn ich sie nur mit dem Maß des Rechts erschaffe, wer kann dann bestehen? Siehe, ich werde sie nach dem Maß der Barmherzigkeit und nach dem Maß des Rechts erschaffen. Denn dann kann sie bestehen.«[289]

Die beiden gegensätzlichen Seiten Gottes werden auch in vielen Gleichnissen deutlich, die davon handeln, dass Gott Gericht hält. Und besonders da, wo Gott Gericht über seinen eigenen Sohn hält (der Sohn ist in den rabbinischen Gleichnissen immer ein Bild für das Volk Israel):

»Womit kann man die Sache vergleichen? Mit einem König, der zornig war auf seinen Sohn. Weil er gerade ein indisches Schwert in der Hand hielt, schwor er, dieses seinem Sohn auf den Kopf zu schlagen. Als er sich wieder beruhigt hatte, sagte er sich: Wenn ich ihm mit dem Schwert auf den Kopf schlage, wird er es nicht überleben und es wird niemanden geben, der mein Königreich erbt. Aber ich kann auch meinen Beschluss nicht zurücknehmen.
Was also tat der König? Er steckte sein Schwert in die Scheide und schlug seinem Sohn dann damit auf den Kopf. So wurde sein Sohn verschont und gleichzeitig blieb sein Beschluss bestehen.«[290]

Wie bei allen Gleichnissen, darf man auch dieses nicht eins zu eins auf Gott übertragen. Auch Jesus hat Gleichnisse von Königen erzählt, die irrational oder ungerecht handelten. Worauf es hier vielmehr ankommt, ist, dass die Rabbinen damit ringen, die unterschiedlichen Erfahrungen mit Gott und die unterschiedlichen biblischen Aussagen über Gott miteinander zu verbinden, anstatt nur die zu übernehmen, die ihnen am besten gefallen oder die in ihr Gottesbild passen.

Die beiden verschiedenen Gottesnamen und ihre symbolische Bedeutung spielen in vielen rabbinischen Auslegungen eine Rolle. So heißt es etwa in der Prophetenlesung zum Neujahrstag: »Kehre um, Israel, zu Gott, deinem Herrn.« [291] Beide Namen Gottes stehen hier direkt hintereinander. Die Rabbinen deuten das so, dass man zum gnädigen Herrn umkehren soll, um dem richtenden Gott zu entgehen:

> »Der Heilige (gepriesen sei er) hat Gefallen an der Umkehr und nicht daran, seine Geschöpfe zu töten. Denn es steht geschrieben: ›Ich habe kein Gefallen am Tode des Gottlosen, sondern daß der Gottlose umkehre von seinem Wege und lebe.‹[292] Deshalb ruft er sie zur Umkehr, damit sie leben. Er sagt zu Israel: ›Kehrt zurück, ihr abtrünnigen Kinder!‹[293] Er sagt zu ihnen: Tut Buße, damit ich nicht zurückgreifen muss auf das Maß des Gerichts. Sondern tut Buße, damit ich beim Maß der Barmherzigkeit bleiben kann. Woher wissen wir das? Aus dem, was in der Schrift steht: ›Kehre um, Israel, zu Gott, deinem Herrn.‹ Das heißt: Kehre um, solange »Gott« (*elohim*) noch der »Herr« (*JHWH*) ist.«[294]

> »Ein Gleichnis von einem Königssohn, der zum Gericht vor seinem Vater erscheinen musste.
> Man sagte zu ihm: Flehe zu deinem Vater, solange er noch in seinem Palast ist, solange er noch nicht auf seinem Richterstuhl sitzt und über dich nach dem Maß des Rechtes urteilen muss. Deshalb sagt Hosea: ›Kehre um, Israel, solange dein Gott noch der Herr ist.‹ Das heißt, tut Buße, so lange er noch nach dem Maß der Barmherzigkeit urteilt! Denn der Heilige, gepriesen sei er, ist gnädig

> und barmherzig und will Buße, damit er nicht über sie das Maß des Rechtes ausüben muss.«[295]

Martin Luther sprach in seiner Schrift »Vom unfreien Willen« (1525) ganz ähnlich von zwei Seiten Gottes oder sogar noch stärker: Von einem verborgenen Gott und einem offenbarten Gott. Das eine beschreibt die dunklen, unverständigen und fernen Seiten Gottes, das andere die uns zugewandten, liebevollen und verständlichen Seiten. In Zeiten der Anfechtung, sagt Luther, soll man deshalb vom verborgenen Gott zum offenbarten Gott hinfliehen.

Rabbi Jonathan Sacks, früherer Oberrabbiner von Großbritannien, beschreibt die Bedeutung dieser zwei *middot* so:

> »Darin liegt das fortgesetzte Wunder der jüdischen Spiritualität: Niemand hat vor der Geburt des Judentums Gott auf so abstrakte und ehrfurchterregende Weise beschrieben: Gott ist weiter entfernt als der fernste Stern im Universum und ewiger als die Zeit selbst. Und doch hat keine Religion jemals Gott so nah empfunden. In der Bibel streiten die Propheten mit Gott. Im Talmud lauscht Gott den Disputen der Gelehrten und folgt ihrer Meinung, selbst wenn eine Stimme vom Himmel dagegenspricht. Gottes Beziehung zu uns wird in der Bibel mit der Beziehung zwischen Eltern und Kindern verglichen, zwischen Mann und Frau. (...) Keine Religion hat jemals Gott höher erhoben, aber keine hat ihn auch jemals näher verspürt.«[296]

Auch in den verschiedenen Schofartönen, die am Neujahrstag erklingen, entdecken die Rabbinen einen Hinweis auf die unterschiedlichen Seiten Gottes. Wir hatten ja bereits gesehen, dass am Neujahrstag eine ganz besondere Reihenfolge von Tönen erklingt:

Tekia: Ein lang gezogener, einige Sekunden dauernder Ton
Shewarim: Drei kurze Töne nacheinander

Terua: Neun ganz kurze Stöße nacheinander
Tekia gedolah: »große Tekia«, ein besonders langer Ton

Die Rabbinen deuten das als Symbole für die unterschiedlichen Seiten Gottes:

> »Die Schrift sagt: ›Gott erscheint mit dem Klang des *terua*, der Herr aber zum Klang des Schofar.‹ Was heißt das? Dass ›Gott‹ sich zunächst vom Sitz des Richters erhebt, um sich als ›Herr‹ auf den Thron der Barmherzigkeit zu setzen.«[297]

> »David spricht: Es gibt nichts Größeres als das Schofar. Denn durch den Klang des Schofar entfernt sich das Maß des Gerichts und es naht sich das Maß der Barmherzigkeit in der Stunde, wenn Gott sich zum Gericht auf seinen Thron setzt. Rabbi Jehuda ben Nachman erklärte im Namen von Rabbi Simeon ben Lakisch: Es heißt, ›Gott erscheint mit dem Klang des *terua*, der Herr aber zum Klang des Schofar.‹ Während man also das Schofar bläst, ist das Maß des Gerichts noch fern, aber das Maß der Barmherzigkeit ist nahe.«[298]

Die verschiedenen Töne des Schofar (*tekia – schewarim – terua – tekia gedolah*) stehen also für die Abfolge der verschiedenen Feiertage und Zeiten im Herbst. Es beginnt mit der *tekia*, die das Nahen des Königs signalisiert. Dieser erscheint zunächst als gnädiger und barmherziger Herr. Es gibt noch kein endgültiges Gericht, sondern noch eine Gnadenfrist von zehn Tagen und die Möglichkeit umzukehren. Die drei Töne der *schewarim* stehen für diese Zwischenzeit, bevor mit der *terua* Gott als Richter das endgültige Urteil spricht. Die *tekia gedolah* weist bereits auf den großen Versöhnungstag hin, der nach den zehn Tagen gefeiert wird.

Die zehn Tage der Langmut

Zwischen dem Neujahrstag und dem großen Versöhnungstag liegen die »zehn Tage der Langmut« oder auch die »zehn Tage der Umkehr«, die »zehn Tage des Zitterns« oder die »zehn Furcht gebietenden Tage«. In dieser Zeit haben alle, die im mittleren Buch aufgeschrieben wurden, nun noch die Zeit, umzukehren und ihr Leben neu auf Gott auszurichten, um ihr Urteil zu ändern.

> »Drei Dinge ändern ein nachteiliges Urteil: Gebet, tätige Reue und Umkehr. Denn diese drei sind zusammen erwähnt in dem einen Schriftvers: ›Wenn dann mein Volk, über das mein Name genannt ist, sich demütigt, dass sie beten und mein Angesicht suchen und sich von ihren bösen Wegen bekehren, so will ich vom Himmel her hören und ihre Sünde vergeben und ihr Land heilen.‹«[299]

Zehn Tage sind nun also Zeit, im Gebet um Gottes Vergebung zu bitten, gleichzeitig das Leben praktisch zu verändern durch Taten der Gerechtigkeit (*zedakah*). Das Wort *zedakah* wird dabei sehr oft ganz praktisch verstanden, indem man Almosen für die Armen oder Spenden für einen guten Zweck gibt. Auch Jesus verwendet das Wort »Gerechtigkeit« einmal in diesem Sinn.[300]

> »Ein Gleichnis von einer Stadt, die dem König eine Steuernachzahlung schuldete. Als der König kam, um sie einzutreiben, gingen die Ratsherren der Stadt ihm zehn Kilometer entgegen und warfen sich vor ihm nieder. Da erließ ihnen der König ein Drittel ihrer Schuld. Nach fünf weiteren Meilen gingen die angesehensten Bürger ihm entgegen und warfen sich nieder. Da erließ er ihnen ein weiteres Drittel ihrer Schuld. Als der König dann die Stadt erreichte, kamen alle Einwohner der Stadt und warfen sich vor im nieder. Da erließ er ihnen den ganzen Rest der Schuld. Er sagte: Vorbei ist vorbei. Von nun an beginnen wir eine ganz neue Rechnung. Ebenso erlässt Gott,

> wenn Israel am Neujahrstag Buße tut, ihnen ein Drittel ihrer Sünden. Während der zehn Tage der Umkehr, wenn die Edelsten fasten, erlässt Gott ihnen einen Großteil ihrer Sünden. Und wenn dann der Versöhnungstag kommt, fastet ganz Israel und Gott verzeiht ihnen alle Sünden … Er sagt: Ich habe euch bereits erlassen, was geschehen ist. Von nun an werden eure Sünden neu gerechnet.«[301]

Eine wichtige Rolle in diesem Zeitraum spielt das hebräische Wort für »Geduld« oder »Langmut« (*erech aphim*). Wörtlich übersetzt heißt es: »Langsam zum Zorn«. Und ganz bildlich wird in Gleichnissen erzählt, wie Gott selbst daran arbeitet, seinen Zorn zurückzuhalten in dieser Zeit der Geduld.

> »R. Levi sagte: Was bedeutet das, ›langmütig‹? Es bedeutet, dass er seinen Zorn eine lange Strecke entfernt sein lässt. Es gleicht einem König, der starke Legionen hatte. Der König sprach: Wenn diese mit mir in der Stadt bleiben und die Bewohner mich dann einmal zum Zorn reizen, werden die Legionen aufstehen und sie vernichten. Daher will ich die Legionen eine Wegstrecke entfernt aufstellen, sodass die Bewohner Zeit haben, mich um Verzeihung zu bitten, bevor ich die Legionen gegen sie sende, und ich ihre Bitte um Verzeihung annehmen kann.«[302]

> »Gleichnis von einem Königssohn, der vom König vor Gericht gestellt wurde und zum Tod verurteilt wurde. Dazu verurteilt wurde, lebendig verbrannt zu werden. Was tat also der Berater des Königs? Er sagte: Wirf ihn zuerst in den Kerker und lass ihn dort eine Zeit lang hungern und erst dann lass ihn hinrichten. Denn er dachte sich: Wenn die Hinrichtung des Sohnes aufgeschoben wird und genug Zeit vergeht, dann wird sich der Zorn des Königs wenden.«[303]

Die Türen des Himmels stehen offen

In einem besonders beeindruckenden Bild beschreiben die Rabbinen, wie Gott während der zehn Tage der Buße am Fenster des Himmels steht und darauf wartet, dass seine Kinder zu ihm umkehren:

> »So sagt auch der Heilige, gepriesen sei er, zu Israel: ›(...) Am Neujahrsfest halte ich Gericht über Leben und Tod. Wenn ihr dann Buße tut (oder: umkehrt) vor mir, dann werde ich euch erhören und euch wohlgefällig richten. Die Tore des Himmels stehen offen und ich höre auf eure Gebete, ich halte Ausschau durch die Fenster und spähe durch die Gitter, so lange bis ich am Versöhnungstag das endgültige Urteil sprechen muss.‹«[304]

Rosch Ha-Schana im Neuen Testament

Obwohl das Neujahrsfest im Neuen Testament nirgendwo ausdrücklich erwähnt wird, ist es doch bei genauer Betrachtung überall gegenwärtig. Es gehört zur »verborgenen Theologie« der Evangelien, zum jüdischen Grundwissen, das als bekannt vorausgesetzt wird.

Schon beim Jahresanfang haben wir gesehen, dass Jesus mit seiner Botschaft vom »Königreich Gottes« und von der bevorstehenden Ankunft des Königs auf die jüdische Theologie des Neujahrsfestes und des Reiches Gottes zurückgreift. Jetzt, am Ende des Jahres, verstehen wir auch den Zusammenhang zwischen erfüllter Zeit, Reich Gottes, Umkehr und Glauben:

> »Die Zeit ist erfüllt und das Reich Gottes ist nahe herbeigekommen. Tut Buße (kehrt um) und glaubt an das Evangelium!«[305]

Das Neujahrsfest erinnert in jährlichem Rhythmus daran, wer der König ist und dass er die Welt richtet: Wenn das Jahr voll ist, wird Gericht gehalten und das Urteil gesprochen für das nächste Jahr. Jesus jedoch spricht von einer anderen »erfüllten Zeit«: Er spricht nicht vom jährlichen Gericht, sondern vom endgültigen Gericht. Der König kommt wieder, er kommt in seine Welt und er wird Abrechnung halten. Aber bevor das Gericht kommt, gibt es noch einmal eine Zeit der Gnade, eine Möglichkeit der Umkehr. Eine Einladung, das Leben zu ändern und sich dem König zuzuwenden, solange er nahe ist.

Viele Gleichnisse von Jesus greifen das Bild vom König, Hausherrn oder Weinbergbesitzer auf, der Abrechnung hält. In einem der Gleichnisse gibt es sogar die zwei Phasen des Gerichts, die wir vom jüdischen Neujahrsfest kennen: Beim ersten Mal ist der König gnädig und erlässt die Schuld seines Knechtes. Aber als er sieht, dass dieser sein Leben nicht ändert, sondern dem Mitmenschen gegenüber unbarmherzig ist, wird er ein zweites Mal vor den König gerufen. Und dieses Mal ist das Urteil streng und endgültig.[306] In einem anderen Gleichnis bringen die Weinbergpächter den Sohn des Besitzers um, als er kommt, um Abrechnung zu halten.[307] Auch das geschieht ganz ähnlich in einem rabbinischen Gleichnis.[308] Und auch das Bild vom zornigen König, der die Stadt vernichtet, findet sich bei Jesus in dem gleichen Gleichnis.

Der König kommt zweimal

Es ist aber nicht nur das Bild von der Abrechnung, mit dem Jesus die Theologie des Neujahrsfestes aufgreift. Ein weiterer wichtiger Aspekt ist das, was Bibelwissenschaftler die »zweistufige Eschatologie« des Neuen Testaments nennen: Jesus kündigt die Ankunft des Königs an, aber die geschieht zweimal. Beim ersten Mal kommt der König, um zu retten und zu dienen. Ein zweites Mal, am Ende der Tage, wird er kommen, um zu richten und zu herrschen. Bis dahin gibt es eine Zwischenzeit, in der die Türen des Himmels offen stehen.

> »Denn Gott hat seinen Sohn nicht in die Welt gesandt, dass er die Welt richte, sondern dass die Welt durch ihn gerettet werde.«[309]

»Ich bin nicht gekommen, Gerechte zu rufen, sondern Sünder zur Buße.«[310]

»Denn der Menschensohn ist gekommen, um zu suchen und zu retten, was verloren ist.«[311]

Jesus redet oft von sich selbst als »Menschensohn«. Für uns klingt das vordergründig so, als wollte er damit betonen, dass er ein ganz normaler Mensch ist. Aber »der Menschensohn« ist ein Bild aus dem Buch des Propheten Daniel: Dort wird das Kommen eines, »der aussieht wie ein Menschensohn«, für das Ende der Tage verheißen. Er ist eine mächtige, himmlische Gestalt, die auf den Wolken des Himmels erscheint, nachdem alle mächtigen Königreiche der Welt besiegt sind. Dieser »Menschensohn« ist der endgültige Richter der Welt und er wird über alle Welt herrschen.

Jesus redet auch immer wieder von diesem Menschensohn, der am Ende der Tage mit den Wolken des Himmels erscheinen wird.[312] Aber das wird erst in der Zukunft geschehen. Jetzt ist er als Menschensohn gekommen, um zu dienen, um Sünden zu vergeben, um sein Leben zu geben, um in die Hände seiner Feinde ausgeliefert zu werden und um getötet zu werden.[313] Jetzt ist die Zeit, in der gesät wird. Später wird die Zeit sein, in der geerntet wird.[314] Jetzt ist die Zeit der Langmut, noch ist Gott »langsam zum Zorn«.[315] Jetzt ist die Zeit, in der die Boten umhergehen und zum Festmahl einladen.[316] Jetzt ist die Zeit, in der die Türen offen stehen. Aber eines Tages werden sie geschlossen.[317] Alle diese Bilder sind tief verwurzelt in der Bildwelt des jüdischen Neujahrsfestes: Der König kommt, aber er kommt zweimal: Beim ersten Mal als der König der Barmherzigkeit, beim zweiten Mal als der Richter der Welt.

Auch Paulus gebraucht Bilder des Neujahrsfestes. Etwa da, wo er von der Wiederkunft Jesu spricht:

»Denn er selbst, der Herr, wird, wenn der Klang ertönt, wenn die Stimme des Erzengels und das Schofar Gottes erschallen, herabkommen vom Himmel und die Toten werden in Christus auferstehen.«[318]

Auch da, wo Paulus von der Zeit der Langmut, vom »langsamen Zorn« Gottes spricht, steht die Theologie des Neujahrsfestes im Hintergrund:[319] Jetzt ist die Zeit der Geduld, jetzt ist die Zeit der Umkehr. Der König hat sein gnädiges Gesicht gezeigt. Zu ihm sollten wir umkehren, um im Gericht am Ende der Zeit zu bestehen.

Kein anderer Gott

Zuletzt entspricht auch das Gottesbild des Neujahrsfestes dem Gottesbild, das wir im Neuen Testament finden. Weder wird im Neuen Testament die Barmherzigkeit gegen das Recht Gottes ausgespielt, noch der Gott des neuen Testaments gegen den des Alten oder der Gott der ersten Christen gegen den der Juden. Im Gegenteil. Ganz selbstverständlich sprechen die Autoren der Bibel, und auch Jesus selbst, vom Gott Israels als einem Gott, der bekannt ist. Der Gott, der sich in der Geschichte Israels gezeigt hat. Es ist erstaunlich, dass man im Neuen Testament nirgends die Botschaft findet: »Gott ist ganz anders, als ihr bisher dachtet.« Das ist zwar ein beliebtes Motiv in modernen christlichen Predigten. Dem Neuen Testament aber ist es fremd. Nicht der Charakter Gottes ändert sich, sondern der Lauf der Geschichte. Nicht das Wesen Gottes ist Inhalt des Evangeliums, sondern sein Handeln. Ein Handeln, das eine neue Phase auf dem Zeitstrahl der Geschichte einläutet: Was im jüdischen Jahreskreis der Übergang vom Monat Elul zu den ersten zehn Tagen des neuen Jahres ist, das ist auf dem Zeitstrahl der Weltgeschichte mit dem Kommen Jesu eingetreten.

Und vielleicht hat auch Johannes das Bild von den zwei *middot* im Hinterkopf, wenn er das Wesen Gottes, das sich in Jesus zeigt, mit den Worten »Gnade« und »Wahrheit« beschreibt. Eine bewusste Anspielung auf die Gotteserfahrung des Mose am Sinai ist jedenfalls offensichtlich. Mose hatte Gott gebeten: »Lass mich deine Herrlichkeit sehen.« Aber Gott hatte geantwortet: »Kein Mensch wird leben, der mich sieht.«[320] Das jedoch, so jedenfalls meint es Johannes, hat sich geändert, als Jesus in die Welt kam:

»Und das Wort ward Fleisch und wohnte unter uns und wir sahen seine Herrlichkeit, eine Herrlichkeit als des eingeborenen Sohnes vom Vater, voller Gnade und voller Wahrheit. (…) Niemand hat Gott je gesehen; der Eingeborene, der Gott ist und in des Vaters Schoß ist, der hat es verkündigt.«[321]

Kapitel 8

Jom Ha-Kippurim (Der Versöhnungstag): Das heilige Herz der Tora

Der König sprach zu ihnen:
Vorbei ist vorbei! Die alte Schuld ist beglichen.
Ab jetzt beginnt eine ganz neue Rechnung.
(Pesikta de Rab Kahana)

Wir kommen erneut zum 10. Tag des ersten Monats. In der Bibel wird er der »Tag der Sühnungen« oder der »Tag der Bedeckungen« genannt, *Jom Ha-Kippurim*. Als wir beim ersten Durchgang durch den Jahreskreis hier ankamen, wussten wir mit diesem Tag noch nichts anzufangen. Wir befanden uns noch auf dem Weg zwischen Schöpfung und Garten Eden. Nichts schien die Schönheit der Welt zu trüben. Jetzt, wo wir erneut an diesen Tag gelangen, hat sich viel geändert: Wir haben den Winter erlebt und mit ihm die dunkle Macht der Sünde und des Todes, die unsere Welt bedroht. Wir haben das Fest der Befreiung erlebt und einen Gott kennengelernt, der uns aus der Knechtschaft errettet und in die Freiheit führt. Wir haben das Geschenk seiner Weisungen empfangen, die uns den Weg in die Freiheit und ein gelingendes Leben zeigen. Aber wir haben auch das Scheitern erlebt, bei allem guten Willen und aller Begeisterung für die Tora. Und die Einsicht gewonnen, dass niemand von uns im Buch der vollkommen Gerechten steht. Wir haben den Klang des Schofar gehört, die Ankündigung des Gerichts und die Einladung Gottes, zu ihm zurückzukehren und bei ihm neu anzufangen. Und jetzt wissen wir, warum wir Vergebung und Versöhnung brauchen.

Deshalb gab Gott den »Tag der Sühnungen« und ordnete an, dass er am zehnten Tag des ersten Monats gefeiert werden sollte.

Das »heilige Herz der Tora«

Der Versöhnungstag gilt im heutigen Judentum als der höchste und wichtigste Feiertag. Er muss aber auch schon in der biblischen Zeit eine zentrale Bedeutung gehabt haben. Nach rabbinischen Berichten durfte der Hohepriester im Tempel von Jerusalem das Allerheiligste, den innersten Bereich des Tempels, nur einmal im Jahr betreten, nämlich am Versöhnungstag. Aber auch schon im Alten Testament selbst, in der Tora, ist der Versöhnungstag nicht nur eines von vielen Festen, sondern hat eine zentrale Stellung. Der niederländische Bibelwissenschaftler Hendrik Korevaar hat in einer detaillierten sprachlichen und inhaltlichen Analyse der fünf Bücher Mose herausgearbeitet, dass sie eine nach innen verschachtelte Gesamtstruktur haben. In der hebräischen Literatur finden wir einen solchen Aufbau sehr häufig. Bibelwissenschaftler nennen sie »Inklusio«. Wie bei einer Zwiebel gibt es eine äußere Rahmenerzählung, die alles umschließt. Darin findet sich ein weiterer Rahmen und darin wiederum einer. So kann man Rahmen und Rahmen um Rahmen identifizieren, bis man zum Kern vordringt: Und in diesem Kern findet sich oft die eigentlich wichtige Aussage des Textes.

Wendet man dieses Verfahren auf die Tora an, die fünf Bücher Mose, dann ergibt sich: Das mittlere Buch ist das 3. Buch Mose, auch Leviticus genannt. Den Mittelpunkt dieses Buches bildet das Gesetz zum Versöhnungstag (Kapitel 16) und die Mitte dieses Kapitels ist Vers 17:

> »So soll er Sühne schaffen für sich und sein Haus und die ganze Gemeinde Israel.«[322]

Hendrik Korevaar bezeichnet deshalb diesen Vers, und mit ihm das ganze Kapitel über den Versöhnungstag, als das »Heilige Herz der Tora«.[323] So wie das heilige Zelt bei der Wüstenwanderung das Zentrum des israelitischen Lagers bildet, so bilde dieses Fest das Zentrum der Tora.

Ein Tag des Fastens und der Buße

In den biblischen Gesetzen ist der Versöhnungstag vor allem ein Tag des Fastens. Ein ernster, gewichtiger Tag, kein fröhliches Fest wie Pesach, Schawuot und Sukkot.[324] Fasten ist in der Bibel oft ein Ausdruck von Buße und besonders intensiver Hinwendung zu Gott. Der Verzicht auf Essen ist dabei nur ein äußerer Ausdruck für eine innere Haltung und einen Lebensstil. Der Prophet Jesaja weist darauf hin, dass ein Fasten ohne Lebensveränderung unnütz ist. Es sollte stattdessen damit verbunden sein, sich mit dem Nächsten auszusöhnen und sich für die Armen, Einsamen und Unterdrückten einzusetzen. Das Fasten ist ein Ausdruck dafür, dass man es ernst meint mit der Lebensveränderung. Es ist die Vorbereitung auf das, was Gott an diesem Tag für sein Volk tun will.

Die zwei Sündenböcke

Nach der Beschreibung der Bibel brachte der Hohepriester am Versöhnungstag zwei Ziegenböcke in den Tempel.[325] Der erste wurde als ein Sündopfer für die Sünden des Volkes geschlachtet und mit seinem Blut wurde zunächst das Innere des Heiligtums, das Allerheiligste und die Bundeslade besprengt. Besonders erwähnt wird dabei die goldene Deckelplatte der Bundeslade. Im Hebräischen heißt sie *kapporet* und dieses Wort ist verwandt mit dem Wort *kippurim*, Sühne. Beiden gemeinsam ist dabei der Gedanke, dass sie etwas »bedecken« (*kippär*). Der Deckel der Lade bedeckt die Lade, aber das Blut des Sündenbocks bedeckt den Deckel und damit zugleich die Sünde des Volkes.

Nun wird der zweite Sündenbock in den Tempel geführt. Ungewöhnlicherweise wird er jedoch nicht geschlachtet oder geopfert. Stattdessen legt der Hohepriester seine Hände auf den Kopf des Tieres, als ein symbolisches Zeichen dafür, dass die Schuld des Volkes nun auf dem Sündenbock liegt. Danach wird der Sündenbock in die Wüste geführt, und zwar »zu Asasel«, wie es im Bibeltext heißt. Wer, was oder wo das ist und was dort mit dem Ziegenbock passiert, darüber rätseln die Gelehrten und darüber diskutierten auch schon die alten Rabbinen.

Viele sehr frühe Auslegungen sahen in Asasel einen Dämonen, der in der Wüste hauste und zu dem der Ziegenbock geschickt wurde.[326] Bis heute sagt man im Hebräischen »Geh zu Asasel«, was dem deutschen »Scher dich zum Teufel« entspricht. Die bekannteste rabbinische Auslegung ist aber, dass es sich um den Namen eines Ortes nordöstlich von Jerusalem handelt. Nach den rabbinischen Vorschriften wurde der Sündenbock dorthin geführt und einen steilen Hang heruntergestoßen, sodass er dort starb.[327] Moderne Wörterbücher vermuten hinter dem Wort eine alte hebräische Vokabel, die »Zerstörung« oder »Vernichtung« bedeutet.[328] Dann könnte der Name bedeuten, dass der Sündenbock in die Wüste geschickt wurde, damit er (oder die Sünde) dort »vernichtet« würde. Am Ende bleibt aber ein großes Fragezeichen: Was genau geschah mit der Sünde, die hier Jahr für Jahr dem Sündenbock aufgeladen und in die Wüste geschickt wurde? Vielleicht drückte dieses Ritual ja auch von Anfang an eine Rat- und Machtlosigkeit aus:[329] Kein Brandopfer, kein Feuer, kein Ritual konnte die Sünde einfach so aus dem Weg räumen. Irgendwo musste es so etwas wie einen endgültigen Ort der Sühne geben. Und vielleicht ist deshalb dieses alte Ritual auch ein Sinnbild für das, was der tiefere Sinn hinter den alttestamentlichen Opfern ist: Nicht wir können im Opfer Gott etwas bringen, sondern er ist es, der uns im Opfer etwas bringt.

Der Sinn der Opfer

Viele Christen tun sich schwer mit der Idee, dass zur Vergebung von Sünden ein Opfer notwendig sein soll. Opfer gelten als primitiv und rückständig. Gerne beschrieb man deshalb früher den großen Unterschied zwischen dem Alten und dem Neuen Testament und zwischen Christentum und Judentum: Dort sei noch primitiver und brutaler Opferkult notwendig, hier aber würden alle Opfer abgeschafft und überwunden. Bei genauerem Hinsehen aber funktioniert diese Sichtweise nicht. Denn schon das Alte Testament hat eine ganz besondere Sichtweise des Opfers, die es einerseits kritisch betrachtet, es aber andererseits dennoch ins Zentrum stellt. Und auch im Neuen Testament finden wir beides: Kritik an Opfern[330] und die Rede vom Opferlamm Gottes.[331] Wie also passt beides zusammen?

Grundsätzlich gibt es zwei Missverständnisse des Opfers, die in der antiken Welt verbreitet waren und auch heute noch – auf eine andere Weise – in vielen Köpfen vorhanden sind. Das erste Missverständnis lautet: Man muss ein Opfer bringen, um einen zornigen Gott gnädig zu stimmen. Wenn ich Gott keine Geschenke mache, dann wird er böse auf mich sein und mich bestrafen. Sei es durch ein Unglück, durch eine schlechte Ernte oder durch eine Krankheit. Solche Opfer sind angstbestimmt und wurzeln in einem sehr launischen und eigennützigen Gottesbild.

Das zweite Missverständnis lautet: Das Opfer ist eine Art Deal mit Gott. »Do ut des«, sagten die alten Römer. Ich gebe dir etwas, damit du mir etwas gibst. Eine Hand wäscht die andere. Ich mache dir mit meinem Opfer ein Geschenk und dafür hilfst du mir beim nächsten Geschäftsabschluss oder dabei, die Liebe meines Lebens zu erobern. Solche Opfer wurzeln in einem sehr utilitaristischen Bild von einem bestechlichen Gott. Gott ist dazu da, mir meine Wünsche zu erfüllen, denn dafür bezahle ich ihn schließlich.

Beide Bilder des Opfers werden in der Bibel jedoch infrage gestellt. In der Bibel geht es weder darum, einen zornigen Gott gnädig zu stimmen, noch darum, einen knauserigen Gott zu bestechen. Überhaupt sollen die Opfer in der Bibel nicht in erster Linie Gott verändern, sondern mich. Denn sie drücken eine innere Haltung bildlich aus: Ich bringe Gott etwas von dem, was er mir geschenkt hat, weil ich weiß, dass es nicht mein eigener Besitz oder mein Verdienst ist, sondern eine Gabe Gottes.[332] Das, was ich als Opfergabe in den Tempel bringe, ist eigentlich ein symbolischer Stellvertreter für mein ganzes Leben, das Gott gehört. Deswegen sind die Bibeltexte, die oft als Beleg dafür angeführt werden, dass Gott den Opfergedanken kritisiert, in Wirklichkeit keine Kritik an Opfern, sondern Kritik am Lebensstil der Menschen, die die Opfer bringen.[333] An keiner dieser Stellen geht es darum, die Opfer abzuschaffen. Sondern es geht darum, sie wieder mit Sinn zu füllen, indem man das eigene Leben verändert.

Noch wichtiger als das aber ist die Einsicht, dass Gott selbst in der Bibel die Richtung des Opfers umkehrt: Eigentlich sind nicht wir es, die Gott etwas zu bringen haben, sondern Gott ist es, der uns etwas gibt. Ganz deutlich wird das in der Geschichte von der »Bindung Isaaks«,[334] die heute zu den zentralen Lesungen des Versöhnungstags gehört. Zuerst sieht es so aus, als sollte Abraham seinen Sohn opfern. Aber im Laufe der Geschichte dreht Gott die Richtung des Opfers um: Nicht Abraham ist es, der ein Opfer bringt, sondern Gott stellt das Opfertier zur Verfügung. Diese Umkehr der Richtung ist sehr bedeutend für ein richtiges Verständnis des Versöhnungstags.

Gott bringt das Opfer, nicht wir

Im Grunde beginnt diese Umkehrung des Opfers aber schon viel früher in der Bibel. Etwas versteckt finden wir einen Hinweis darauf bereits in der Erzählung vom Sündenfall im Garten Eden: Der Ungehorsam von Adam und Eva hatte zu einer Entfremdung geführt: Angst und Scham prägten plötzlich das Verhältnis zwischen Mensch und Gott und das Verhältnis der Menschen untereinander. Um diese Scham zu bedecken, machte Gott für die beiden »Röcke aus Fell«[335] und zog sie ihnen an.

Wenn man dieses Bild ernst nimmt, finden wir schon hier den Gedanken des umgekehrten Opfers: Ein Tier wird getötet, um die Scham des Menschen zu bedecken. Und es ist Gott selbst, der für diese Bedeckung der Schuld sorgt.

Diese Linie, die bei Adam und Eva beginnt und sich bei Abraham und Isaak fortsetzt, finden wir dann auch bei Mose wieder. Schon am Ende des Kapitels vom Schawuotfest hatten wir gesehen, dass Mose mit Gott verhandeln möchte. Die alte Idee des Menschenopfers wird wieder aus der Schublade geholt:

> »Am nächsten Morgen sprach Mose zum Volk: ›Ihr habt eine große Sünde getan; nun will ich hinaufsteigen zu dem Herrn, ob ich vielleicht Vergebung erwirken kann für eure Sünde.‹ Als nun Mose wieder zu dem Herrn kam, sprach er: ›Ach, das Volk hat eine große Sünde getan und sie haben sich einen Gott von Gold gemacht. Vergib ihnen doch ihre Sünde; wenn nicht, dann tilge mich aus deinem Buch, das du geschrieben hast.‹«[336]

Aber Gott lässt sich auch hier auf diesen Handel nicht ein. Es gibt kein Opfer, das Gott umstimmen könnte oder müsste. Aber Gott macht auch deutlich, dass Schuld nicht ohne Folgen bleibt:

> »Der Herr sprach zu Mose: ›Ich will den aus meinem Buch tilgen, der an mir sündigt. So geh nun hin und führe das Volk, wohin ich dir gesagt habe. Siehe, mein Engel (oder: Bote) soll vor dir hergehen. Ich werde aber ihre Sünde heimsuchen, wenn meine Zeit kommt.‹«[337]

Weder kann Sünde einfach dadurch aus der Welt geräumt werden, dass man sie vergisst, verschweigt, verdrängt oder ignoriert. Unrecht bleibt Unrecht und es bleibt nicht ohne Folgen. Schaden bleibt Schaden, er erledigt sich nicht dadurch, dass man ihn ignoriert. Wenn ich mir das Auto eines Freundes borge und es zu Schrott fahre, dann muss jemand den Preis bezahlen: er oder ich. Einfach unter den Tisch fallen lassen funktioniert in diesem Fall nicht. Das biblische Verständnis von Sünde geht davon aus, dass Sünde tatsächlich einen solchen Schaden anrichtet. Manchmal ist dieser Schaden sichtbar und spürbar, manchmal bleibt er aber auch verborgen. Sünde, die wir für harmlos halten oder die wir mit den Worten: »Schadet doch nichts!« vom Tisch wischen, mag uns vielleicht nichts ausmachen. Vielleicht auch niemand anderem. Aber Gott sagt darüber:

> »Mir hast du Mühe gemacht mit deinen Sünden und mir hast du wehgetan mit deinen Missetaten.«[338]

Im gleichen Atemzug dreht Gott aber auch hier wieder die Richtung des Opfers um:

> »Mir hast du nicht die Schafe deines Brandopfers gebracht noch mich geehrt mit deinen Schlachtopfern. Ich habe dir nicht Arbeit gemacht mit Opfergaben, habe dich auch nicht bemüht mit Weihrauch. Mir hast du nicht für Geld köstliches Gewürz gekauft, mich hast du mit dem Fett deiner Opfer nicht gelabt. Aber mir hast du Mühe gemacht mit deinen Sünden und mir hast du wehgetan mit deinen Missetaten. Ich, ich tilge deine Übertretungen um meinetwillen und gedenke deiner Sünden nicht.«[339]

Gott ist es also, der am Ende die Sünde tilgt. Nichts, was wir bringen können, kann unsere Schuld begleichen. Aber das muss es auch nicht. Denn wir müssen weder einen zornigen Gott besänftigen noch mit einem bestechlichen Gott einen Deal aushandeln. Vielmehr sollen wir auch im Opfer ganz auf Gottes Gnade vertrauen. Und auf die Verheißung, die er gegenüber Mose ausgesprochen hat: Er selbst wird sich um die Sünde kümmern, wenn die Zeit dafür gekommen ist.

> »Ich werde aber ihre Sünde heimsuchen, wenn meine Zeit kommt.«

Die Opfer des Versöhnungstags, und letztlich alle Opfer der Bibel, sind also auf die Zukunft hin offen. Sie sind Platzhalter der

Hoffnung auf die Gnade Gottes, die sich zur rechten Zeit offenbaren wird.

Die Zeit der Rabbinen

In den rabbinischen Schriften werden die Feiern zum großen Versöhnungstag sehr ausführlich beschrieben. Viele Einzelheiten, die sich noch nicht in der Bibel finden, sind hier hinzugekommen. Dazu gehörte zum Beispiel der Brauch, dass dem Sündenbock ein roter Faden zwischen die Hörner gebunden wurde, wenn ihm der Priester seine Hände auflegte. Dieser Faden wurde dann für alle sichtbar am Tor des Tempels befestigt, während der Sündenbock in die Wüste geführt wurde. In dem Moment, wo der Bock in der Wüste angekommen war, färbte sich der Faden, nach dem Bericht der Mischna, Jahr für Jahr auf wundersame Weise weiß:

> »Sobald der Ziegenbock die Wüste erreicht hatte, pflegte der Faden sich weiß zu färben, so wie es geschrieben steht: ›Wenn eure Sünde auch blutrot ist, soll sie doch schneeweiß werden, und wenn sie rot ist wie Purpur, soll sie doch wie Wolle werden.‹«[340]

Nur in den letzten Jahrzehnten vor der Zerstörung des Tempels, seit dem Versöhnungstag im Jahr 30 n. Chr., hörte nach einer alten rabbinischen Tradition dieses Wunder plötzlich auf.[341]

Nächstenliebe statt Opfer

Wie wurde der Versöhnungstag gefeiert, nachdem der Tempel im Jahr 70 n. Chr. durch die Römer zerstört wurde? Wie geschieht Vergebung, wenn der Sündenbock nicht mehr im Tempel dargebracht werden kann? Die jüdische Tradition verweist hier auf Rabbi Johanan ben Zakkai, einen Schüler Hillels, der als der »Gründervater des rabbinischen Judentums« gilt. Er war, nach vielen Erzählungen der rabbinischen Literatur, die nicht immer historisch zuverlässig sind, ein Gegner des jüdischen Aufstands gegen Rom und rechnete aufgrund einer Prophetie schon lange damit, dass der Tempel nicht mehr lange stehen würde. Als Jerusalem in den letzten Tagen des Krieges von den Zeloten besetzt und von den Römern umzingelt war, ließ Rabbi Johanan ben Zakkai sich in einem Sarg aus der Stadt schmuggeln und sprach beim römischen General Vespasian vor. Der gab ihm eine Sondergenehmigung, zusammen mit einigen Lehrern Jerusalem zu verlassen und in Javne am Mittelmeer eine neue Schule zu gründen. Hier entwickelte er, zusammen mit den anderen Rabbinen, einen neuen Entwurf des Judentums, in dem nicht mehr der Tempel, sondern das Studium der Tora und ein Leben nach Gottes Geboten im Zentrum standen. Als Begründung berief er sich auf ein Wort des Propheten Hosea, das auch im Neuen Testament öfters zitiert wird:

> »Rabbi Johanan ben Zakkai und Rabbi Josua gingen einmal zusammen an den Ruinen des Tempels in Jerusalem vorbei. Da sagte Rabbi Josua: ›Wehe uns! Denn der Ort, an dem die Sünden des Volkes Israel gesühnt wurden, ist zerstört!‹ Aber Rabbi Johanan antwortete: ›Sei nicht traurig mein Sohn! Weißt du nicht, dass es noch einen anderen Weg gibt, die Sünden zu sühnen, der genauso gut ist? Es sind die Taten der Nächstenliebe (*gemilut hassadim*), denn Gott selbst sagt: Ich will Liebe, nicht Opfer.‹«[342]

Das Buch Jona

Aus der Zeit der Rabbinen stammt auch der Brauch, am Versöhnungstag das Buch Jona zu lesen. Es handelt davon, wie die Einwohner der Stadt Ninive Vergebung finden, weil sie Buße tun, umkehren und fasten. Besonders interessant am Buch Jona ist erstens, dass die Einwohner von Ninive keine Israeliten waren, sondern einem fremden und feindlichen Volk angehörten. Und dennoch konnten sie Gnade finden, wenn sie sich dem Gott Israels zuwandten. Zum Zweiten ist hier interessant, dass das

Gericht abgewendet wird, obwohl der Urteilsspruch, den Jona verkündigt, schon endgültig klingt. Das Buch ist eine Feier des Erbarmens Gottes, der auch dort noch gnädig ist, wo wir es nicht mehr erwarten.

Echte Umkehr

Eine weitere wichtige Einsicht der Rabbinen ist es, dass die Vergebung Gottes uns nicht davon entbindet, anderen Menschen zu vergeben und die Vergebung anderer Menschen zu suchen. Als Grundsatz gilt die Regel: Wer nicht bereit ist, sich mit seinen Mitmenschen auszusöhnen und seine Schulden zu begleichen, der findet auch am Versöhnungstag keine Vergebung:

> »Sünden zwischen Gott und dem Menschen sühnt der Versöhnungstag. Aber Schuld zwischen einem Menschen und seinem Mitmenschen sühnt der Versöhnungstag so lange nicht, bis der Mensch sich nicht mit seinem Mitmenschen ausgesöhnt hat.«[343]

Ebenso kann man keine Vergebung erwarten, wenn man es mit der Umkehr nicht ernst meint. Eine »billige Gnade«, wie Dietrich Bonhoeffer es nannte, ist nach Ansicht der Rabbinen nicht bei Gott zu finden:

> »Wenn jemand sündigt und sich sagt: ›Mir wird ja vergeben werden, wenn ich Buße tue‹, was ist mit ihm? Unsere Rabbinen lehrten: Wer sagt: ›Ich will sündigen und Buße tun, wieder sündigen und Buße tun‹, dem wird von Gott keine Vergebung gewährt. Sagt er, ich will sündigen und der Versöhnungstag mag es sühnen, so wird es der Versöhnungstag nicht sühnen. Warum? Wenn er Buße tut und dann zurückkehrt zu seinen Übertretungen, dann war es keine Buße.«[344]

Die Rabbinen schreiben zu einer Zeit, als der Tempel in Jerusalem bereits zerstört war. Man merkt, wie hier der Fokus mehr und mehr auf die innere Einstellung gelegt wird. Nicht das Ritual allein zählt, sondern die innere Haltung, mit der das Ritual ausgeführt wird.

Der Versöhnungstag heute

Heute gilt der Versöhnungstag immer noch als höchster und wichtigster Tag im jüdischen Jahr. Er wird nach Möglichkeit als Fastentag eingehalten. Man kleidet sich in weiße Gewänder und der Tag ist geprägt von Stille und Gebet. In Israel gilt an diesem Tag ein Autofahrverbot, das zumindest in den jüdischen Teilen des Landes auch fast vollständig eingehalten wird. Die Straßen und Autobahnen sind gespenstisch leer und es herrscht eine ganz dichte spirituelle Atmosphäre. Viele Juden gehen an diesem Tag in eine Mikwe, ein Tauchbad, um sich für die Begegnung mit Gott symbolisch zu reinigen. In manchen Traditionen ist es sogar üblich, ein Huhn zu schlachten und es über dem eigenen Kopf zu schwingen, als Erinnerung an das Sühnopfer im Tempel, das es heute ja nicht mehr gibt. Manche Rabbinen verbieten den Brauch aber auch.

Gebet um Vergebung

Die Gebete am Versöhnungstag haben die Größe und Majestät Gottes, aber auch das Bekenntnis der Sünden zum Inhalt. Das lange Gebet »Al Chet« zählt eine Reihe von Sünden auf, bewusst und unbewusst, offen und heimlich, in Gedanken, Worten und Taten, mit Absicht oder aus Versehen, aus Irrtum, Unwissenheit oder Herzenshärtigkeit. Im finanziellen, sexuellen, sozialen oder politischen Bereich. Mit guten oder bösen Motiven. Nichts wird entschuldigt, nichts wird beschönigt, nichts wird bagatellisiert. Jetzt ist der Moment, wo alles auf den Tisch kommt. Das Gebet »Avinu Malkeinu«, das auch an

Rosch Haschana gebetet wird, betont noch einmal, dass wir nicht aus eigenen Verdiensten, sondern allein aus Gnade gerecht gesprochen werden:

> »Unser Vater, unser König,
> nimm unser Gebet gnädig an.
> Unser Vater, unser König,
> tue es um deinetwillen und nicht um unsertwillen.
> Unser Vater, unser König,
> wir haben keinen König außer dir.
> Unser Vater, unser König,
> tue es um deines großen Namens willen!
> Unser Vater, unser König,
> aus Gnade erhöre uns,
> denn wir haben keine verdienstvollen Handlungen,
> erweise uns Milde und Huld und hilf uns!«[345]

Dann, am Ende des Tages, folgt das Gebet des »Türenschließens« (*ne'ilah*). Israel Lau, ehemaliger Oberrabbiner von Israel, schreibt dazu:

> »Zu dieser Stunde wurden am Versöhnungstag die Tore des Tempels geschlossen und der Gottesdienst war beendet. Zu dieser Zeit schließen sich auch die Tore des Himmels. Wir klopfen also ›mit letzter Kraft‹ an die Tore der Barmherzigkeit, damit sie uns nicht verschlossen werden. ›Öffne uns ein Tor zur Zeit des Türenschließens, denn der Tag ist nun vorüber.‹ Eine besondere Melodie, voller Trauer, aber auch voller Hoffnung begleitet das Ne'ilahgebet. (...) ›Du reichst die Hand den Frevlern und deine Rechte ist ausgestreckt, Rückkehrende aufzunehmen‹ (...) Beim Ne'ilahgebet ist der Toraschrank geöffnet. Die Erregung steigert sich, denn vierzig Tage vorher hatte man ja schon mit den Bitten um Vergebung begonnen. Jetzt kommt der Höhepunkt: Das ist die letzte Stunde, in der der Satan keine Anklage erheben kann. Das Jahr hat 365 Tage. Das hebräische Wort Satan hat den Zahlenwert

364. Nur an einem Tag im Jahr kann er also nicht als Ankläger auftreten: Am Versöhnungstag, dessen Ende jetzt ganz nah bevorsteht. (...) Auf das Ne'ilahgebet folgt noch das am Sabbatausgang übliche Abendgebet. Anschließend wird der Mond geheiligt und jeder kehrt fröhlich nach Hause zurück in dem Bewusstsein, dass sein Gebet erhört und ihm ein Jahr des Lebens besiegelt wurde.«[346]

Der Versöhnungstag im Neuen Testament

Der Versöhnungstag wird, wie auch das Neujahrsfest, nirgends im Neuen Testament ausdrücklich erwähnt. Dennoch glaube ich, dass er zur »verborgenen Theologie« gehört, die im Neuen Testament an vielen Stellen vorausgesetzt wird. Und viele andere Bibelwissenschaftler sind ebenfalls der Meinung, dass es solche verborgenen und offenen Anspielungen auf den Versöhnungstag gibt.

Jesus verkündigte eine Botschaft von der Ankunft des Königreiches Gottes und seines Königs. Und er lud ein zur Umkehr. Damit knüpfte er an die Theologie des Neujahrsfestes und der »zehn Tage« an. Allerdings sprach er nicht von einem Ereignis im Jahreskalender, sondern von einem Ereignis auf der Weltenuhr. Wenn Menschen diese Botschaft verstehen sollten, dann war es klar, dass sie als Nächstes fragen würden: Wie viel Zeit ist es noch, bis der Versöhnungstag auf dieser Weltenuhr anbricht? Die Botschaft Jesu vom Reich Gottes und von der Umkehr erforderte deshalb eine Botschaft von der Versöhnung und der Sühne der Schuld.

Und in der Tat: Vergebung der Schuld ist ein zentrales Thema bei Jesus. Schon die Taufe des Johannes geschieht »zur Umkehr und zur Vergebung der Sünden«.[347] Das ist für jüdische Ohren ungewöhnlich, denn normalerweise dienten Tauchbäder zur Vorbereitung auf den Besuch im Tempel oder als Ausdruck des Übertritts zum Judentum. Das Tauchbad am Jom Kippur aber, zumindest nach späterer rabbinischer Praxis, ist eine Vorbereitung auf die Sündenvergebung.

Als ein Gelähmter zu Jesus kommt und ihn um Heilung bittet, spricht Jesus ihm die Vergebung der Sünden zu und löst damit Überraschung und Widerspruch bei seinen Zuhörern aus.[348] Die Gleichnisse, die Jesus erzählt, handeln nicht nur von der Schuldabrechnung, sondern auch von der Vergebung der Schuld. Sie sind daher nicht nur Neujahrs-Gleichnisse, sondern auch Versöhnungstags-Gleichnisse.[349] Und das Gleichnis von den zehn Brautjungfern endet mit dem Bild der »verschlossenen Türen«, das uns aus dem Ne'ilah-Gebet bekannt ist.[350]

Der enge Zusammenhang von Vergebung zwischen göttlicher und menschlicher Vergebung, der für den Versöhnungstag so charakteristisch ist, findet sich bei Jesus immer wieder. Er ist zentraler Bestandteil des Vaterunsers und wird von Jesus auch an anderer Stelle wiederholt:

> »Vergib uns unsere Schuld, wie auch wir vergeben unseren Schuldigern.«[351]

> »Denn wenn ihr den Menschen ihre Verfehlungen vergebt, so wird euch euer himmlischer Vater auch vergeben. Wenn ihr aber den Menschen nicht vergebt, so wird euch euer Vater eure Verfehlungen auch nicht vergeben.«[352]

> »So wird auch mein himmlischer Vater an euch tun, wenn ihr nicht von Herzen vergebt, ein jeder seinem Bruder.«[353]

> »Darum, wenn du deine Gabe auf dem Altar opferst und dort kommt dir in den Sinn, dass dein Bruder etwas gegen dich hat, so lass dort vor dem Altar deine Gabe und geh zuerst hin und versöhne dich mit deinem Bruder und dann komm und opfere deine Gabe.«[354]

Bibelausleger haben schon lange darauf hingewiesen, dass die drei großen Themen, die Jesus im mittleren Teil seiner Bergpredigt anschneidet, eng mit den drei Dingen verwandt sind, sie das Urteil Gottes am Versöhnungstag wenden: Almosen (*zedakah*), Gebet und Fasten. Fasten ist die konkrete Handlung, die

die Haltung der Umkehr ausdrückt. Man könnte also dieses Kapitel der Bergpredigt in einem jüdischen Kontext durchaus als »praktische Anweisung zur Vorbereitung auf den Versöhnungstag« lesen.

Mein Blut, vergossen zur Vergebung der Sünden

Ihren Höhepunkt erreichen die Evangelien in der Erzählung vom Leiden und Sterben Jesu. Wir haben schon gesehen, wie in der Passionserzählung die theologischen Fäden der verschiedenen Feste zusammenlaufen und miteinander verwoben werden: die Ankunft des Königs (Neujahr) und die Hosiannarufe (Laubhütten) beim Einzug nach Jerusalem. Dann ein Passamahl am Vorabend der Kreuzigung, bei dem Jesus das Brot als Symbol seines rettenden Todes (Passa) und den Kelch als Symbol des neuen Bundes (Pfingsten) deutete. Im Matthäusevangelium fügt er nun noch hinzu:

> »Das ist mein Blut des Bundes, das vergossen wird für viele zur Vergebung der Sünden.«[355]

Die Vergebung der Sünden war, wie auch Palmen und Hosianna, ein Thema, das am Passafest eigentlich nichts zu suchen hatte. Das Passalamm stirbt nicht zur Sündenvergebung, sondern um den Todesengel fernzuhalten. Sündenvergebung ist das Thema des Versöhnungstages. Jesus holt hier also noch ein weiteres Fest hinein in den Abend vor seinem Tod. Und er deutet seinen Tod vom jüdischen Versöhnungstag her. Darauf weist übrigens auch die Formulierung »für viele« in diesem Satz hin. Sie ist ungewöhnlich und missverständlich, so als habe der Tod Jesu nicht für alle Menschen eine Bedeutung.

Aber vermutlich ist es anders gemeint: Jesus verweist mit dieser Formulierung auf ein Wort des Propheten Jesaja:

> »Durch seine Erkenntnis wird er, mein Knecht, der Gerechte, den Vielen Gerechtigkeit schaffen; denn er trägt

> ihre Sünden. Darum will ich ihm die Vielen zur Beute geben und er soll die Starken zum Raube haben dafür, dass er sein Leben in den Tod gegeben hat und den Übeltätern gleichgerechnet ist und er die Sünde der Vielen getragen hat und für die Übeltäter gebeten.«[356]

Das ganze Kapitel 53 aus dem Buch des Propheten Jesaja spricht von einem »Knecht Gottes«, der sein Leben gibt als ein Sündopfer und der unschuldig stirbt wie ein Lamm auf der Schlachtbank. Das vorangehende Kapitel 52 spricht von dem »Freudenboten« (*euangelizomenos*), der die Botschaft von der Ankunft des Königs und seines Königreiches bringt. Hier, beim letzten Abendmahl, wird also die Geschichte zu Ende erzählt, die Jesus von Anfang an erzählt hat, seit er öffentlich auftrat. Es ist eine zusammenhängende Geschichte, die von der Ankunft des Königs bis zum Tod des Opferlamms reicht. Vom Neujahrsfest über Sukkot, Passa und Schawuot bis zum Versöhnungstag. Hier schließt sich der Kreis.

Auch an anderen Stellen hatte Jesus schon von den »Vielen« gesprochen und auch dort ging es um seinen stellvertretenden Tod. Ja, Jesus sagt sogar, dass dieser Tod das eigentliche Ziel seines Kommens war:

> »Denn auch der Menschensohn ist nicht gekommen, dass er sich dienen lasse, sondern dass er diene und sein Leben gebe als Lösegeld für viele.«[357]

Auch der Evangelist Philippus erklärt später den Tod Jesu mit dem 53. Kapitel des Buches Jesaja.[358] Und Johannes, der Täufer, nennt Jesus »das Lamm Gottes, das die Sünde der Welt trägt«.[359] Diese Bezeichnung ist zwar auf den ersten Blick einleuchtend, auf den zweiten Blick macht sie aber auch stutzig. Denn ein Lamm wird am Passafest geschlachtet, trägt aber keine Sünde. Am Versöhnungstag dagegen trägt ein Ziegenbock die Sünde des Volkes. Auch Johannes verbindet hier also verschiedene Feste miteinander, so wie Jesus es im letzten Abendmahl tut.

Der Versöhnungstag bei Paulus

Am deutlichsten jedoch baut Paulus eine Brücke zwischen dem Versöhnungstag und dem Kreuz Jesu. Im Deutschen entgeht uns diese Brücke leicht. Für einen Juden, der mit seiner Bibel und dem Festkalender vertraut war, war diese Brücke aber leicht zu erkennen. Paulus folgt in seinem Römerbrief im Prinzip der Theologie der jüdischen Herbstfeste: Am Anfang spricht er, wie Jesus auch, von der Ankunft des Königs und vom Evangelium.[360] Paulus folgt aber den Spuren des Neujahrsfests, indem er nach der Botschaft von der Ankunft des Königs erst einmal Abrechnung hält: Die Bücher werden aufgetan, Sünden und Verdienste werden aufgezählt, das vorläufige Urteil wird gesprochen.[361] Da ist keiner, der im Buch der vollkommen Gerechten landet. Alle haben gesündigt und können das, was sie Gott schulden, nicht zahlen.[362] Gleichzeitig wird aber auch vom Langmut Gottes gesprochen, der uns zur Umkehr einlädt.[363]

Dann aber spricht Paulus von Gottes Versöhnungsangebot in Jesus:

> »Sie sind allesamt Sünder und ermangeln des Ruhmes, den sie vor Gott haben sollen, und werden ohne Verdienst gerecht aus seiner Gnade durch die Erlösung, die durch Christus Jesus geschehen ist. Den hat Gott für den Glauben hingestellt zur Sühne in seinem Blut zum Erweis seiner Gerechtigkeit, indem er die Sünden vergibt, die früher begangen wurden in der Zeit der Geduld Gottes, um nun, in dieser Zeit, seine Gerechtigkeit zu erweisen.«[364]

An der Stelle des deutschen Wortes »Sühne« steht hier das griechische Wort *hilasterion*. Dieses wiederum wird in der griechischen Übersetzung des Alten Testaments, in den Bestimmungen zum Versöhnungstag, für das hebräische Wort *kapporet* verwendet, für die »Bedeckung« der Bundeslade, auf der das Blut des Sündenbocks versprengt wurde, um die Sünde des Volkes zu sühnen (*kippär*). Paulus vergleicht Jesus hier also mit der »Deckelplatte« der Bundeslade, mit dem Ort, an dem im Alten Testament die Sühne der Sünden durch das Blut des Sündenbocks geschah.

> »Gott hat Jesus zur Deckelplatte der Bundeslade gemacht und zur Bedeckung unserer Sünden durch sein Blut.«

Wenn das stimmt, was Paulus hier sagt, dann ist der Tod Jesu am Kreuz ein entscheidender Wendepunkt in der Geschichte der Welt, aber auch in der Geschichte des Versöhnungstages. Denn was sich bis hierher im Kreislauf des Jahres symbolisch wiederholte, geschah nun einmalig auf dem Zeitstrahl der Geschichte. Und nicht ein Ziegenbock trug die Sünde fort, sondern der Sohn Gottes selbst, der in die Welt gekommen war. Der König selbst bezahlte die Schuld seines Volkes.

In einem alten rabbinischen Gleichnis wird die Bedeutung des Versöhnungstags genau so beschrieben. Hier ist es ebenfalls der König selbst, der verborgen in die Stadt seiner Untertanen kommt, um dort zu bezahlen, was niemand sonst bezahlen kann:

> »Womit kann man es vergleichen? Mit einem König, dem jemand einen großen Geldbetrag schuldete. Er wurde zum König gerufen, um Abrechnung zu machen. Aber er konnte nicht zahlen. Da ließ ihn der König noch einmal rufen. Aber er konnte wieder nicht zahlen. Und auch beim dritten Mal konnte er nicht zahlen. Was tat der König? In der Nacht verkleidete er sich als Bürger und ging in die Stadt zum Haus des armen Mannes. Er warf ihm heimlich einen Beutel mit Gold durch sein Fenster und verschwand wieder. Der Mann fand am nächsten Morgen den Beutel und freute sich. Als er wieder zum König gerufen wurde, um Abrechnung zu machen, bezahlte er seine Schuld. So bekam der König sein Geld und der Mann war frei von seinen Schulden.«[365]

Genau das ist es, was Jesus und Paulus meinen, wenn sie davon reden, dass der Messias nicht kam, um zu richten, sondern um zu retten und sein Leben zu geben als ein Lösegeld und als eine Sühne. Und vielleicht gibt es deshalb auch eine geheimnisvolle Verbindung zwischen dem Tod Jesu am Kreuz und der schon erwähnten rabbinischen Tradition über den roten Faden, der nicht mehr weiß wurde. Das eine nämlich geschah am Passafest des Jahres 30 n. Chr., das andere am Versöhnungstag desselben Jahres.

> »Unsere Lehrer erzählten: Vierzig Jahre vor der Zerstörung des Tempels geriet das Los nicht mehr in die rechte Hand des Priesters, wurde der rotglänzende Wollstreifen nicht mehr weiß, brannte die westliche Lampe des Leuchters nicht mehr und es öffneten sich die Tempeltüren von selbst, bis Rabbi Johanan ben Zakkai sie anschrie und sprach: O Tempel, wovor hast du Angst? Ich weiß, dass du am Ende zerstört werden wirst, denn bereits der Prophet Sacharja hat über dich geweissagt: Öffne, Libanon, deine Türen, ein Feuer soll an deinen Zedern zehren.«[366]

Verschiedene Antworten auf die Zerstörung des Tempels

In dieser rabbinischen Überlieferung werden verschiede Zeichen des Unheils aufgezählt, die auf eine bevorstehende Zerstörung des Tempels hindeuten. Eins davon war der Wollstreifen, der sich nicht mehr weiß färbte, ein anderes die Tempeltore, die sich von selbst öffnen. Diese Zeichen sollen sich im selben Jahr ereignet haben, als Jesus am Kreuz starb.

Auch der jüdische Schriftsteller Josephus berichtet von diesen Vorzeichen. Er fügt allerdings hinzu, dass die geheimnisvolle Öffnung der Tempeltore am Passafest jenes Jahres geschah.[367] Also zu dem Zeitpunkt, als, wie im Neuen Testament berichtet, auch die Erde bebte und der Vorhang im Tempel zerriss.[368] Josephus erzählt außerdem, dass im selben Jahr am Pfingstfest eine Bewegung und ein Getöse in der Luft über dem Tempel zu spüren war und dass die Priester eine himmlische Stimme hörten, die rief: »Lasst uns hinausziehen von hier!« Auch dieses eigenartige Ereignis erinnert an das Neue Testament, wo die versammelten Jünger am Pfingsttag ebenfalls ein Brausen in der Luft hörten und erfüllt wurden mit dem Heiligen Geist.[369] Josephus berichtet, dass die jüdischen Gelehrten diese Zeichen als Vorboten der Zerstörung des Tempels deuteten. Er berichtet aber auch, dass es andere Gruppen in Jerusalem gab, die genau diese Zeichen als Zeichen des Heils deuteten, »weil Gott ihnen nun die Tore des Guten öffnete«. Auch der römische Historiker Tacitus berichtet von diesen Vorzeichen, wenn auch nur sehr knapp.[370] Es scheint also, dass sich viele in Jerusalem und darüber hi-naus von diesen merkwürdigen Ereignissen an den Festtagen des Jahres 30 n. Chr. erzählten.

Es war genau jener Johanan ben Zakkai, der am Passafest die geheimnisvolle Öffnung der Tempeltore erlebte, der vierzig Jahre später aus dem besetzten Jerusalem floh und in Javne die Toraschule gründete, die als Wiege des »rabbinischen Judentums« gilt. Es ist derselbe Johanan ben Zakkai, der mit seinem Schüler Josua darüber sprach, dass nicht mehr Opfer, sondern Werke der Barmherzigkeit die Sünde sühnen.

Wir haben also hier zwei ganz unterschiedliche Antworten auf das Ende des Tempels in Jerusalem: Während für Johanan ben Zakkai und die rabbinischen Lehrer das Gebet und die Werke der Barmherzigkeit an die Stelle des Tempels traten, war es für die ersten Anhänger Jesu der Tod des Messias am Kreuz, der von nun an die Sünden sühnte. An dieser Stelle trennten sich also die Wege von Christentum und Judentum, oder genauer gesagt: von rabbinischem Judentum und Jesusgläubigem Judentum. Und sie bleiben bis heute getrennt. Es ist nicht die Frage des Gottesbildes, die Frage der Glaubens- oder Werkgerechtigkeit oder die Frage von Gesetz und Freiheit, die uns voneinander trennt. Es ist auch nicht die Frage, ob Gott Sünden vergibt oder die Schuld seines Volkes sühnt. Sondern es ist die Frage, wo und wann das geschieht oder schon geschehen ist. Es ist die Frage: Wer ist dieser Jesus von Nazareth? Ist er wirklich der König selbst, der in die Welt gekommen ist? Welche Bedeutung hat sein Tod am Kreuz? Und wurde er tatsächlich von den Toten auferweckt?

Und damit kommen wir noch einmal zum Fest der Freude am Leben, das fünf Tage nach dem Versöhnungstag beginnt.

Kapitel 9

Sukkot (Das Laubhüttenfest), 2. Akt: Das Leben in der kommenden Welt

Diese Welt ist wie die Eingangshalle zur künftigen Welt.
Bereite dich deshalb schon in der Eingangshalle vor,
damit du in den Festsaal eintreten kannst.
(Sprüche der Väter)

Das Laubhüttenfest ist das Fest der Freude am Leben. Aber es ist auch das Fest der Vorfreude auf das Leben, das noch kommt. Die vorübergehende Behausung unter dem offenen Himmel erinnert daran: Wir sind hier nur zu Gast, unterwegs auf der Reise durchs Leben. Aber unser Ziel ist das Land, das Gott verheißen hat. Als Israel durch die Wüste zog, lag dieses Land jenseits des Jordans. Da wo Milch und Honig floss. Aber das Laubhüttenfest blickt weiter: Es blickt voraus in die verheißene Zukunft. Die Zeit des Messias. Und das Leben in der kommenden Welt. In Kapitel 4 haben wir schon gesehen, dass das »Freudenfest im Haus des Wasserschöpfens« und auch die »Hosianna-Rufe« ein Ausblick auf die künftige Zeit des Heils sind, die endgültige Erlösung. Mitten in die Freude des Laubhüttenfestes mischt sich deshalb auch ein nachdenklicher Unterton: eine Erinnerung daran, dass unser Leben endlich ist und dass diese Welt vergänglich ist.

Alles ist vergänglich

Zu jedem der drei großen Pilgerfeste gibt es ein besonderes Buch der Bibel, das an diesem Fest gelesen wird. Am Passafest ist es das Hohelied der Liebe, weil es an den Beginn der Liebesgeschichte zwischen Gott und seinem Volk erinnert. Am Pfingstfest wird das Buch Rut gelesen, um daran zu erinnern, dass der Bund Gottes allen offensteht, die sich ihm anschließen möchten – auch den Menschen anderer Völker. Am Laubhüttenfest wird das Buch Prediger gelesen, weil es an die Endlichkeit und Vergänglichkeit des Lebens erinnert. Ein Kontrapunkt zur Lebensfreude, die dieses Fest ansonsten prägt:

> »Dies sind die Reden des Predigers, des Sohnes Davids, des Königs zu Jerusalem. Es ist alles ganz eitel (ein altes Wort für ›vergänglich‹), sprach der Prediger, es ist alles ganz eitel. Was hat der Mensch für Gewinn von all seiner Mühe, die er hat unter der Sonne? Ein Geschlecht vergeht, das andere kommt; die Erde aber bleibt immer bestehen. Die Sonne geht auf und geht unter und läuft an ihren Ort, dass sie dort wieder aufgehe. Der Wind geht nach Süden und dreht sich nach Norden und wieder herum an den Ort, wo er anfing. Alle Wasser laufen ins Meer, doch wird das Meer nicht voller; an den Ort, dahin sie fließen, fließen sie immer wieder. Alles Reden ist so voll Mühe, dass niemand damit zu Ende kommt. Das Auge sieht sich niemals satt und das Ohr hört sich niemals satt. Was geschehen ist, eben das wird hernach sein. Was man getan hat, eben das tut man hernach wieder und es geschieht nichts Neues unter der Sonne.«[371]

So beginnt das Buch, das traditionell dem weisen König Salomo zugeschrieben wird. In den weiteren Kapiteln erzählt das Buch davon, wie aller königlicher Reichtum, aller Ruhm und alle Weisheit, alle Freude am Leben und auch alle Traurigkeit irgendwann ein Ende finden. »Alles hat seine Zeit«, so beginnt ein sehr bekannter Abschnitt aus dem Buch Prediger. Für den

Verfasser ist das aber kein Grund, depressiv zu werden oder am Leben zu verzweifeln. Im Gegenteil: Es ist für ihn ein Ansporn, in seinem Leben an Gott festzuhalten. Denn er ist der Einzige, der ewig bleibt. Er allein beurteilt am Ende, was Bestand hat:

> »Ich merkte, dass alles, was Gott tut, das besteht für ewig; man kann nichts dazutun noch wegtun. Das alles tut Gott, dass man sich vor ihm fürchten soll. Was geschieht, das ist schon längst gewesen, und was sein wird, ist auch schon längst gewesen; und Gott holt wieder hervor, was vergangen ist.«[372]

Das Laubhüttenfest blickt deshalb über den Rand der vergänglichen Welt hinaus auf das Leben in der kommenden Welt. Und die Wasserströme, die beim »Freudenfest im Haus des Wasserschöpfens« fließen, sind ein Symbol für die Fülle des Lebens in der kommenden Welt.

Der Blick hinter den Vorhang

Bei vielen Christen ist die Ansicht verbreitet, dass die Vorstellung von Himmel und Hölle oder eines ewigen Lebens für das Judentum fremd sei, weil sie sich im Alten Testament noch nicht findet. Beides sei daher erst eine späte Erfindung des Christentums. Dieses Missverständnis beruht aber auf dem Missverständnis, dass man das Judentum einfach mit dem Alten Testament gleichsetzt. Tatsächlich jedoch gibt es ja viele jüdische Schriften, die aus der Zeit zwischen dem Alten und dem Neuen Testament stammen und die widerspiegeln, wie sich der jüdische Glaube in dieser Zeit weiterentwickelt und verändert hat. Gerade die Fragen danach, was nach dem Tod kommt, wie die jenseitige Welt aussieht und was am Ende der Zeit geschehen wird, werden in dieser Zeit intensiv gestellt und diskutiert. Die Schriften, die sich mit solchen Fragen beschäftigen, nennt man die »apokalyptische Literatur«. Der Begriff leitet sich vom griechischen Wort *apokalypsis* ab (»Offenbarung«, »Aufdeckung«,

»Enthüllung«), das eigentlich den Vorgang beschreibt, wenn man den Vorhang öffnet, der zu einem neuen Raum führt, oder die Decke wegzieht, mit der eine Überraschung verdeckt wurde. Es lag in dieser Zeit eine Erwartung in der Luft, dass Gott in nicht allzu langer Zeit die verborgenen Geheimnisse der Zukunft und der kommenden Welt offenbaren werde.

Das Neue Testament verwendet das Wort *apokalypsis* insgesamt 44-mal[373] und das letzte Buch der Bibel trägt es sogar im Titel.[374] Aber auch viele jüdische Texte aus dieser Zeit beschreiben sehr ausführlich Bilder der himmlischen Welt, in der Wahrheit und Gerechtigkeit regieren und Gottes Königsherrschaft von allen anerkannt wird.[375] Der Blick in den Himmel ist deshalb immer auch ein Blick in die Zukunft der Welt: Denn die Hoffnung, die aus diesen Texten spricht, ist die, dass eines Tages diese himmlischen Realitäten auch auf der Erde sichtbar werden und dadurch das Antlitz der Erde verändert wird:

> »Nach all diesen Dingen wird seine Königsherrschaft über die ganze Schöpfung erscheinen; dann wird der Teufel ein Ende haben und alle Traurigkeit zusammen mit ihm hinweg genommen werden.«[376]

Ein kriegerischer Messias oder ein König des Friedens?

Ein anderes verbreitetes christliches Missverständnis lautet, dass die Juden zur Zeit Jesu keine andere Erwartung an die Zukunft hatten als einen Messias, der die Römer gewaltsam aus ihrem Land vertreibt und dann als ein irdischer König über das Land Israel regiert. Tatsächlich mag es Leute gegeben haben, die solche Erwartungen hatten. Wenn es sie gab, haben sie uns aber keine Schriften hinterlassen.[377] In den jüdischen Schriften jedenfalls reicht die Zukunftshoffnung viel weiter: Nicht die Vertreibung der Römer oder der Kampf gegen die übrigen Völker steht im Mittelpunkt, sondern die Hoffnung, dass alle Völker vor dem Thron des Messias erscheinen und von ihm gerichtet werden. Schon weiter oben, in Kapitel 3, haben wir gesehen, dass die Erwartung der »Königsherrschaft Gottes« oder auch des »Reiches Gottes« im Judentum zur Zeit Jesu nicht nur auf ein politisches, irdisches Königreich begrenzt war. Den folgenden Text haben wir schon dort, am Anfang des Jahres gelesen:

> »Und dann wird er ein Königreich errichten für alle Zeiten über alle Menschen. [...] Denn aller Friede der Guten wird auf Erden kommen. Und die Propheten des großen Gottes werden das Schwert wegnehmen. Denn sie selbst werden die Richter der Menschen sein und gerechte Könige. Es wird auch gerechter Reichtum unter den Menschen sein; denn darin besteht das Gericht und die Herrschaft Gottes.«[378]

Die Aufgabe des Messias ist in den jüdischen Quellen der Zeit Jesu weit größer als nur »die Römer aus dem Land zu vertreiben« und ein eigenes Königreich für die Juden zu errichten. Sie greifen vielmehr auf die alten biblischen Verheißungen von einem Nachkommen Davids zurück, der ein ewiges Reich des Friedens für die ganze Welt bringen wird:

> »Wenn die Zeit meines Messias kommt, wird er alle Völker zu sich rufen (...) Nachdem er die ganze Welt gerichtet hat, wird er sich in Frieden für immer auf seinen königlichen Thron setzen. Dann wird sich Freude und Wonne offenbaren und Ruhe einkehren. Dann wird es Gesundheit regnen und alle Krankheit wird weichen. Sorge, Seufzer und Trübsal weichen von den Menschen und Freude verbreitet sich auf der ganzen Erde. Niemand stirbt mehr unerwartet früh und nie mehr kommt plötzlich etwas Widriges. Prozesse, Klagen, Streitigkeiten und Rachetaten, Blutvergießen, Neid und Hass und alles Ähnliche verfällt dann dem Gericht und wird ausgerottet werden. Denn diese Zeit wird das Ende dessen sein, was vergänglich ist. Und der Anfang dessen, was unvergänglich ist.«[379]

Wie im Himmel, so auf Erden

Es sind diese jüdischen Zukunftshoffnungen, die auch im Neuen Testament aufgenommen werden. Schon bei der Geburt Jesu betet der greise Simeon, ein »gerechter und gottesfürchtiger Mann, der auf den Trost Israels wartete und vom Heiligen Geist erfüllt war«:

> »Herr, nun lässt du deinen Diener in Frieden fahren,
> wie du gesagt hast;
> denn meine Augen haben deinen Heiland gesehen,
> das Heil, das du bereitet hast vor allen Völkern,
> ein Licht zur Erleuchtung (*apokalypsis*) aller Völker
> und zum Preis deines Volkes Israel.«[380]

Jesus kündigt in seinen Predigten das nahe gekommene Königreich Gottes an, von dem wir schon am Neujahrsfest so viel gehört haben. Und er lehrt seine Jünger beten:

> »Dein Königreich komme, dein Wille geschehe,
> wie im Himmel, so auch auf Erden.«[381]

In dem alten jüdischen »Aleinu«-Gebet, das wir schon in Kapitel 3 kennengelernt haben, geht es um die gleiche Bitte. Die Welt soll verändert werden durch das Kommen der Königsherrschaft Gottes:

> »In Wahrheit ist er unser König und niemand anders. [...]
> Darum hoffen wir auf dich, Herr, unser Gott,
> dass wir bald sehen werden,
> wie du die Götzen entfernst von der Erde,
> wie du die Wahngebilde vernichtest,
> um die Welt wiederherzustellen
> durch die Königsherrschaft Gottes,
> damit die ganze Menschheit deinen Namen anruft,
> alle Übeltäter sich hinwenden zu dir,
> alle Bewohner der Erde dich erkennen,

> jedes Knie sich beugt vor dir
> und jede Zunge dich bekennt. [...]
> Und sie werden auf sich nehmen
> das Joch deiner Königsherrschaft
> und du wirst ihr König sein in Bälde
> und für immer und ewig.«[382]

Ein Fest für alle Völker

Die universale und weltweite Perspektive der jüdischen Zukunftshoffnung spiegelt sich auch in einem weiteren Detail des Laubhüttenfestes wider. Nach den biblischen Bestimmungen wurden im Laufe der sieben Tage des Festes insgesamt siebzig Stiere geopfert, am ersten Tag dreizehn und dann an jedem folgenden Tag jeweils einer weniger.[383] Zum Vergleich: Am Neujahrsfest und am Versöhnungstag wurde jeweils nur ein Stier geschlachtet, am Passafest, Pfingstfest und am Neumond immerhin zwei. Aber warum siebzig am Laubhüttenfest?

> »Rabbi Eleazar sagte: Wofür stehen die siebzig Stiere, die am Laubhüttenfest geopfert werden? Sie stehen für die siebzig Völker der Welt. Und warum wird am achten Tag des Festes ein weiterer Stier geopfert? Als Symbol für das eine Volk, Israel. Man kann das vergleichen mit einem König aus Fleisch und Blut, der zu seinen Dienern sagte: Bereitet ein großes Festmahl vor! Aber am letzten Tag des Festes sprach er zu seinem Lieblingsdiener: Bereite mir ein kleines Festessen für zwei vor, damit ich es mit dir zusammen feiern kann.«[384]

Die siebzig Stiere sind für die Rabbinen ein Ausdruck der Nächstenliebe, die selbst denen gilt, von denen sie verfolgt und unterdrückt werden:

> »Rabbi Alexander erzählte ein Gleichnis von einem König, der ein Fest feierte. Sieben Tage lang, die das Fest

dauerte, war sein Sohn damit beschäftigt, sich um die Gäste zu kümmern. Aber am achten Tag sagte der König zu seinem Sohn: Mein Sohn, ich weiß, du warst die ganze Zeit beschäftigt mit den fremden Gästen. Aber nun lass uns beide einen Tag lang feiern. Dafür brauchen wir nicht mehr als einen Hahn und ein Pfund Fleisch. Genau so ist auch Israel während der sieben Tage des Laubhüttenfestes damit beschäftigt, die siebzig Stiere für die anderen Völker zu opfern. Rabbi Pinehas sagte: Diese siebzig Stiere opfert Israel im Namen der Völker der Welt, damit sie nicht wegen ihrer Sünden bestraft und vernichtet werden. Denn schon in den Psalmen steht: ›Dafür, dass ich sie liebe, feinden sie mich an. Ich aber bete für sie.‹[385] Warum also bringt Israel immer weiter Opfer für die siebzig Völker? Weil wir an die Wirksamkeit des Gebets glauben.«[386]

Das Laubhüttenfest war deshalb in der jüdischen Tradition das einzige Fest, bei dem ausdrücklich auch im Namen der Völker der Welt geopfert wurde. Es ist auch in der Bibel das einzige Fest, von dem ausdrücklich gesagt wird, dass einmal Menschen aus allen Völkern der Welt es zusammen mit Israel mitfeiern werden. Denn in der Prophetenlesung zum Laubhüttenfest heißt es:

> »Und alle, die übrig geblieben sind von allen Völkern, die gegen Jerusalem zogen, werden jährlich heraufkommen, um anzubeten den König, den HERRN Zebaoth, und um das Laubhüttenfest zu halten.«[387]

Tatsächlich findet bereits heute jedes Jahr zum Laubhüttenfest in Jerusalem eine internationale christliche Konferenz mit über 2000 Teilnehmern aus aller Welt statt, um diese Verheißung schon jetzt symbolisch in die Tat umzusetzen. Das Laubhüttenfest erinnert daran: Gottes Geschichte ist eine Geschichte mit allen Völkern. Und auch wenn er sich dem Volk Israel besonders zugewandt hat, geschieht das nicht, um die anderen Völker auszuschließen, sondern um sie einzuladen.

Es ist genau diese messianische Perspektive der Endzeit, die im Neuen Testament dazu führt, dass die Gemeinde der Jesusnachfolger sich für die Völker der Welt öffnet und sie einlädt an den Tisch des Herrn. Denn die ersten Christen waren der Überzeugung: Jetzt ist diese Zeit des Messias da, von der der Prophet Sacharja redet. Jetzt ist die Zeit, in der die Völker der Welt eingeladen sind, teilzuhaben an der großen Hochzeitsfeier des Königs. Die Öffnung für die Völkerwelt im Neuen Testament ist also weder eine Abwendung von Israel, noch geht es darum, einen »exklusiven« Glauben zu »universalisieren«. Sondern es geht darum, dass eine neue Zeit angebrochen ist: die Zeit des Messias, in der auch die Völker eingeladen sind, in den Festsaal der Königsherrschaft Gottes, die schon jetzt angebrochene kommende Welt, einzutreten.

Vorläufige und endgültige Erlösung

Für viele Juden, durch alle Jahrhunderte hindurch, ist gerade dieser Anspruch des Neuen Testaments schwer nachzuvollziehen: Wie kann Jesus der Messias sein, wenn doch alle messianischen Erwartungen und Verheißungen davon sprechen, dass die Welt friedlich, erlöst und ohne Schmerz und Leid sein wird, wenn der Messias kommt? Wie kann man daran glauben, dass mit dem Kommen Jesu die messianische Zeit erfüllt ist, wenn doch so viele der messianischen Weissagungen der Schrift sich bis heute noch nicht erfüllt haben? Pinchas Lapide bringt eine Frage auf den Punkt, die sich so in fast allen jüdischen Jesusdarstellungen der Neuzeit findet:

> »›Denn wahrlich ich sage euch: Bis Himmel und Erde vergehen, wird nicht ein Jota oder Häkchen von der Tora vergehen, bis alles geschehen ist!‹ (Mt 5,18) Dieses ›Alles‹, womit Jesus die ewige Gültigkeit der Tora bekräftigt, bezieht sich zweifelsohne auch auf all diese noch unerfüllten Prophezeiungen, diesen großen Überschuß an noch ausstehenden Verheißungen, deren Verwirklichung

unverzichtbar zur Vision der Endzeit gehört. Unverzichtbar – denn wenn unsere heutige Welt, samt ihrem Völkermord, Rassenhaß und Atomkriegsdrohungen in einem messianischen Zeitalter leben sollte, das den Anbruch der Heilszeit hinter sich weiß, dann ist all unser Glauben vergeblich und unsere Hoffung auf das Heil ist eitler Wahn. Wenn diese zerstrittene, unfertige und schwergläubige Welt die Erlösung bereits hinter sich hat, dann ist dieses Leben wahrhaftig ein heilloses Jammertal ...«[388]

Christen haben auf diese Frage manchmal zu vorschnell geantwortet: Eure Erwartungen waren eben falsch. In Wirklichkeit war es nicht die Aufgabe des Messias, die Welt zu erlösen, sondern nur, die Menschen von ihren Sünden zu erlösen. Mit anderen Worten: Der Messias kam nur, um die Verheißungen des Versöhnungstags zu erfüllen, aber nicht die Verheißungen des Laubhüttenfestes. Die Erlösung besteht darin, dass die Erlösten in den Himmel kommen, aber nicht darin, dass die Welt erlöst wird.

Aber hier machen es sich die Christen zu leicht: Denn in der Tat sprechen nicht nur die alttestamentlichen Verheißungen und die jüdischen Schriften von einer Erlösung der ganzen Schöpfung, sondern auch das Neue Testament. Jesus selbst hat immer wieder davon gesprochen, dass er eines Tages wiederkommen wird »in der Herrlichkeit seines Vaters mit seinen Engeln«[389] und dass er erst dann kommen wird »mit seinem Königreich«[390]. Und Paulus schreibt davon, dass die ganze Schöpfung sich (immer noch) nach Erlösung sehnt und immer noch darauf wartet und hofft:

»Denn ich bin überzeugt, dass dieser Zeit Leiden nicht ins Gewicht fallen gegenüber der Herrlichkeit, die an uns offenbart (*apokalypto*) werden soll. Denn das ängstliche Harren der Kreatur wartet darauf, dass die Kinder Gottes offenbar werden (*apokalysis*). Die Schöpfung ist ja unterworfen der Vergänglichkeit – ohne ihren Willen, sondern durch den, der sie unterworfen hat –, doch auf Hoffnung; denn auch die Schöpfung wird frei werden von der Knechtschaft der Vergänglichkeit zu der herrlichen Freiheit der Kinder Gottes. Denn wir wissen, dass die ganze Schöpfung bis zu diesem Augenblick seufzt und in Wehen liegt. Nicht allein aber sie, sondern auch wir selbst, die wir den Geist als Erstlingsgabe haben, seufzen in uns selbst und sehnen uns nach der Kindschaft, der Erlösung unseres Leibes. Denn wir sind gerettet auf Hoffnung hin. Die Hoffnung aber, die man sieht, ist nicht Hoffnung; denn wie kann man auf das hoffen, was man sieht? Wenn wir aber auf das hoffen, was wir nicht sehen, so warten wir darauf in Geduld.«[391]

Der Unterschied zwischen Christen und Juden liegt also nicht darin, dass die Juden noch auf den Messias warten und die Christen nicht mehr. Sondern wir warten beide zusammen auf die endgültige Erfüllung der messianischen Verheißungen und auf das Kommen der messianischen Zeit. Wir hoffen gemeinsam auf eine kommende Welt, auf einen neuen Himmel und eine neue Erde, wie sie in der Schrift verheißen sind. An diese gemeinsame Erwartung erinnert uns das Laubhüttenfest.

Der Messias ben Josef und der Messias ben David

In den rabbinischen Auslegungen zum Laubhüttenfest findet sich eine interessante Diskussion über zwei verschiedene Messiasse, den »Messias ben Josef« und den »Messias ben David«, also einen Josefssohn und einen Davidssohn: Die Diskussion beginnt mitten in den Beschreibungen von dem fröhlichen »Freudenfest im Haus des Wasserschöpfens«: Gerade noch hatte man darüber diskutiert, warum Männer und Frauen beim Freudenfest besser getrennt sitzen sollten (es gab wohl hin und wieder zu viel »Freizügigkeit« im Trubel der Freude), da ändert sich die Stimmung und es wird eine Passage aus dem Propheten Sacharja zitiert, die der offiziellen Schriftlesung unmittelbar vorausgeht:

> »Zu der Zeit wird große Klage sein in Jerusalem (...) Und das Land wird klagen, ein jedes Geschlecht für sich: das Geschlecht des Hauses David für sich und die Frauen für sich, das Geschlecht des Hauses Nathan für sich und die Frauen für sich, das Geschlecht des Hauses Levi für sich und die Frauen für sich, das Geschlecht Schimis für sich und die Frauen für sich; so auch alle andern übrig gebliebenen Geschlechter, ein jedes für sich und die Frauen für sich.«[392]

Die Rabbinen schließen daraus: Wenn schon beim zukünftigen messianischen Laubhüttenfest, von dem Sacharja redet, die Männer und Frauen getrennt sitzen, wieviel mehr dann beim heutigen, das ja viel unbedeutender ist? Die Sache mit der Sitzordnung wurde also geklärt. Aber nun fragt ein Rabbi: Warum werden überhaupt beim zukünftigen Laubhüttenfest Klagelieder gesungen? Verschiedene Antworten werden vorgeschlagen:

> »Es gab einen Streit zwischen Rabbi Dosa und den anderen Rabbinen: Denn dieser sagte: Sie singen einen Totengesang für den Messias ben Josef. Jene aber sagten: Nein, sie singen einen Totengesang für den ›bösen Trieb‹ des Menschen (denn der wird ja in der messianischen Zeit endlich besiegt und abgetötet sein). Rabbi Dosa hatte natürlich recht. Denn in den Versen vorher heißt es doch: ›Sie werden mich ansehen, den sie durchbohrt haben, und sie werden um ihn klagen.‹[393] Für den bösen Trieb dagegen müsste niemand ein Klagelied singen. Im Gegenteil: Man würde ein Freudenfest feiern!«[394]

Rabbi ben Dosa bezieht also die Schriftstelle von dem, der durchbohrt wird und über den die Einwohner Jerusalems klagen, auf den »Messias ben Josef«. Anders als David war der biblische Stammvater Josef kein strahlender und siegreicher König. Sondern er wurde von seinen Brüdern zunächst abgelehnt und beinahe umgebracht. Er war von seinem Vater totgeglaubt und ging einen langen Weg durch Leiden und Erniedrigung, um dann doch am Ende zum Retter seines Volkes zu werden. In den rabbinischen Schriften taucht hin und wieder ein »Messias ben Josef« neben dem »Messias ben David« auf.[395] Also ein leidender und abgelehnter Messias neben dem siegreichen und königlichen Messias. In den Anweisungen zum Laubhüttenfest wird dieses Bild aber noch weiter ausgemalt. Es wird eine sogenannte *baraita* zitiert, also eine Überlieferung, die als besonders alt gilt:

> »Unsere Lehrer sagten: Gott sprach zum Messias ben David (er möge recht bald offenbart werden in unserer Zeit): Bitte mich um was du willst, dann will ich es dir geben.[396] Der Messias ben David aber schaute darauf, wie es dem Messias ben Josef ergangen war, und sagte: ›Ich bitte nur um eines: Das Leben.‹ Gott antwortete ihm: ›Das Leben? Schon lange bevor du darum gebeten hast, hat doch schon dein Vorfahre David über dich prophezeit und gesagt: Er bittet dich um das Leben. Und du gibst es ihm. Langes Leben immer und ewiglich‹ (Psalm 21,5).«[397]

Es ist eine komplizierte, aber doch sehr spannende Diskussion, die sich hier entspinnt: Denn mitten in der messianischen Festfreude ist hier vom Tod des Messias die Rede, einem Sohn Josefs. Aber dann auch von der Verheißung des ewigen Lebens an den Messias, den Sohn Davids. Es gibt verschiedene Auslegungen für diese Stelle im Talmud. Sie alle vorzustellen, ist hier nicht möglich. Interessant ist aber die Beobachtung, dass die jüdische Messiaserwartung offenbar nicht so einlinig war, wie wir es oft denken. Auch noch lange Zeit nach dem Tod Jesu debattieren die Rabbinen darüber, ob es vielleicht zwei Messiasse geben könnte. Einer, der abgelehnt und getötet wurde und über den man Klagelieder anstimmt. Und einer, der als siegreicher König und Sohn Davids kommen wird und ewig leben und regieren wird. Beide Bilder finden sich tatsächlich in der Bibel. Und die ersten Christen waren der Überzeugung: Beide beziehen sich auf dieselbe Person. Jesus, Sohn Josefs und zugleich Sohn Davids, der am Kreuz starb und auferstand und wiederkommen wird in Macht und Herrlichkeit. Hierin liegt der Grund, warum

Christen beides bekennen: Dass der Messias schon gekommen ist und dass er dennoch auch in Zukunft kommen wird. Dieser Glaube an das zweifache Kommen des Messias trennt uns von der allgemeinen jüdischen Zukunftshoffnung und Messiaserwartung. Und verbindet uns doch zugleich untrennbar mit ihr.

Diese Welt und die kommende Welt

Anders als die christliche Tradition haben die jüdischen Rabbinen nicht so sehr zwischen Himmel und Erde oder zwischen Diesseits und Jenseits, sondern zwischen »dieser Welt« (*olam ha-seh*) und der »kommenden Welt« (*olam ha-ba*) unterschieden. Nicht die Frage »Wie komme ich in den Himmel?« ist für sie zentral, sondern die Frage »Wie kann ich teilhaben an der kommenden Welt?« Das hebräische Wort *olam* ist dabei auf interessante Weise mehrdeutig: Man kann es übersetzen mit »Welt«, aber auch mit »Zeit«, »Raum«, »Saal« oder »Ewigkeit«. Das Bild dahinter ist das: Wir schreiten durch die Zeiten wie von einem Raum in den nächsten. Es gibt eine Schwelle und eine Tür zwischen diesem Raum, in dem wir uns jetzt befinden, und dem Raum, in den wir treten werden. In vielen Gleichnissen der Rabbinen wird die kommende Welt mit dem Festsaal eines königlichen Palastes verglichen und die Welt, in der wir jetzt leben, mit der Eingangshalle:

> »Rabbi Jakob sagte: Diese Welt ist wie die Eingangshalle zur künftigen Welt. Bereite dich deshalb schon in der Eingangshalle vor, damit du in den Festsaal eintreten kannst.«[398]

Viele rabbinische Gleichnisse verwenden das Bild von der königlichen Hochzeit oder vom königlichen Festmahl, zu dem wir eingeladen sind und auf das wir uns in diesem Leben entsprechend vorbereiten sollten:

»Rabbi Johanan ben Zakkai erzählte das folgende Gleichnis: Einst lud ein König seine Knechte zum Festmahl, aber er setzte ihnen keine feste Zeit. Die Klugen unter ihnen schmückten sich und setzten sich vor die Tür des Königspalastes. Denn sie sagten sich: Der König hat alles, was wir brauchen. Die Törichten aber gingen an ihre Arbeit und sagten sich: Für jedes Mahl muss man doch vorher arbeiten. Plötzlich ließ der König seine Knechte hereinrufen. Die Klugen traten fertig geschmückt vor den König. Die anderen aber traten schmutzig von der Arbeit vor ihn. Da freute sich der König über die Klugen, aber über die Törichten wurde er zornig. Er sprach: Diese dort, die sich für das Festmahl geschmückt haben, sollen sich setzen und essen. Aber diese dort, die sich nicht geschmückt haben, sollen stehen bleiben und müssen zusehen.«[399]

Jesus hat einige Gleichnisse erzählt, die diesem recht ähnlich sind: Ein Gleichnis von einem Festmahl, für das die geladenen Gäste keine Zeit hatten, weil sie arbeiten mussten.[400] Ein Gleichnis von einer Hochzeitsfeier, bei der ein Gast nicht passend gekleidet war.[401] Ein Gleichnis von einer Hochzeit, bei der die Gäste verschliefen und zu spät zur Hochzeit kamen.[402] Die Grundaussage ist ähnlich: Wir sollten das Leben in dieser Welt nutzen, um uns vorzubereiten auf das Leben in der kommenden Welt, die große Hochzeitsfeier im Festsaal des Königs. Den jüdischen Gegensatz zwischen »dieser Welt« und der »kommenden Welt« finden wir im Neuen Testament häufig.[403] Aber auch die oft verwendete Formulierung »ewiges Leben« könnte man eigentlich mit »Leben in der (kommenden) Welt« übersetzen, denn das griechische Wort *aion* (»Äon«) entspricht dem hebräischen *olam* und bedeutet eben beides: »ewig« und »Welt«.

Die irdische Hütte und die himmlische Wohnung

Auch Paulus greift Bilder aus dem Laubhüttenfest auf, wenn er das Leben in dieser Welt mit einer vorläufigen Hütte vergleicht und den Tod mit einem Übergang von der vorläufigen Hütte in die endgültige Wohnung:

> »Denn wir wissen: Wenn unser irdisches Haus, diese Hütte, abgebrochen wird, so haben wir einen Bau, von Gott erbaut, ein Haus, nicht mit Händen gemacht, das ewig ist im Himmel. Denn darum seufzen wir auch und sehnen uns danach, dass wir mit unserer Behausung, die vom Himmel ist, überkleidet werden, weil wir dann bekleidet und nicht nackt befunden werden. Denn solange wir in dieser Hütte sind, seufzen wir und sind beschwert, weil wir lieber nicht entkleidet, sondern überkleidet werden wollen, damit das Sterbliche verschlungen werde von dem Leben. Der uns aber dazu bereitet hat, das ist Gott, der uns als Unterpfand den Geist gegeben hat. So sind wir denn allezeit getrost und wissen: Solange wir im Leibe wohnen, weilen wir fern von dem Herrn; denn wir wandeln im Glauben und nicht im Schauen. Wir sind aber getrost und begehren sehr, den Leib zu verlassen und daheim zu sein bei dem Herrn.«[404]

Der Verfasser des Hebräerbriefes vergleicht das Leben mit einer Reise und führt die Erzväter als Vorbilder an: Obwohl Gott ihnen das Land Kanaan versprochen hatte, wohnten sie darin doch nur wie »Gäste und Fremdlinge auf Erden«.[405] Und am Ende des Briefes heißt es dann:

> »Denn wir haben hier keine bleibende Stadt, sondern die zukünftige suchen wir.«[406]

Das Laubhüttenfest verbindet die ausgelassene Freude am Leben und die Dankbarkeit für die Gabe des Lebens mit der weisen Einsicht: Unser Leben in dieser Welt dauert nicht ewig. Wir sind auf der Reise durch diese Zeit und alles hat einmal ein Ende. Aber es gibt eine Hoffnung, die weiter reicht. Es gibt die Verheißung des ewigen Lebens und einer kommenden Welt. Es gibt eine Zeit, in der der Messias sein ewiges Reich des Friedens und der Gerechtigkeit aufrichtet. Und als Christen glauben wir, dass dieser kommende Messias derselbe sein wird wie der, der schon gekommen ist, um sein Leben zu geben am großen Tag der Versöhnung. Deshalb lohnt es sich schon heute, diesem Messias zu folgen auf dem Weg in die Zukunft, die in seiner Hand liegt.

Die Zeremonie des Wasserschöpfens, die zur Zeit des Neuen Testaments den Höhepunkt des Laubhüttenfests bildete, schlägt die Brücke von der Schöpfung zur Vollendung der Welt: Das Wasser, das aus der Quelle Gihon in Jerusalem geschöpft wird, erinnert an den Strom Gihon, der im Garten Eden Leben hervorbrachte. Es wurde im Tempel ausgegossen als ein Zeichen der Erwartung und Hoffnung, dass eines Tages ein ewiger Strom des Lebens fließen wird, der von Gottes Wohnung ausgeht. Jesus stellte sich an diesen Ort und lud ein: »Wer Durst hat, der komme zu mir und trinke.«[407] Und das letzte Buch der Bibel, die Offenbarung des Johannes, endet mit einem Bild, das von diesem Strom des Lebens spricht:

> »Und er zeigte mir einen Strom lebendigen Wassers, klar wie Kristall, der ausgeht von dem Thron Gottes und des Lammes, mitten auf ihrer Straße und auf beiden Seiten des Stromes Bäume des Lebens, die tragen zwölfmal Früchte, jeden Monat bringen sie ihre Frucht, und die Blätter der Bäume dienen zur Heilung der Völker.«[408]

Kapitel 10

Schabbat (Der Ruhetag): Vorgeschmack der Vollendung

Sechs Tage in der Woche versuchen wir,
die Welt zu beherrschen.
Am siebten Tag versuchen wir,
uns selbst zu beherrschen.
(Abraham J. Heschel)

Der Sabbat ist der einzige der jüdischen Feiertage, der schon im Schöpfungsbericht erwähnt wird. Zwar trägt er dort noch nicht seinen Namen, aber verborgen in der hebräischen Sprache ist die Botschaft des Sabbat schon zu entdecken:

> »Und so vollendete Gott am siebenten Tage seine Werke, die er machte, und ruhte (*schabbat*) am siebenten Tage von allen seinen Werken, die er gemacht hatte. Und Gott segnete den siebenten Tag und heiligte ihn, weil er an ihm ruhte (*schabbat*) von allen seinen Werken, die Gott geschaffen und gemacht hatte.«[409]

Der Sabbat hat also seinen Ursprung schon im Garten Eden. Ab wann genau er jedoch auch von Menschen als Ruhetag gefeiert wurde, lässt die Bibel im Dunkeln. Als ein biblisches Gebot erscheint er erst bei der Gesetzgebung am Sinai.[410] Aber nach der biblischen Erzählung wurde er schon vorher von den Israeliten eingehalten. Denn während ihrer Wanderung durch die Wüste sollten die Israeliten die Sabbatruhe bereits einhalten. Deshalb ließ Gott am Freitag jeweils eine doppelte Portion Manna vom Himmel fallen.[411] Aus dieser Schriftstelle schließen die Rabbinen, dass Gott einen Teil der Zehn Gebote schon auf dem Weg zum Sinai gegeben hat. Deshalb wurde auch in den beiden Sabbatgeboten jeweils der Halbsatz hinzugefügt: »Halte den Sabbat, wie der Herr es dir (bereits) befohlen hat.«[412] Einen Hinweis darauf, wann diese frühere Gesetzgebung stattfand, finden die Ausleger in dem Bibelvers: »Dort gab er ihnen Gesetz und Recht.«[413] Sie folgern daraus:

> »Das Gebot des Sabbat und das Gebot, Vater und Mutter zu ehren, wurden bereits in Mara gegeben.«[414]

Aber nicht nur das: Andere rabbinische Ausleger finden in den biblischen Erzählungen auch Hinweise darauf, dass die Israeliten den Sabbat bereits in Ägypten hielten.[415] Ja, sogar Abraham[416] und Jakob[417] sollen ihn bereits gehalten haben. Es bleibt also unklar, ab wann genau der Sabbat als Ruhetag eingehalten wurde. Nach Erkenntnissen der wissenschaftlichen Bibelforschung hat es zwar auch schon in anderen orientalischen Kulturen solche regelmäßigen Ruhetage gegeben. Und auch das hebräische Wort *schabbat* leitet sich vermutlich aus ähnlichen Worten der Nachbarvölker ab. Der Rhythmus der Sieben-Tage-Woche aber, und auch die Einführung des siebten Tages als Ruhetag, sind nach allen Erkenntnissen der heutigen Wissenschaft in Israel einzigartig.[418]

Der Sinn des Sabbat: Ruhe finden

Es gibt einen eigenartigen Unterschied, wenn man mit Juden oder mit Christen über den Sabbat spricht: Wenn ich mit Christen über den Sabbat rede, dann dreht sich das Gespräch fast immer um die Frage, was am Sabbat alles verboten ist und wie mühsam und lästig es sein muss, die Gebote des Sabbat einzuhalten. Ganz besonders beliebt unter Christen sind dann all jene Geschichten, in denen es darum geht, wie Juden (vermeintlich besonders gewitzt) die Sabbatgebote zu umgehen versuchen. Wo immer ich mich jedoch mit Juden über den Sabbat unterhalten habe, spielten diese Fragen erstaunlicherweise kaum eine Rolle. Sie interessiert weniger, was man am Sabbat alles nicht tun darf. Dafür aber umso mehr das, was man endlich einmal tun kann, weil man sonst nicht genug Ruhe dazu findet: erholen, entspannen, Zeit mit der Familie verbringen, Tora studieren oder einfach die Gegenwart Gottes suchen und zu sich selbst finden. Abraham Joshua Heschel, der ein bis heute sehr einflussreiches Buch über den Sabbat geschrieben hat, beginnt dieses Buch mit den Worten:

> »Wer sich in das Heiligtum des Tages begeben will, muß zuerst den Lärm profaner Geschäfte, das Joch der Plackerei hinter sich lassen. Er muß sich von den kreischenden Dissonanzen der Tage freimachen, von der Nervosität und wilden Gier und der Täuschung, mit der er Verrat am eigenen Leben übt. Er muß der Arbeit seiner Hände Lebewohl sagen und verstehen lernen, daß die Welt bereits erschaffen ist und ohne die Hilfe des Menschen weiterleben wird. Sechs Tage der Woche kämpfen wir mit der Welt, ringen wir dem Boden seinen Ertrag ab; am Sabbat gilt unsere Sorge vor allem der Saat der Ewigkeit, die in unsere Seele gesenkt ist. Unsere Hände gehören der Welt, aber unsere Seele gehört einem anderen. Sechs Wochentage lang suchen wir, die Welt zu beherrschen; am siebten Tag versuchen wir, das Selbst zu beherrschen.«[419]

Ziel des Sabbat ist es also, zur Ruhe zu finden, und in der Ruhe zu Gott und zu sich selbst. Es gibt einen wichtigen Unterschied zwischen »Nichtstun« und »Ruhe finden«. Die rabbinischen Ausleger haben diesen wichtigen Unterschied schon im Text der Bibel gefunden. Denn auf den ersten Blick gibt es einen Widerspruch im Bibeltext: Einerseits heißt es, Gott habe am siebten Tag »seine Werke vollendet«, andererseits aber, dass er »ruhte«.

Was also stimmt? Ruhte Gott oder vollendete er sein Schöpfungswerk? Was fehlte denn noch an der Schöpfung, dass sie vollendet wurde? Die Antwort der Rabbinen lautet:

> »Was wurde denn geschaffen, nachdem Gott von seinen Werken ruhte? Die Ruhe.«[420]

Das hebräische Wort für Ruhe (*menucha*) spielt in der Bibel eine wichtige Rolle. Gott verheißt seinem Volk Israel, es im verheißenen Land zur Ruhe zu führen:

> »Denn ihr seid bisher noch nicht zur Ruhe (*menucha*) und zu dem Erbteil gekommen, das dir der HERR, dein Gott, geben wird.«[421]

Menucha ist die Ruhe, die ein wanderndes Volk findet, wenn es am Ziel ankommt.[422] Es ist die Ruhe, die einkehrt, wenn der Krieg endet und Frieden herrscht.[423] Es ist die Ruhe, die Menschen bei ihrem Ehepartner finden.[424] Es ist die Ruhe, nach der sich Hiob sehnt, mitten in den Stürmen und Katastrophen seines Lebens.[425] Es ist die Ruhe, zu der Gott jeden führen möchte, der ihm vertraut. In der Lutherübersetzung des berühmten Psalms 23 geht dies leider etwas verloren:

> »Der HERR ist mein Hirte, mir wird nichts mangeln.
> Er weidet mich auf einer grünen Aue
> und führet mich zum frischen Wasser.«[426]

Im hebräischen Text steht hier wörtlich: »Er führet mich zu Wassern der Ruhe (*menuchot*).« Und diese Ruhe ist es auch, von der sehr viel später der Kirchenvater Augustinus schreibt:

> »Zu dir hin hast du uns erschaffen und unser Herz ist unruhig, bis es Ruhe findet in dir.«[427]

Ein Vorgeschmack der Vollendung

Auch wenn wir in diesem Leben Momente solcher Ruhe erleben können, bleibt in uns doch die Sehnsucht nach der endgültigen Vollendung. Nach dem völligen Frieden, der vollkommenen Gerechtigkeit, nach einer ganzheitlich heilen Welt. Diese Welt, in der wir leben, ist zu oft noch geprägt von Unruhe und Rastlosigkeit, von Unfrieden und Gebrochenheit. Wir haben die Ruhe noch nicht gefunden, nach der sich unser Herz und unsere Welt sehnt und die Gott seinem Volk verheißen hat. Die Bibel führt diese Unzufriedenheit auf unser Unvermögen zurück, die Stimme Gottes zu hören und ihr zu folgen:

> »Wenn ihr doch heute auf seine Stimme hören wolltet: ›Verstocket euer Herz nicht, wie zu Meriba geschah, wie zu Massa in der Wüste, wo mich eure Väter versuchten und prüften und hatten doch mein Werk gesehen. Vierzig Jahre war dies Volk mir zuwider, dass ich sprach:
> Es sind Leute, deren Herz immer den Irrweg will und die meine Wege nicht lernen wollen, sodass ich schwor in meinem Zorn: Sie sollen nicht zu meiner Ruhe (*menucha*) kommen.‹«[428]

> »Gott sagte zu ihnen: ›Das ist die Ruhe (*menucha*), schafft Ruhe den Müden! Und das ist die Erquickung! Aber sie wollten nicht hören.‹«[429]

Mitten in einer unruhigen und unvollkommenen Welt ist der Sabbat deshalb Woche für Woche ein kleiner Vorgeschmack auf die endgültige Vollendung der Welt. In einer alten rabbinischen Tradition heißt es:

> »Fünf Dinge in der Welt sind dazu da, uns schon jetzt einen Bruchteil der kommenden Welt zu zeigen: Diese fünf sind Feuer, Honig, Sabbat, Schlaf und ein Traum. Warum? In jedem Feuer erleben wir ein Sechzigstel des ewigen Feuers der Hölle. Im Honig erleben wir ein Sech-

> zigstel des himmlischen Mannas. In jedem Sabbat begegnet uns ein Sechzigstel der kommenden Welt. In jedem Schlaf erleben wir ein Sechzigstel des Todes. Und in jedem Traum das Sechzigstel einer Prophetie.«[430]

Die endgültige Ruhe, nach der sich die Welt sehnt, wird aber erst in der messianischen Zeit eintreten. Schon im Buch des Propheten Jesaja gehört die Ruhe zu den Verheißungen, die das Kommen des Messias mit sich bringen wird:

> »Und es wird geschehen zu der Zeit, dass die Wurzel Isais dasteht als Zeichen für die Völker. Nach ihm werden die Völker fragen und seine Ruhe (*menucha*) wird herrlich sein.«[431]

Tikkun ha-olam: Eine unvollendete Welt und der Auftrag, sie zu verbessern

Der Sabbat ist aber nicht nur ein Vorgeschmack der Ruhe, sondern auch ein Ansporn, an allen anderen Tagen der Woche tätig zu sein, um die unvollkommene Welt der Vollkommenheit näher zu bringen. Die hebräische Bezeichnung für diesen Auftrag lautet *tikkun ha-olam*.[432] Die Übersetzung ist nicht ganz einfach: Man könnte es mit »Wiederherstellung der Welt« übersetzen, aber auch mit »Heilung der Welt«, »Fertigstellung der Welt«, »Reparatur der Welt« oder »Verbesserung der Welt«. In der rabbinischen Literatur wird diese Formel dem großen Lehrer Gamaliel zugeschrieben, der ein Zeitgenosse des Paulus war.[433] Ursprünglich bezeichnete sie rechtliche Vorschriften, die sich zwar nicht direkt aus der Tora ableiten ließen, aber dennoch von Juden befolgt werden sollten, weil sie »der Verbesserung der Welt«, also einem guten Miteinander in der Gesellschaft dienten.[434] Später wurde sie dann zu einem ganz grundsätzlichen Konzept für die Idee von der Unvollkommenheit und Gebrochenheit der Welt, die durch Gebet und tätige Liebe geheilt und verbessert werden kann. Im traditionellen jüdischen Aleinu-Gebet, das uns schon in Kapitel 3 und 9 begegnet ist, ist das Gebet für die Wiederherstellung der Welt zentral:

> »Darum hoffen wir auf dich, Herr, unser Gott,
> dass wir bald sehen werden,
> wie du die Götzen entfernst von der Erde,
> wie du die Wahngebilde vernichtest,
> um die Welt wiederherzustellen (*le-takken ha-olam*)
> durch die Königsherrschaft Gottes ...«[435]

Viele jüdische Ausleger finden den Auftrag zur Mitwirkung des Menschen an der Verbesserung und Gestaltung der Welt schon im biblischen Bericht von der Schöpfung und von der Ruhe am siebten Tag. Dort heißt es:

> »Und Gott segnete den siebenten Tag und heiligte ihn, weil er an ihm ruhte von allen seinen Werken, die Gott geschaffen und gemacht hatte.«[436]

Die Übersetzung von Luther verdeckt hier eine sprachliche Eigentümlichkeit, die den rabbinischen Auslegern aber ins Auge fiel: Denn die letzten Worte passen eigentlich nicht zum Rest des Satzes, sondern sind wie ein Anhängsel hinzugefügt. Wörtlich übersetzt heißt es: »... die Gott geschaffen hatte, *um zu tun*«, oder »... für das Tun«, oder »..., damit etwas getan wird« (hebr. *la-asoth*).

Eine verbreitete jüdische Auslegung deutet diese etwas eigenartige Formulierung so: Gott ruhte am siebten Tag, nicht weil alles schon fertig war. Sondern weil noch viel zu tun blieb und bleiben sollte: nämlich für den Menschen, dem Gott die Welt nun anvertraut. Gott hatte *seine* Werke vollendet, den Rest überließ er dem Werk des Menschen. Der jüdische Philosoph und Rabbiner Joseph Soloveitchik beschreibt dies mit den folgenden Worten:

> »Der Gipfel religiöser ethischer Vollkommenheit, den das Judentum anstrebt, ist der Mensch als Schöpfungs-

handelnder. Als Gott die Welt erschuf, gab er damit dem Objekt seiner Schöpfung, dem Menschen, eine Gelegenheit, an der Schöpfung mitzuwirken. Der Schöpfer hat sozusagen die geschaffene Wirklichkeit unvollkommen gelassen, damit der Mensch ihre Unvollkommenheit heilen könnte und die Welt so vervollkommnen könnte.«[437]

Der Sabbat erinnert uns Woche für Woche daran, dass diese Welt noch nicht vollkommen ist. Indem wir den Vorgeschmack der Vollendung erleben, bleibt in uns die Hoffnung und Erwartung einer besseren, vollkommeneren, geheilten und heilen Welt wach. Eine Welt, für die wir uns aktiv einsetzen und für deren baldiges Kommen wir intensiv beten können.

Lecha Dodi: Die Braut willkommen heißen

In der heutigen jüdischen Tradition beginnt die Feier des Sabbat damit, ihn willkommen zu heißen. Oder, wie man eigentlich sagen müsste, *sie* willkommen zu heißen: Denn im Hebräischen ist das Wort *schabbat* bis auf wenige Ausnahmen weiblich. Schon früh wurde der Sabbat deshalb von den Rabbinen mit einer Braut verglichen:

> »Rabbi Geniba sagte: Man kann es vergleichen mit einem König, der einen Baldachin für die Trauzeremonie vorbereitete. Er schmückte ihn und verzierte ihn mit Figuren und Zeichnungen. Was fehlte noch, als er fertig war? Nichts, als dass die Braut darunter trat. Ebenso, was fehlte noch an der Welt, als Gott seine Werke vollendet hatte? Der Sabbat.«[438]

> »Rabbi Chanina sagte: Kommt, lasst uns hinausgehen, der Braut, der Königin entgegen! Und andere ergänzten: Dem Sabbat, der Braut, der Königin entgegen! Rabbi Jannai zog sein Festgewand an, stand auf und sagte: Komm Braut, komm Braut!«[439]

Diese alten Gleichnisse der Rabbinen haben Eingang gefunden in eines der bekanntesten Lieder über den Sabbat. Es heißt *Lecha Dodi* (»Auf, mein Freund«) und ist fester Bestandteil des traditionellen Synagogengottesdienstes zur Begrüßung des Sabbat (*kabbalat shabbat*).[440] Wie wir im Eingangskapitel schon gesehen haben, beginnt der Sabbat bereits mit dem Einbruch der Dunkelheit am Freitagabend. Die genaue Zeit ändert sich je nach Jahreszeit von Woche zu Woche. In Israel sind die Zeiten des Sabbatbeginns und -endes jeweils in der Tageszeitung angegeben. In den größeren Städten erklingt eine Sirene, um den Beginn des Sabbat zu signalisieren. Spätestens jetzt sollte alle Arbeit ruhen und in den Synagogen wird die Begrüßung des Sabbat mit einem Gottesdienst gefeiert. Ein Wechsel aus Psalmen, Schriftlesungen und traditionellen Liedern bildet die Liturgie, zu deren Höhepunkten das Lied *lecha dodi* gehört:

> Lecha dodi likrat kallah
> Pene schabbat nekabbelah
>
> Auf, mein Freund, der Braut entgegen!
> Das Angesicht des Sabbat wollen wir empfangen.
>
> Halte und bedenke, in einem Wort[441]
> ließ es uns der eine Gott vernehmen.
> Der Herr ist einer und sein Name ist einzig,
> Seinem Namen allein sei Ehre und Anbetung!
>
> Auf, mein Freund, der Braut entgegen!
> Das Angesicht des Sabbat wollen wir empfangen.
>
> Lasst uns dem Sabbat entgegengehen,
> denn sie (!) ist uns eine Quelle des Segens.
> Vom Anbeginn der Zeit ist sie uns versprochen,
> am letzten Tag erschaffen, aber vom ersten an geplant.
>
> Auf, mein Freund, der Braut entgegen!
> Das Angesicht des Sabbat wollen wir empfangen.

Du Tempel des Höchsten, du Stadt des Königs,
erhebe dich und tritt heraus aus dem Getümmel!
Lang genug hast du im Tal der Tränen gesessen,
aber jetzt hat Er sich deiner erbarmt.

Schüttle den Staub ab und steh auf,
kleide dich in Festgewänder, mein Volk,
denn durch die Hand des Nachkommen Isais
aus Bethlehem kommt Erlösung für deine Seele.

Auf, mein Freund, der Braut entgegen!
Das Angesicht des Schabbat wollen wir empfangen.

Komm in Frieden, du Krone ihres Bräutigams,
begleitet von Freude und Jubel!
Inmitten der Gläubigen des kostbaren Volkes,
komm herein, du Braut, komm herein![442]

Bei der letzten Strophe dieses Liedes ist es üblich, dass sich die ganze Gemeinde umdreht zur Eingangstür der Synagoge, um die hereintretende Braut ganz bildlich willkommen zu heißen. Sollten Sie jemals zu spät zum Gottesdienst in einer Synagoge kommen, wäre das der schlechteste Augenblick, durch die Tür zu treten! Es könnte sein, dass Sie in viele erstaunte Gesichter blicken.

Die Feier des Sabbat im Haus

Auch im eigenen Haus soll am Vorabend des Sabbat Ruhe und Frieden einkehren. Alle Arbeiten des Tages sollten bis zum Sabbatbeginn erledigt sein, selbst das Essen wird vorgekocht, damit am Sabbat nicht in der Küche gearbeitet werden muss. Es ist Aufgabe der Frau, etwa eine halbe Stunde vor Beginn des Sabbat zwei Kerzen anzuzünden. Sie stehen traditionell für die beiden Gebote, des Sabbat zu »gedenken« und ihn »einzuhalten«.[443] Nachdem die Kerzen entzündet sind, macht die Frau mit den Händen eine symbolische Bewegung, so als ob sie das Licht der Kerzen zu sich hinwedelt oder den Wohlgeruch des Sabbat wahrnehmen möchte. Auch diese Geste symbolisiert das »Empfangen« des Sabbat, von dem das Lied *lecha dodi* handelt. Danach legt sie die Hände über ihre Augen und spricht den Lobpreis:

»Gepriesen bist du, Herr unser Gott,
der du uns geheiligt hast durch deine Gebote
und uns befohlen hast,
das Licht des Sabbat zu entzünden.«[444]

Damit ist der Sabbat eröffnet. Das Erste, was die Frau sieht, wenn sie die Augen wieder öffnet, soll das Licht des Sabbat sein und die Ruhe, die die Kerzen ausstrahlen. Später am Abend, nach dem Gottesdienst der Sabbatbegrüßung, isst die Familie nach Möglichkeit zusammen. Zu Beginn der Mahlzeit legt der Familienvater seinen Kindern die Hände auf und spricht einen Segen über sie. Dann begrüßt man mit einem Lied die unsichtbaren Engel Gottes:

Friede sei mit euch, ihr dienstbereiten Engel,
ihr Engel des höchsten Königs, des Königs der Könige,
des Heiligen, dessen Name gepriesen sei.

Tretet ein in Frieden, ihr dienstbereiten Engel ...
Segnet uns mit Frieden, ihr dienstbereiten Engel ...
Gehet hin in Frieden, ihr dienstbereiten Engel ...[445]

Als Nächstes steht das Lob der tüchtigen Frau aus dem Buch der Sprüche[446] auf dem Programm. Natürlich sind hier, wie im ganzen traditionellen Ablauf des Sabbatabends, traditionelle Familienrollen vorausgesetzt. In Familien, die nicht der orthodoxen Tradition folgen, oder bei Zusammenkünften, die nicht der traditionellen Familienstruktur entsprechen, können diese Rollen auch einmal freier verteilt werden. Tatsächlich ist aber gerade dieses Element, das ausdrückliche Lob der »tüchtigen Frau«, eine gute Erinnerung daran, dass schon in der Bibel das Frauenbild gar nicht immer so traditionell ist, wie man ihr nachsagt. Die Frau jedenfalls, von der dieser Text redet, verbindet offenbar Familie und Gewerbe miteinander, und das sehr erfolgreich und zum Segen für sich, für andere und für die Familie. Das Lobgedicht endet mit den Worten:

> »Kraft und Würde sind ihr Gewand und sie lacht des kommenden Tages. Sie tut ihren Mund auf mit Weisheit und auf ihrer Zunge ist gütige Weisung. Sie schaut, wie es in ihrem Hause zugeht, und isst ihr Brot nicht mit Faulheit. Ihre Söhne stehen auf und preisen sie, ihr Mann lobt sie: ›Es sind wohl viele tüchtige Töchter, du aber übertriffst sie alle.‹«[447]

Kiddush: Die Heiligung des Sabbat

Bevor das Abendessen beginnt, werden Brot und Wein gesegnet. Der Becher mit Wein ist ein Symbol für die »Heiligung« (*kiddush*) des Sabbat. Denn das Erste, was in der Bibel heilig genannt wird, ist der Sabbat. Die entsprechenden Verse aus der Schöpfungsgeschichte werden vorgelesen[448] und mit einem Segensspruch abgeschlossen:

> Gepriesen bist du, Herr, unser Gott, König der Welt,
> der du die Frucht des Weinstocks erschaffen hast.
> Gepriesen bist du, Herr, unser Gott, König der Welt,
> der du uns geheiligt hast durch deine Gebote (...)
> Gepriesen bist du, Herr, unser Gott, König der Welt,
> der du den Sabbat heiligst.[449]

Anschließend wird der Kelch am Tisch herumgereicht und alle trinken daraus. Das Brot für den Sabbat (*challah*) ist ein besonderes Weißbrot. Es gibt entweder zwei Laibe Brot oder einen aus zwei Teigrollen geflochtenen Zopf: Das erinnert an die doppelte Portion Manna, mit der Gott Israel in der Wüste jeweils am Freitag versorgte, damit es auch für den Sabbat reichte. Wieder wird der Segen gesprochen:

> Gepriesen bist du, Herr unser Gott, König der Welt,
> der du das Brot hervorziehst aus der Erde.[450]

Das Brot wird anschließend angeschnitten und in der Tischrunde herumgegeben. Jeder erhält ein Stück Brot, das vor dem Essen in Salz getaucht wird. Dann beginnt das gemeinsame Abendessen.

Hawdala: Trennung von Heiligem und Alltag

Am Sabbatmorgen findet in der Synagoge der Hauptgottesdienst statt. Hier wird Woche für Woche ein festgelegter Abschnitt aus der Tora gelesen und ausgelegt. Wie wir schon beim Fest der Torafreude gesehen hatten, wird auf diese Weise die gesamte Tora im Lauf des Jahres einmal durchgelesen und am Tag nach dem Laubhüttenfest beginnt der Zyklus wieder von vorn. Auch am Nachmittag gibt es noch einmal die regelmäßige Gebetszeit (*mincha*). Am Abend schließlich, sobald am Himmel die ersten drei Sterne zu sehen sind, wird der Sabbat dann mit einer Feier im eigenen Haus, der »Trennung« (*hawdala*), beendet.

Das Wort *hawdala* erinnert daran, dass die Schöpfung der Welt von Anfang an nur dadurch möglich wurde, dass Verschiedenartiges voneinander getrennt wurde: Gott trennte das Licht von der Finsternis, sodass Tag und Nacht entstanden.[451] Er trennte das Land vom Wasser, sodass Lebensraum für Menschen und Tiere entstand.[452] Auch im weiteren Verlauf der Bibel spielen solche »Trennungen« oder »Unterscheidungen« eine wichtige Rolle: Der Vorhang im Tempel trennte den Bereich des Allerheiligsten vom Rest des Heiligtums im Tempel und damit vom Bereich der Verfügbarkeit des Menschen.[453] Reine Tiere sollten von unreinen Tieren unterschieden werden, als ein Symbol dafür, dass Gott Israel von den anderen Völkern unterschieden hatte.[454] Priester und Leviten im Tempel wurden unterschieden von den anderen Israeliten.[455] In all diesen Texten erscheint das hebräische Wort *hiwdil*, aus dem das Wort *hawdala*, Trennung, abgeleitet ist.

Viele Christen sind der Überzeugung, dass die Unterscheidung von heilig und unheilig oder von rein und unrein etwas Falsches und Schlechtes ist, etwas »Alttestamentliches« oder »Jüdisches«, das im Neuen Testament aufgehoben und überwunden wird, ebenso wie die Unterscheidung zwischen Israel und den anderen Völkern. Wer sich aber genauer mit den entsprechenden neutestamentlichen Texten beschäftigt, stellt fest, dass das ein Missverständnis ist. Die biblischen Unterscheidungen zwischen heilig und unheilig werden ebenso wenig aufgehoben wie die zwischen rein und unrein, zwischen Israel und den Völkern, zwischen Licht und Dunkelheit oder zwischen Land und Meer.[456] Viele Christen setzen »Unterscheidung« automatisch mit »Trennung« gleich, so als ob das eine mit dem anderen nichts zu tun habe. Blickt man allerdings die Texte an, in denen das Wort in der Bibel gebraucht wird, entdeckt man, dass die Unterscheidung erst ein kreatives Miteinander möglich macht: Durch die Unterscheidung von Licht und Finsternis entsteht erst der Rhythmus der Zeit. Durch die Entstehung von Land und Wasser wird der Rhythmus der Jahreszeiten möglich. Heiliges und Unheiliges, Reines und Unreines, Leviten und Israeliten, Israel und die Völker: Erst dadurch, dass es Verschiedenheit gibt, wird Begegnung und Beziehung möglich. Diese Einsicht steckt hinter dem Begriff der *hawdala*, der Unterscheidung.

Natürlich soll die Heiligkeit des Sabbat nicht völlig abgetrennt werden von der Profanität des Alltags. Im Gegenteil: Die Heiligkeit des Sabbat soll den Alltag inspirieren, verändern und bereichern. Die Erfahrung der Ruhe am siebten Tag soll uns anspornen, an den übrigen Tagen auf eine bessere Welt hinzuarbeiten. Der Vorgeschmack auf die Vollkommenheit soll den unvollkommenen Alltag würzen und die Hoffnung auf Vollendung wachhalten. Aber der Sabbat kann nur dann den Alltag erleuchten, wenn er als Licht sichtbar bleibt. Und er kann nur dann den Alltag würzen, wenn er seinen besonderen

Geschmack behält. Zwei Bilder, Licht und Gewürz, die auch Jesus für seine Jünger verwendet, die ihre Umwelt verändern sollen, ohne dabei ihre Leuchtkraft oder Salzwirkung aufzugeben: Wir können unsere Umwelt nur dann positiv verändern, wenn wir uns von ihr unterscheiden, ohne uns deshalb von ihr abzuschotten.

Die *hawdala*-Feier am Abschluss des Sabbat macht das deutlich: Nur was sich unterscheidet, kann auch prägen. Aber nur dann, wenn sie auch den Alltag prägt, erfüllt die Besonderheit des Sabbat auch ihren Sinn. Drei Symbole sind es, die den Sabbatausgang markieren und alle diese Gedanken symbolisch ausdrücken. Eine besondere, aus mehreren Dochten geflochtene Kerze wird angezündet: Das erste »Werk« in der neuen Woche ist das Entzünden eines Lichtes, durch dessen Schönheit das Licht des Sabbat auch in den Alltag hineinstrahlt. Ein Becher Wein wird gefüllt, gesegnet und bis auf einen kleinen Rest ausgetrunken, der Rest wird in den Untersetzer oder einen Teller ausgegossen: Ein Ausdruck dafür, dass die Freude des Sabbat auch in den Alltag überschwappt. Zuletzt wird ein Behälter mit Gewürzen (*besama*) herumgereicht, an dem alle riechen dürfen. Ein Bild für den Wohlgeruch des Sabbat, der auch den Alltag durchströmen soll. Und für die Würze des Sabbat, die auch im Alltag zu schmecken sein soll. Zuletzt wird die *hawdala* gesprochen:

> »Gepriesen bist du, Herr unser Gott, König der Welt,
> der zwischen Heiligem und Unheiligem unterscheidet.
> Zwischen Licht und Finsternis,
> zwischen Israel und den Völkern,
> zwischen dem siebten Tag und den sechs übrigen.
> Gelobt bist du, der Heiliges vom Unheiligen unterscheidet.«[457]

Der Docht der soeben angezündeten Kerze wird anschließend in dem Wein ausgelöscht, der in den Unterteller ausgegossen wurde. Wir sind zurückgekehrt in den Alltag.

»Das Entzünden (und Wieder-Löschen) der Hawdala-Lichter ist ein fühlbares Zeichen, daß Schabbat und das Verbot, Feuer anzuzünden, zu Ende sind. Die Zeit, um immerfort Schabbat zu feiern, ist noch nicht gekommen. Wir sind auf dem Weg zu dieser Zeit, die ganz und gar Schabbat sein wird, aber wir dürfen noch nicht alle Tage Schabbat feiern. Der Mensch muß noch am Aufbau der Welt (*binjan olam*) arbeiten. Nur so kann der Messias kommen. Die Schabbatstimmung wird vor allem durch die Feier zu Hause bestimmt, aber auch die Liturgie in der Synagoge stellt die messianische Freude sehr in den Vordergrund.«[458]

Tatsächlich ist der Ausblick auf die messianische Vollendung der Welt auch ein wichtiger Aspekt der Gebete im Sabbat-Gottesdienst der Synagoge. Schon weiter oben hatten wir gesehen, dass der Prophet Jesaja die Ruhe (*menucha*) zu den Gaben der messianischen Zeit zählt. Die Gebete und Lesungen im Gottesdienst enthalten deshalb immer wieder Ausblicke auf die messianische Zeit:

»Gepriesen bist du, Herr unser Gott,
und Gott unserer Väter,
Gott Abrahams, Gott Isaaks und Gott Jakobs,
großer, starker und ehrfurchtgebietender Gott,
der Wohltaten erweist und dem alles gehört,
du gedenkst der Gnadenzusagen an die Väter
und sendest ihren Nachkommen den Erlöser,
um deines Namens willen in Liebe.

Du ernährst die Lebenden mit Gnade,
weckst die Toten auf in deinem Erbarmen,
stützt die Fallenden, heilst die Kranken,
befreist die Gefangenen und hältst die Treue
denen, die im Erdreich schlafen.

Möge es dein Wille sein, Herr, unser Gott,
uns in Freude in unser Land zurückzubringen
und uns einzupflanzen in unserer Heinstätte.

Habe Wohlgefallen, Herr, unser Gott
an deinem Volk Israel und ihrem Gebet.
Erneuere ihre Anbetung in deinem heiligen Haus,
und mögen unsere Augen schauen,
wenn du nach Zion zurückkehrst in deinem Erbarmen.
Gepriesen bist du, Herr,
der seine Herrlichkeit zurückbringt nach Zion![459]

Jesus und der Sabbat

Viele der heute üblichen Sabbatbräuche gab es in der Zeit des Neuen Testaments natürlich noch nicht. Die Gebete und Segenssprüche wurden erst in späterer Zeit verfasst. Die Regeln zum Anzünden der Kerzen am Sabbat und die Vorschriften über erlaubte und unerlaubte Tätigkeiten wurden erst in der Mischna, also im zweiten und dritten Jahrhundert nach Christus, aufgeschrieben. Wir wissen also nicht, welche davon zur Zeit Jesu schon galten und welche nicht.[460] Was wir aber wissen, ist, dass Jesus regelmäßig am Sabbat in die Synagoge ging und dass dort nicht nur aus der Tora, sondern auch ein ergänzender Text aus den Propheten (*haftarah*) vorgelesen wurde, wie es bis heute üblich ist.[461] Was wir auch wissen, ist, dass es offenbar unter jüdischen Schriftgelehrten Debatten darüber gab, was denn am Sabbat verboten und was erlaubt ist. Die biblischen Gebote nämlich bleiben da sehr unklar: Sie sagen lediglich, dass man »nicht arbeiten« und stattdessen »ruhen« soll. Aber was genau Arbeit ist und was Ruhe ist, das war zur Zeit Jesu noch eine Frage der Auslegung. Und es war alles andere als klar.

Wenn Christen über den Sabbat im Neuen Testament reden, dann denken sie meist vor allem an die Streitgespräche, die Jesus mit Schriftgelehrten über diese Fragen geführt hat. Verbreitet ist die Ansicht, dass Jesus die Gesetze des Sabbat ganz bewusst verletzt hat, um unsere Freiheit vom Gesetz zu demonstrieren: Der Sabbat, so die Annahme, sei menschenfeindlich und es widerspreche dem Gebot der Nächstenliebe, ihn einzuhalten. Jesus habe also im Namen der Menschenliebe die Sabbatgebote gebrochen und den Sabbat damit abgeschafft. Gerne wird daraus auch ganz grundsätzlich gefolgert, dass man Gottes Gebote immer dann brechen dürfe, wenn sie dem Prinzip der Menschlichkeit widersprächen und dass die Liebe wichtiger ist als Gebote. Ernst Käsemann, ein großer Neutestamentler des 20. Jahrhunderts, hat diese Sicht von Jesus als »Gesetzesbrecher« in einem berühmten Vortrag so auf den Punkt gebracht:

> »Er (Jesus) ist zwar Jude gewesen und setzt spätjüdische Frömmigkeit voraus. Aber er zerbricht gleichzeitig mit seinem Anspruch diese Sphäre. ... Dieses dialektische Verhältnis zum Gesetz, das nach dem Gotteswillen fragt und darüber den Buchstaben des Gesetzes zerbricht, spiegelt sich in der Stellungnahme zum Sabbatgebot und den Reinheitsvorschriften. ... Jesus hat mit einer unerhörten Souveränität am Wortlaut der Tora und der Autorität des Mose vorübergehen können. Diese Souveränität erschüttert die Grundlagen des Spätjudentums und verursacht darum entscheidend dessen Tod.«[462]

Hat Jesus den Sabbat gebrochen?

Jesu Missachtung des Sabbat verursacht also letztlich den verdienten Tod des Judentums. Aber ist das wirklich so? Ich habe in einem anderen Buch versucht, dieses Missverständnis ausführlicher aufzugreifen und zu entkräften.[463] An dieser Stelle möchte ich deshalb nur kurz zusammenfassen: Wenn wir die entsprechenden Bibeltexte vor dem Hintergrund jüdischer Literatur und mit Kenntnis der damals geltenden biblischen und jüdischen Sabbatgesetzgebung lesen, dann gibt es keinen Hinweis darauf, dass Jesus an irgendeiner Stelle geltende Sabbatvorschriften verletzt hat. Darin ist sich auch die neuere wissenschaftliche Bibelforschung inzwischen einig. Weder war es nach jüdischem Gesetz verboten, Kranke zu heilen, noch war es verboten, Getreide mit den Fingern auszureißen oder am Sabbat Bettzeug zu tragen. Was im Einzelnen erlaubt und verboten war, darüber gab es unter den jüdischen Gelehrten zu dieser Zeit noch viele Diskussionen. Offensichtlich gab es Schriftgelehrte, die die Sabbatregeln anders auslegten als Jesus. Deshalb warfen sie ihm vor, den Sabbat zu brechen.

Wichtig ist es jedoch, die Antworten Jesu genau zu lesen: Er begründet sein Handeln nie damit, dass er gekommen ist, um den Sabbat aufzulösen. Sondern er begründet jeweils, warum das, was er getan hat, am Sabbat erlaubt ist und den Sabbat gerade nicht verletzt. Jesus beruft sich dabei immer wieder auf Grundsätze, die wir auch bei anderen rabbinischen Gelehrten finden. Der Ausspruch etwa »Der Sabbat ist für den Menschen gemacht, nicht der Mensch für den Sabbat« findet sich ganz ähnlich bei Rabbi Schimon ben Menasiah aus dem zweiten Jahrhundert.[464] Der Grundsatz »Es ist erlaubt, am Sabbat Leben zu retten« ist bis heute ein ganz wichtiges jüdisches Grundprinzip, das auch schon für die Rabbinen selbstverständlich war.[465] Auch die Rettung eines Schafes aus einer Grube, die Jesus als Beispiel anführt, wird von den Rabbinen diskutiert und später in der Mischna ausdrücklich erlaubt.[466] Jesus legt also viel Wert darauf, dass das, was er tut, am Sabbat erlaubt ist, auch nach Maßstäben der jüdischen Gesetzesauslegung. Ihm lag es fern, das Gebot des Sabbat infrage zu stellen oder zu brechen. Er baut auch nirgends einen Gegensatz zwischen der Liebe und den Geboten auf. Er beteiligte sich lediglich an der Diskussion darüber, wie man die biblischen Sabbatgebote im konkreten Fall so auslegen konnte, dass man das Liebesgebot erfüllen konnte, ohne dabei das Sabbatgebot zu brechen. Und tatsächlich tat er bei seinen Heilungen nichts, was nach biblischem Gebot oder auch nach späterem jüdischen Recht verboten gewesen wäre.

Der Sabbat als Zeichen der messianischen Zeit

Der christliche Blick, der sich so oft auf die Streitfragen der Sabbatgebote konzentriert, verliert dabei oft das Wesentliche aus den Augen: Dass es beim Sabbat nicht in erster Linie um die

Verbote geht, sondern um den Vorgeschmack der kommenden Welt. Der Sabbat soll ein Tag sein, an dem wir die Ruhe, den Frieden und die Vollkommenheit der zukünftigen Welt schon punktuell erleben. Und vielleicht ist ja genau das der Grund, warum Jesus ausgerechnet am Sabbat heilt. Es geht ihm nicht darum, den Sabbat zu brechen oder die vermeintliche Last des Sabbat zu lindern. Sondern es geht ihm darum, Zeichen des kommenden Heils und der Heilung der Welt zu setzen. Das war ja seine Grundbotschaft von Anfang an: Das kommende Reich Gottes, die Königsherrschaft Gottes, ist nahe. Jetzt sind ihre Zeichen schon sichtbar. »Wenn ich mit dem Finger Gottes die Dämonen austreibe, dann ist Gottes Königsherrschaft bei euch angekommen.«[467]

Jesus deutet in seinen Antworten auf die Sabbatfrage immer wieder an, dass es hier um mehr geht als eine vordergründige Kontroverse um Erlaubtes und Unerlaubtes. Es geht um seine Person und um die Frage, ob seine Ankündigung des nahe gekommenen Gottesreiches sich bewahrheitet. So begründet er die Erlaubnis, am Sabbat Ähren auszuraufen, mit dem überraschenden Argument:

> »Oder habt ihr nicht gelesen im Gesetz, dass die Priester am Sabbat im Tempel den Sabbat brechen und sind doch ohne Schuld? Ich sage euch aber: Hier ist Größeres als der Tempel.«[468]

Nach dem Bericht des Markus lautet seine Begründung: »Der Menschensohn ist Herr über den Sabbat.«[469] Das war für jüdische Ohren fast genauso überraschend wie jemand, der sich selbst mit dem Tempel vergleicht. Denn »Herr« war im Alten Testament ein Titel für Gott und mit dem »Menschensohn« spielte Jesus auf eine alttestamentliche Prophetie an, in der Gott alle Macht der Welt und die kommende Königsherrschaft an eine himmlische Gestalt übergibt, die aussieht wie ein »Menschensohn.«[470] Im Johannesevangelium begründet Jesus eine Heilung am Sabbat mit den Worten: »Mein Vater tut bis heute Arbeit, also tue ich auch Arbeit.«[471] Das erinnert fast an die spätere rabbinische Tradition, nach der Gott auch am Sabbat schöpferisch tätig war: »Er schuf die Ruhe, die *menucha*.«[472] Die Sehnsucht eines Menschen, der achtundreißig Jahre lang auf Heilung gewartet hat, wird endlich gestillt. Eine Heilung am Sabbat ist genau das, was das Wesen des Sabbats ausmacht. Wenn ein Mensch heil wird oder die Welt besser wird, dann ist das kein Bruch des Sabbat, sondern genau das, wofür der Sabbat da ist. Ein Vorgeschmack auf die kommende Welt.

Die Ruhe des Messias

Eine oft übersehene, aber doch zentrale Aussage Jesu zum Sabbat ist die Einladung zur messianischen Ruhe (*menucha*), von der schon Jesaja spricht: Durch die mittelalterliche Kapitelzählung wurde hier leider der letzte, entscheidende Satz abgetrennt und dem nächsten Kapitel zugeschlagen. Dadurch wird heute oft übersehen, dass Jesus diese Worte an einem Sabbat sprach:

> In diesem Moment fing Jesus an und sprach: Ich preise dich, Vater, Herr des Himmels und der Erde, dass du dies Weisen und Klugen verborgen hast und hast es Unmündigen offenbart. (…) Kommt her zu mir, alle, die ihr mühselig und beladen seid; ich will euch zur Ruhe führen (*anapauso*). Nehmt auf euch mein Joch und lernt von mir; denn ich bin sanftmütig und von Herzen demütig; so werdet ihr Ruhe (*anapausis*) finden für eure Seelen. Denn mein Joch ist sanft und meine Last ist leicht. In diesem Moment ging Jesus am Sabbat durch die Kornfelder.[473]

Diese berühmten Worte von der »Ruhe für die Seelen« spricht Jesus also an einem Sabbat. Und die darauffolgenden Sabbatgeschichten sollen deutlich machen, wie diese Ruhe aussieht: Hungernde werden satt, Kranke werden geheilt. Die Zeit des Messias bricht an. Das Wort, das Matthäus hier für die »Ruhe« verwendet, ist *anapausis*. Im griechischen Alten Testament steht es als Übersetzung für *menucha*,[474] aber auch für *schab-*

bat.[475] Allein im Buch Jesaja findet sich das Wort 125-mal. Während es im ganzen restlichen Alten Testament etwa 1-2 mal pro 1000 Worte verwendet wird, steigt die Quote im Buch Jesaja auf 8. Es gibt also so etwas wie eine Explosion der Ruheverheißungen im Buch Jesaja, das für die messianischen Erwartungen des Neuen Testaments eine besonders wichtige Bedeutung hat. Auch im Markusevangelium lädt Jesus seine Jünger zur Ruhe ein, allerdings eher mit einer kleinen Nebenbemerkung, mitten im Gewühl eines Tages, an dem so viel zu tun war, dass nicht einmal Zeit blieb, um zu essen:

> »Ruht ein wenig (*anapausaste oligon*)!«[476]

Es ist sicher kein Zufall, dass in den folgenden Versen gleich mehrere Anspielungen auf den berühmten 23. Psalm folgen: Zuerst wird Jesus als der gute Hirte dargestellt. Dann wird beschrieben, wie über 5000 Menschen sich ins »grüne Gras« lagern und sie alle satt werden, ja sogar Essen im Überfluss vorhanden ist. Für einen bibelkundigen Leser wird diese Erzählung zu einem Bild für den 23. Psalm, mit seiner Verheißung von »grünen Auen«, »Wassern der Ruhe (*anapausis/menuchot*)«, und von einer dauerhaften Wohnung im Haus des Herrn.

Auf dem Weg zur verheißenen Ruhe

Auch der Hebräerbrief greift das Bild von der messianischen Ruhe auf: Insgesamt elfmal erscheint das Wort »Ruhe« in diesem Brief.[477] Der Verfasser des Briefes vergleicht Jesus mit Moses: Schon zur Zeit des Moses hatte Gott seinem Volk eine Ruhe versprochen, aber der Ungehorsam der Wüstengeneration führte dazu, dass sie diese Ruhe nicht fanden:

> »Darum, wie der Heilige Geist spricht: ›Heute, wenn ihr seine Stimme hört, so verstockt eure Herzen nicht, wie es geschah bei der Verbitterung am Tag der Versuchung in der Wüste, wo mich eure Väter versuchten und prüf-

ten und hatten doch meine Werke gesehen vierzig Jahre lang. Darum zürnte ich diesem Geschlecht und sprach: Immer irren sie im Herzen! Aber sie verstanden meine Wege nicht, sodass ich schwor in meinem Zorn: Sie sollen nicht eingehen in meine Ruhe.‹«[478]

Der Hebräerbrief lädt dazu ein, aus dieser Erfahrung zu lernen: Anders als die Generation der Wüste sollen wir auf das Reden des Heiligen Geistes hören und unsere Herzen nicht verschließen. Und dann erinnert der Verfasser an den Schöpfungsbericht, in dem die Ruhe erschaffen wurde:

> »Denn so hat er an einer anderen Stelle gesprochen vom siebten Tag: ›Und Gott ruhte am siebten Tag von seinen Werken.‹ (...) Es ist also noch eine Ruhe vorhanden für das Volk Gottes. Denn wer in seine Ruhe eingegangen ist, der ruht auch von seinen Werken so wie Gott von den seinen. So lasst uns nun bemüht sein, in diese Ruhe einzugehen, damit nicht jemand zu Fall komme wie in diesem Beispiel des Ungehorsams.«[479]

So schließt sich auch hier, ähnlich wie beim Laubhüttenfest, der Kreis der Zeit zwischen Schöpfung und Erlösung, zwischen dem ersten Sabbat am Anfang der Welt und dem endgültigen Sabbat in der kommenden Welt. Und alle, die mühselig und beladen sind, sind eingeladen, sich dem Messias anzuschließen: Kommt her zu mir und lernt von mir, so werdet ihr Ruhe finden für eure Seelen. Heute, wenn ihr seine Stimme hört, verschließt euer Herz nicht!

Ein Rückblick: Die letzten Tage Jesu und der Kreis der jüdischen Feste

Es war ein Sabbat, an dem Jesus in einem Felsengrab in Jerusalem lag. Ruhe war eingekehrt, nachdem sich noch am Tag vorher die Festfreude des Passafestes mit den aufgebrachten Schreien einer empörten Volksmenge, dem beißenden Spott römischer Soldaten, dem Weinen und Klagen der Frauen am Wegrand und dem geschäftigen Getümmel der engen Straßen Jerusalems gemischt hatte. Jesus ging den Weg zum Kreuz und schrie am Kreuz noch einmal laut, bevor er verstummte. Danach wurde es still. Jesus wurde noch eilig in ein Grab gelegt. Dann begann der Sabbat.

Mit diesem Sabbat endete eine ereignisreiche Woche. So wie die Welt in sieben Tagen erschaffen wurde, hatte Jesus die letzten sieben Tage seines Lebens in Jerusalem verbracht, um einen neuen Anfang zu machen. Und wer genauer hinsah, der konnte entdecken, wie alle wichtigen Themen des jüdischen Glaubens, alle Feste des jüdischen Kalenders, sich in dieser letzten Woche verdichteten. Es war, als wollte Jesus in diesen sieben Tagen noch einmal an alles erinnern, was den Glauben seines jüdischen Volkes ausmachte und was die Grundlage seiner Botschaft bildete:

Es begann mit dem triumphalen Einzug nach Jerusalem: »Siehe, dein König kommt zu dir!«[480] Das ist das Grundthema des jüdischen Neujahrsfestes. Und es war das Grundthema Jesu von seinem ersten Auftreten an. Gott ist der König und seine Königsherrschaft soll in der Welt sichtbar werden. Dann, wenn der gesalbte König wieder in seine Stadt einzieht und die Füße der Freudenboten das Evangelium verkünden: »Dein Gott ist König.«[481] »Gelobt sei, der da kommt, der König, im Namen des Herrn!«, rief die Menge und begrüßte diesen König.[482] Das Kommen des Königs erinnert an den Anfang der Welt und es signalisiert einen neuen Anfang Gottes mit seinem Volk. Aber gleichzeitig bedeutet es auch: Jetzt wird Bilanz gezogen, es wird um Leben und Tod gehen. Es beginnen die Tage des Zitterns. Wie wird das Urteil ausfallen? Wer wird leben und wer wird sterben? Jetzt ist noch Gelegenheit, dem König entgegenzugehen und ihm das Herz zu öffnen.

Palmzweige und Hosiannarufe mischten sich in die Freude über die Ankunft des Königs: Sie erinnern an das Laubhüttenfest. »O Herr, hilf!«, so hatten sich schon viele an Jesus gewandt, weil sie in ihm nicht nur den kommenden König, sondern auch den messianischen Helfer und Retter sahen. »Jesus, du Sohn Davids, erbarme dich meiner!«, hatte kurz vorher noch der blinde Bartimäus gerufen und sein Augenlicht wurde wiederhergestellt, so wie es Jesaja für das Kommen des Messias vorhergesagt hatte.[483] Maria und Martha hatten erlebt, wie Jesus ihren toten Bruder auferweckte. Auch das sollte eigentlich erst am jüngsten Tag geschehen.[484] War also jetzt die Zeit des Messias angebrochen? War das der Beginn der kommenden Welt? Der Anfang einer neuen Schöpfung? Schon einmal hatte Jesus ja am Laubhüttenfest im Tempel gestanden und von sich als der Quelle des Lebens gesprochen.

Eigentlich aber feierte man in Jerusalem in diesen Tagen weder das Neujahrs- noch das Laubhüttenfest, sondern das Passafest. Und so schickte Jesus seine Jünger in die Stadt, um das Passamahl vorzubereiten. Aber die Feier der Freiheit nahm eine unvorhergesehene Wendung, als Jesus die Mazzot zerbrach und sie mit seinem eigenen Körper verglich. Dieses Passafest sollte das letzte sein, das Jesus mit seinen Jüngern feiern würde. Erst im vollendeten Königreich seines Vaters würde es wieder geschehen. Tatsächlich hatte Jesus kurz vorher davon gesprochen, sein Leben zu geben als ein Lösegeld.[485] Das Thema von Freiheit und Erlösung, Grundthema des Passafestes, war nun also unauflöslich verbunden mit seinem Leben und seinem Sterben.

Aber der Abend brachte noch weitere Überraschungen. Jesus nahm den Kelch, sprach den Lobpreis und sagte dann: »Dieser Kelch ist der neue Bund in meinem Blut, das für euch vergossen wird.«[486] Und wieder stand ein neues Fest im Raum: Das Pfingstfest, *schawuot*, das Fest, an dem Gott seinen Bund mit Israel schloss und mit Blut besiegelte. Die Jünger Jesu wussten sehr genau, wie oft sie diesen Bund gebrochen hatten. Damals am Sinai, als sie um das goldene Kalb tanzten. Ja, schon damals waren sie dabei, denn »jeder soll das Passafest so feiern, als wäre er selbst dabei gewesen«.[487] Aber sie brauchten gar nicht so weit zurückzudenken. Da war genug, was ihnen vor Augen lag aus ihrer jüngsten Vergangenheit: Unglaube, Streit, Selbstüberschätzung, Lieblosigkeit. Das gute Gesetz Gottes, das am Pfingstfest gegeben wurde, wies ihnen den Weg zum Leben und zeigte ihnen, wie ein gelingendes Leben aussehen könnte. Aber sie waren ehrlich genug, sich einzugestehen, dass sie diesen guten Weg zum Leben immer wieder verlassen hatten. Sie wussten, dass ihr Weg sie nicht zum Leben, sondern in den Tod führen würde. Aber sie wussten auch, dass Gott verheißen hatte, seinen Bund zu erneuern. Wo wir untreu sind, ist er treu. Und wo wir seinen Bund verlassen, hält er daran fest. Mit dieser kleinen Geste und diesen wenigen Worten sagte Jesus: Gott hat seinen Bund nicht aufgekündigt. Er wird ihn erneuern und wieder neu durch Blut besiegeln.

»Zur Vergebung der Sünden.«[488] Und damit war auch das letzte der großen Feste beim Namen genannt. *Jom Ha-Kippurim*, der große Tag der Versöhnung. Er war Gottes große Antwort auf das Problem der Sünde. Und Gottes großes Zeichen, dass Versöhnung nur da geschieht, wo die Folgen der Sünde nicht vertuscht, sondern getragen werden. Getragen in Liebe. Ertragen aus Liebe. Überwunden durch Liebe. So kündigt Jesus seinen Tod an als Gottes Ort der Versöhnung. Und der Kreislauf der Feste kommt zu seinem Höhepunkt. Aber der höchste Feiertag ist gleichzeitig der tiefste Ort des Schmerzes. Gott begibt sich an diesen Ort, um unseren Schmerz zu tragen und unter unserer Ablehnung und Sünde zu leiden. Es ist dieser Weg in die Tiefe, der ihn am nächsten Tag ans Kreuz führt.

Und dann kommt der Sabbat. »Es ist vollendet«, sagte er, neigte sein Haupt und starb.[489] Es wird ruhig. Jesus wird ins Grab gelegt. Der Sabbat beginnt.

> »Und so vollendete Gott am siebten Tag alle seine Werke, die er machte, und ruhte am siebenten Tag von allen seinen Werken, die er gemacht hatte.«[490]

Der Sabbat ist der Tag, an dem die Welt vollendet wird. *Tikkun Ha-Olam*: Das Zerbrochene wird heil. Das Unvollkommene vollendet. Das Zerstörte wiederhergestellt. An diesem Sabbat blieb es still. Aber dann, am ersten Tag der neuen Woche, als der Sabbat vorüber war, kamen die Frauen zum Grab und wurden

Zeuginnen der Auferstehung. Die Auferstehung der Toten, die nach jüdischer Erwartung das Ende der Zeit und den Beginn der kommenden Welt markiert, war plötzlich schon mitten in der Zeit, mitten in dieser Welt, beispielhaft geschehen. Die Auferstehung Jesu, so sagt es Paulus später, ist wie eine Anzahlung auf die kommende Welt, ein Vorgeschmack der Vollendung mitten in der Zeit.

Natürlich ist mit der Auferstehung Jesu noch nicht das Ende der Welt gekommen. Auch die Erlösung der Welt ist noch nicht vollendet. Zusammen mit ganz Israel warten die Nachfolger Jesu auch heute noch auf die endgültige Vollendung und die kommende, messianische Zeit. Noch immer gibt es Leid, Unrecht, Ungerechtigkeit und Unfrieden in der Welt. Das Gebet um das Kommen des Reiches Gottes hat sich ebenso wenig erübrigt wie der Auftrag zur Wiederherstellung und Heilung der Welt.

Die Freudenbotschaft des Neuen Testaments ist aber: Dieser Messias, auf den wir warten, hat sein Gesicht bereits gezeigt. Er kam als König in die Welt, um uns einzuladen, seine Herrschaft anzunehmen und auf uns zu nehmen. Er kam als Heiler in die Welt, um die Vorzeichen der Erlösung und einen Vorgeschmack des Vollkommenen in eine gebrochene Welt hineinzutragen. Er kam als Lehrer und Meister in die Welt, um uns den guten Weg Gottes zu weisen, den Weg in die Nachfolge. Er kam als Lamm Gottes in die Welt, um unsere Sünde zu tragen und das Geschenk der Gnade auszuteilen. Und er kam als Quelle des Lebens in die Welt, um alle, die zu ihm kommen, mit ewigem Leben zu erfüllen.

Die verborgene Theologie des Neuen Testaments

Die Botschaft des Neuen Testamentes ist daher beides: Sie ist alt und sie ist neu. Sie ist alt, insofern sie den alten Glauben Israels aufnimmt, bestätigt und ihn mit seinen Festen, Feiertagen, Hoffnungen, Erwartungen, Freuden und Weisheiten feiert. Diese Feste und der darin verborgene Glaube machen die Theologie des Neuen Testaments aus. Sie tragen diese Theologie und füllen sie mit Leben und Inhalt.

Die Botschaft des Neuen Testaments ist aber auch neu, insofern sie diesen alten Glauben Israels auf Jesus von Nazareth bezieht und damit behauptet: Die alten Erwartungen und Hoffnungen Israels sind im Leben, im Sterben und in der Auferstehung Jesu auf unerwartete und überraschende Weise Wirklichkeit geworden.

Für die meisten Juden unserer Zeit und durch die Jahrhunderte hindurch ist diese Botschaft schwer nachvollziehbar und kaum zu verstehen gewesen. Die Tatsache, dass wir als Christen die gute Botschaft Gottes oft in ihr Gegenteil verkehrt haben und uns gerade gegenüber Juden nicht als Nachfolger Jesu, sondern als Feinde Gottes erwiesen haben, hat die Kluft zwischen Juden und Christen noch weiter vertieft. Darüber müssen wir Buße tun und auf neue Wege umkehren. Neuanfänge in der christlich-jüdischen Begegnung haben dazu in den letzten Jahrzehnten viel Hoffnungsvolles beigetragen.

Wenn ich in diesem Buch versucht habe, die »verborgene Theologie des Neuen Testaments« aus den Festen des Judentums herzuleiten und zu erklären, dann geschieht das weder, um die jüdischen Feste »christlich zu vereinnahmen« und sie dem Judentum zu entreißen. Noch geschieht es, um Juden besserwisserisch zu erklären, was die »wahre Bedeutung« ihrer Feste ist. Beides sehe ich nicht als meine Aufgabe an. Und wenn manches, was ich geschrieben habe, danach klingt, bitte ich um Verzeihung. Mir geht es darum, meinen eigenen Glauben besser zu verstehen und unter Christen das Verständnis dafür zu fördern, wie tief unser Glaube in den Grundüberzeugungen des Judentums verwurzelt ist. Denn ich bin davon überzeugt, dass ein tieferes Verständnis des Judentums zugleich zu einem tieferen Verständnis des Neuen Testaments und unseres christlichen Glaubens führt. Wenn dieses Buch dazu beiträgt, hat es seinen Sinn erfüllt.

Die Botschaft des Neuen Testaments, dass in Jesus von Nazareth die jüdischen Feste ihre Erfüllung finden, ist für das christlich-jüdische Gespräch nicht leicht zu ertragen. Sie ist aber auch aus diesem Gespräch nicht wegzudenken, ohne dass wir damit dem christlichen Glauben erneut seine Wurzeln rauben. Ich lade daher dazu ein, über diese unbequeme Botschaft offen, brüderlich und schwesterlich ins Gespräch zu kommen und im Gespräch zu bleiben.

Vor allem aber lade ich diejenigen ein, die sich als Christen und Nachfolger Jesu verstehen wollen oder die sich einfach nur für Jesus und seine Botschaft interessieren, in der Schatztruhe dieser »verborgenen Theologie des Neuen Testaments« tiefer zu graben und darin Neues und Altes für ihr eigenes Leben zu entdecken.

Anhang

Das Neue Testament und die Literatur der Rabbinen

Darf man auf die Schriften der Rabbinen zurückgreifen, wenn man die Welt des Neuen Testaments besser verstehen will? Diese Frage wird mir oft gestellt, wenn ich in meinen Vorträgen und Büchern aus Mischna, Talmud oder Midrasch zitiere. Auch in diesem Buch habe ich das immer wieder getan.

Kritik und Unverständnis kommt dabei aus zwei Richtungen: Da sind zum einen die Fachkolleginnen und -kollegen aus dem Bereich der Theologie, die darauf hinweisen, dass die Mischna und die ältesten Midraschim erst etwa 150–200 Jahre nach dem Neuen Testament entstanden sind, der Talmud und die späteren Midraschim zum Teil sogar noch Jahrhunderte später.[491] Es sei deshalb historisch unverantwortlich, diese Schriften mit dem Neuen Testament zu vergleichen. Andere Kritik kommt dagegen eher aus Gemeindekreisen: Hier ist man der rabbinischen Literatur gegenüber vor allem deshalb skeptisch, weil man den Rabbinen vorwirft, die Gebote der Bibel durch selbst erfundene Zusätze verfälscht oder unnötig verschärft zu haben. Als gläubiger Christ dürfe man daher nicht auf diese »unbiblischen« Schriften zurückgreifen und schon gar nicht positiv daraus zitieren.

Ich möchte in diesem Nachwort zu meinem Buch einige Gründe nennen, warum ich trotz dieser Kritik und Skepsis gerne und aus Überzeugung auf die rabbinische Literatur zurückgreife, wenn auch mit der nötigen Vorsicht.[492]

Vorsicht ist geboten

Vorsicht ist nämlich tatsächlich geboten. In der Vergangenheit ist den Schriften der Rabbinen viel Unrecht angetan worden, weil man sie entweder nicht richtig verstanden oder falsch verwendet hat. Geprägt durch eine lange Tradition von Judenfeindschaft und Judenhass, hat man aus den Schriften vor allem solche Zitate herausgepickt, die absurd, skurril, unmenschlich oder besonders gesetzlich wirkten. So wollte man zeigen, wie schlimm die Juden zur Zeit des Neuen Testaments waren und wie gut es deshalb war, dass Jesus und Paulus das Judentum bekämpften. Unabhängig davon, dass es grundsätzlich ein Gebot der Fairness ist, nicht nur die negativen Seiten seiner Gegner zu attackieren, sondern auch seine Stärken zu entdecken und herauszustellen, gibt es zwei weitere entscheidende Fehler bei diesem Umgang mit den Texten:

Erstens wurden (und werden) sie oft so zitiert, als ob sie tatsächlich aus der Zeit Jesu stammten. Man stellt es so dar, als ob die Lehrer des Talmud eins zu eins mit den »Pharisäern und Schriftgelehrten« des Neuen Testaments gleichzusetzen seien. Und zweitens wurde (und wird) vorausgesetzt, dass jedes Zitat aus dem Talmud die verbindliche Meinung »der Juden« zur Zeit Jesu darstellt. Beides ist aber grundfalsch. »Die Juden« der antiken Welt gibt es ebenso wenig wie »die Christen« heute. Vielmehr gibt es unter den jüdischen Rabbinen viele verschiedene, auch einander widersprechende Meinungen und sie alle sind in Mischna und Talmud gesammelt und aufgeführt. Man kann also mit einem Zitat aus dem Talmud nicht nachweisen, was »die Juden« dachten oder glaubten, sondern bestenfalls, dass es mindestens einen Rabbi gab, der diese Meinung vertrat. Vielleicht war er repräsentativ für das, was viele dachten. Vielleicht war es aber auch nur eine besonders absurde Einzelmeinung, die genau deshalb im Talmud angeführt wird, weil sie so abwegig war.

Vorsicht ist auch geboten, wenn sich in den rabbinischen Schriften ganz bestimmte Ereignisse oder Aussprüche finden, die ganz bestimmten Rabbis zugeschrieben werden. Nicht immer sind diese Angaben historisch zuverlässig. Oft wurden spätere Ansichten auch erst nachträglich den bekanntesten Lehrern aus früherer Zeit in den Mund gelegt. Ähnlich wie bei der Bibel gibt es deshalb auch im Blick auf Mischna und Talmud unter Forschern sehr unterschiedliche Meinungen darüber, wie zuverlässig die Überlieferungen sind, die wir in den rabbinischen Schriften finden. Mehr dazu später.

Zuletzt bleibt noch zu erwähnen, dass die rabbinischen Schriften nur einen bestimmten Ausschnitt aus der Vielfalt der jüdischen Gesellschaft repräsentieren. Wir wissen aus anderen historischen Quellen, dass es zur Zeit Jesu ganz unterschiedliche jüdische Gruppen in Israel gab.[493] Die bekanntesten sind die Pharisäer, die Sadduzäer und die Essener. Sie hatten jeweils unterschiedliche Glaubensüberzeugungen und Traditionen, sie legten die biblischen Gebote unterschiedlich aus und lebten ihren Alltag unterschiedlich. Vermutlich gab es auch noch viele Juden, die sich keiner dieser Gruppen zugehörig fühlten und vielleicht gar nicht besonders religiös waren. Es gab Juden wie den Historiker Flavius Josephus, die enge Freundschaft mit den römischen Herrschern pflegten, und Juden wie den Philosophen Philo von Alexandrien, der das Judentum und die griechische Philosophie miteinander verband. Wir kennen viele weitere jüdische Schriften aus der griechisch-römischen Zeit, die auf Griechisch verfasst wurden, die sogenannten »Pseudepigrafen«. Und dann gab es noch die jüdische Gemeinschaft von Qumran, von der uns eine ganze Bibliothek erhalten ist.[494] Sie alle unterscheiden sich in Inhalt und Stil um Welten voneinander und auch von den späteren Schriften der Rabbinen. Aber alle diese Texte und Autoren gehören zur jüdischen Welt Jesu und stammen größtenteils sogar, anders als die rabbinischen Schriften, aus derselben Zeit wie das Neue Testament. Die späteren rabbinischen Schriften repräsentieren deshalb nur einen kleinen Ausschnitt aus dieser bunten Welt des Judentums. Sie stehen vor allem der Gruppe der Pharisäer nahe, aber auch einige sadduzäische Einflüsse sind vorhanden.

Späte Entstehung, eine Vielfalt von Meinungen und nur ein sehr kleines Spektrum der jüdischen Gesellschaft: Nimmt man diese drei Beobachtungen ernst, dann ist in der Tat bei der Verwendung rabbinischer Literatur Vorsicht und Umsicht geboten. Aber sollte man sie deshalb lieber gar nicht verwenden? Ich will erklären, warum ich dennoch vor allem auf diese Literatur zurückgreife, wenn ich nach der jüdischen Welt des Neuen Testaments frage.

1. Die Verwandtschaft des Denkens

Vergleicht man die Literatur der Rabbinen mit den anderen jüdischen Quellen aus der Zeit Jesu, dann ergibt sich ein eigenartig paradoxes Bild. Obwohl die rabbinischen Texte aus viel späterer Zeit stammen als z. B. Philo, Josephus oder Schriftrollen von Qumran, stehen sie dem Neuen Testament in Sprache, Inhalt und Art wesentlich näher als diese anderen Texte. Jesus war kein Philosoph wie Philo und kein Historiker wie Josephus, sondern ein Lehrer so wie die späteren Rabbinen. Er lebte nicht in Ägypten wie Philo und nicht in Italien wie Josephus, sondern in Galiläa und Jerusalem, woher auch viele der Rabbinen stammten. Jesus lehrte viel in Gleichnissen und genau solche Gleichnisse finden wir weder in Qumran, noch bei Josephus, Philo oder in den sogenannten »Pseudepigrafen«. Wir finden sie aber massenweise in den späteren Schriften der Rabbinen. Und es gibt viele verblüffende Ähnlichkeiten bis in den Wortlaut hinein: Gleichnisse von Arbeitern im Weinberg, von königlichen Hochzeiten, von Schuldabrechnungen und von Vätern und Söhnen.[495] Die größte Ähnlichkeit besteht also ausgerechnet zu den Schriften, die zeitlich am weitesten entfernt sind. Wie ist das zu erklären? Entweder ist das Neue Testament komplett »aus seiner Zeit gefallen« und hat auf wundersame Weise das vorweggenommen, was zweihundert Jahre später auch im rabbinischen Judentum in Mode geriet. Oder aber wir gehen davon aus, dass solche Gleichnisse auch schon zur Zeit Jesu von jüdischen Lehrern erzählt wurden.

Es sind aber nicht nur die Gleichnisse, in denen das Neue Testament den rabbinischen Schriften nahesteht. Es sind auch viele Merksprüche von Jesus, die sich in fast wörtlicher Übereinstimmung in den rabbinischen Schriften finden. Es sind bestimmte jüdische Bräuche wie der Kelch und das Brot, der Segensspruch oder der abschließende Lobpreis beim Passamahl, die im Neuen Testament beschrieben werden: Sie finden sich in keiner anderen zeitgleichen jüdischen Schrift, wohl aber in den rabbinischen Texten aus dem 2. und 3. Jahrhundert. Detaillierte jüdische Gesetzesdiskussionen wie die Rettung eines Schafes am Sabbat[496] oder das Händewaschen vor dem Essen[497] setzen Gebote voraus, die wir erst in der späteren rabbinischen Literatur zum ersten Mal finden. Die Liste der engen Übereinstimmungen könnte noch lange fortgesetzt werden. Das Erstaunliche ist dabei immer wieder, dass wir keine vergleichbar engen Übereinstimmungen in den anderen jüdischen Schriften finden, die uns erhalten sind, obwohl diese doch aus der »richtigen« Zeit stammen.[498]

Wie kann man diese widersprüchliche und eigenartige Beobachtung erklären? Der jüdische Gelehrte Geza Vermes beschreibt die verschiedenen Möglichkeiten:

> »Ich sehe vier Möglichkeiten, die man durch die folgenden vier Modelle beschreiben kann:
>
> 1. Die Übereinstimmungen sind reiner Zufall. Wenn man aber die Menge und auch die vielfältige Art der Übereinstimmungen bedenkt, ist eine solche Diagnose äußerst unwahrscheinlich.
>
> 2. Die rabbinischen Lehren gründen sich auf das Neue Testament oder entnehmen ihre Ideen direkt daraus. Chronologisch wäre das denkbar. Aber wir müssten dann annehmen, dass die jüdischen Rabbinen das Neue Testament nicht nur kannten, sondern obendrein auch noch gewillt waren, daraus zu lernen. Das wäre sehr viel verlangt.
>
> 3. Das Neue Testament gründet sich auf die rabbinischen Targume und Midraschim: Dass das Neue Tes-

tament zeitgenössische jüdische Themen verwendet, ist zwar sowohl möglich als auch wahrscheinlich. Aber eine direkte Abhängigkeit von der rabbinischen Literatur würde bedeuten, dass diese schon im ersten Jahrhundert existierte. Das ist aber eine sehr problematische Annahme (auch wenn wir zum Beispiel aus Qumran Texte kennen, die bereits sehr ähnlich sind).

4. Das Neue Testament und die rabbinische Literatur gründen sich beide, unabhängig voneinander, auf eine gemeinsame frühere Quelle, nämlich auf vor-rabbinische jüdische Traditionen. Hier hätten wir eine Theorie, die sowohl möglich als auch wahrscheinlich ist.«[499]

Hier liegt also der *inhaltliche* Grund, warum ich oft und gerne auf die rabbinischen Schriften zurückgreife, um das Neue Testament besser zu verstehen: Einerseits muss ich mir klar darüber sein, dass einzelne Zitate von Rabbinen aus dem dritten oder vierten Jahrhundert zur Zeit Jesu natürlich noch nicht bekannt waren. Und dass auch viele Gesetzesregelungen, die wir in Mischna oder Talmud finden, in neutestamentlicher Zeit noch nicht existierten oder galten. Andererseits aber muss ich davon ausgehen, dass die theologischen Grundlinien und auch viele Details der späteren rabbinischen Literatur schon in weit früherer Zeit entstanden sein müssen. Anders wäre die große Nähe zum Neuen Testament nicht zu erklären. Wenn ich also einen rabbinischen Spruch oder ein Gleichnis aus späteren Jahrhunderten mit den Worten Jesu vergleiche, dann will ich damit nicht so tun, als stamme es von einem Zeitgenossen. Ich möchte aber zeigen, dass es Parallelen in der rabbinischen Denkweise und Lehrtradition gibt. Und dass es sehr wahrscheinlich ist, dass diese nicht nur rein zufällig in späteren Jahrhunderten entstanden sind, sondern vermutlich auf ein gemeinsames Entstehungsmilieu zurückgehen: die vorrabbinische Tradition des ersten Jahrhunderts vor und nach Christus, die mit großen Namen wie Hillel und Schammai, Gamaliel und Johanan ben

Zakkai verbunden ist. Ich zitiere die Stimmen der späteren Rabbinen also nicht, weil sie selbst aus der Zeit Jesu stammen. Aber doch deshalb, weil sie oft ein Denken, einen Glauben und eine Praxis widerspiegeln, die auch zur Zeit Jesu schon existierten.

Gleichzeitig bin jedoch vorsichtig: Ich versuche bewusst, nur solche Zitate und Beispiele aus der rabbinischen Literatur anzuführen, von denen ich wirklich annehmen kann, dass sie nicht nur eine Einzelstimme sind, sondern eine breitere Linie der Überzeugung repräsentieren, z. B. über das Verhältnis von Gnade und Recht, von Gesetz und Freiheit, von Schuld und Vergebung. Solche Grundlinien kann man mit etwas wissenschaftlichem Aufwand untersuchen und auch historisch nachweisen: wenn sich z. B. ein Thema schon in alttestamentlichen Schriften andeutet, dann in Qumran oder bei Josephus erneut auftaucht, ebenso im Neuen Testament und in der späteren rabbinischen Literatur, vielleicht sogar noch in heutigen jüdischen Gebeten oder Aussagen großer Denker des modernen Judentums. Wo es solche Linien gibt, ist es zulässig, sie nicht immer durch Verweis auf alle existierenden Quellen und Belege aufzuzeigen, sondern durch vereinzelte rabbinische Zitate, auch wenn diese aus dem vierten oder fünften Jahrhundert stammen. Vorsichtiger bin ich dagegen bei Außenseitermeinungen oder überraschenden Einzelstimmen aus der rabbinischen Literatur: Dazu zählen z. B. die Überlieferung von der wundersamen Öffnung der Tempeltore[500] oder die Diskussion über den »Messias ben Josef« und den »Messias ben David«.[501] Solche Themen, die weder in der biblischen Zeit noch im späteren Judentum des Mittelalters oder der Moderne eine wichtige Rolle spielen, kann man natürlich nicht als typisch oder repräsentativ für jüdisches Denken anführen. In solchen Fällen versuche ich deshalb deutlich zu machen, dass es sich um interessante Einzelbeobachtungen handelt, aber nicht um eine verbreitete jüdische Glaubensüberzeugung oder Lehrmeinung. Über solche Einzelstimmen lohnt es sich nachzudenken: Sie sollten aber nur sehr lose und nur mit Vorsicht mit dem Neuen Testament in Verbindung gebracht werden.

2. Das Alter der Überlieferungen

Ein zweiter Grund, auf rabbinische Überlieferungen zurückzugreifen, hat mit dem ersten zu tun: Es ist die Frage der historischen Zuverlässigkeit der rabbinischen Texte. Ich kenne diese Frage aus der Bibelwissenschaft. Auch hier stehen sich oft zwei sehr gegensätzliche Ansichten gegenüber: So halten manche Forscher etwa die Apostelgeschichte für eine recht zuverlässige Darstellung des frühen Christentums und der Reisen des Paulus. Andere Forscher dagegen halten große Teile der Apostelgeschichte für reine literarische Erfindung eines späteren christlichen Schriftstellers. Ähnlich gibt es auch im Blick auf die rabbinische Literatur unterschiedliche Schulen:

Der amerikanische Judaist Jacob Neusner etwa ist bekannt dafür, dass er große Teile der rabbinischen Traditionen aus Mischna und Talmud für reine literarische Fiktion hält. Die Diskussionen zwischen unterschiedlichen Rabbinen, die hier erzählt werden, oder etwa die Nachrichten über die Schulen von Hillel und Schammai, seien größtenteils erst in späteren Jahrhunderten erfunden worden, um bestimmten Lehrmeinungen größeres Gewicht zu verleihen. Andere Forscher, wie z. B. der 2003 verstorbene israelische Judaist Samuel Safrai, gehen davon aus, dass in Mischna und Talmud tatsächlich viele ältere Überlieferungen aufbewahrt und aufgeschrieben wurden, die zum Teil schon aus vorchristlicher Zeit stammten und zunächst lange Zeit mündlich überliefert wurden, bevor sie dann ab ca. 200 n. Chr. aufgeschrieben wurden. Beide Forscher, Neusner und Safrai, haben entsprechende Schulen um sich geschart und haben bis heute ihre jeweiligen »Jüngerkreise«. Es bleibt deshalb in der Forschung umstritten, ob es sich bei den rabbinischen Schriften um literarische Produkte handelt, die erst im 3. Jahrhundert entstanden und uns nichts über die Zeit davor verraten können, oder ob es sich um Endprodukte einer langen und zuverlässigen mündlichen Tradition handelt, die tatsächlich bis in die Zeit Jesu zurückreicht.

Die vielen engen Übereinstimmungen, die wir schon im ersten Punkt betrachtet haben und die bis in Details der Formulierung und der Gesetzespraxis hineinreichen, sprechen für mich eher für die zweite Möglichkeit. Wenn Jesus und seine Jünger das Passafest nach Traditionen feiern, die erst in der Mischna zum ersten Mal auftauchen, dann klingt es für mich wahrscheinlicher, dass diese Traditionen schon zur Zeit Jesu existierten und bis 200 n. Chr. mündlich weitergegeben wurden, als dass Rabbinen im 2. oder 3. Jahrhundert rein zufällig dieselben Regeln aufstellten. Hinzu kommt die Beobachtung, dass schon das Neue Testament an verschiedenen Stellen von den »Überlieferungen der Väter« oder »Satzungen der Ältesten« spricht, wenn es um konkrete Fragen der Gesetzesauslegung geht.[502] Auch Josephus berichtet davon, dass es solche »Überlieferungen der Väter« gab, die nicht aus der Schrift stammten und deshalb zwischen Pharisäern und Sadduzäern umstritten waren.[503] Diese Bemerkungen deuten darauf hin, dass es bereits im ersten Jahrhundert fest umrissene mündliche Überlieferungen gab, über die man streiten konnte. Und schließlich haben auch archäologische Ausgrabungen, vor allem in Galiläa, den Nachweis erbracht, dass bestimmte Reinheitsvorschriften, die erst in der rabbinischen Literatur auftauchen, schon zur Zeit Jesu in Galiläa befolgt wurden.[504] Das alles spricht dafür, dass wir es in Mischna und Talmud, auch wenn sie aus deutlich späteren Jahrhunderten stammen, oft mit sehr alten Überlieferungen zu tun haben. Geza Vermes fasst zusammen:

> »Wenn wir auswählen können zwischen Belegen, die zeitgleich mit dem Neuen Testament sind, und solchen, die aus späterer Zeit stammen, sollten wir natürlich die ersteren vorziehen. Aber weil das Material aus Qumran verschwindend gering ist im Vergleich zu Mischna, Talmud und dem ganzen Rest und dazu oft nur aus kleinen Bruchstücken besteht, könnten wir für viele Passagen des neuen Testaments überhaupt keinen jüdischen Hintergrund feststellen, wenn wir den Zugriff auf die rabbinische Literatur verbieten würden. Aber es gibt ohnehin heute nur noch sehr wenige Forscher, die ernsthaft bestreiten würden, dass die rabbinischen Schriften, auch wenn sie erst

zwischen 200 und 500 n. Chr. zusammengestellt wurden, eine große Menge von Überlieferungen enthalten, die bis ins erste Jahrhundert zurückverfolgt werden können, und dass es mit einem Minimum an kritischen Fertigkeiten in vielen Fällen möglich ist, die älteren Traditionen von den jüngeren zu unterscheiden.«[505]

3. Die Anschaulichkeit der Bilder

Der dritte Grund, warum ich oft und gerne auf Zitate aus der rabbinischen Literatur zurückgreife, ist eher didaktischer Natur: Den Rabbinen gelingt es einfach viel besser, große theologische Wahrheiten durch einfache Bilder und kernige Aussprüche auf den Punkt zu bringen. In vielen Fällen wäre es durchaus möglich, die gleichen Inhalte und Glaubensüberzeugungen auch bei Philo, in jüdischen Pseudepigrafen oder in den Schriftrollen von Qumran zu finden. Würde ich ein wissenschaftliches Fachbuch schreiben, wäre das auch der bessere und sachgerechtere Weg. Meine Bücher sind aber nicht für Wissenschaftler geschrieben, sondern für interessierte Bibelleser aus Gemeinden. Für sie wäre es oft sehr schwierig, der wissenschaftlichen Auslegung einzelner Wortfetzen aus Qumranschriften zu folgen oder den verklausulierten philosophischen Gedankengängen eines Philo. Man müsste immer wieder zeitgenössische Hintergründe und Begriffe erklären und das Ganze wäre ein mühsames Unterfangen. Die Rabbinen dagegen schaffen es immer wieder, komplexe Zusammenhänge in sehr einfache Worte zu fassen. Sie formulieren, wie Jesus, in anschaulichen Gleichnissen, die man sich merken und die man weitererzählen kann. Sie komprimieren Theologie in einfache Merksprüche, die sich dem Gedächtnis einprägen. Deshalb sind sie didaktisch außerordentlich wertvoll.

So kann es also sein, dass ein Rabbi aus dem vierten Jahrhundert ein Gleichnis formuliert, mit dem eine Überzeugung ausgedrückt wird, die es auch im ersten Jahrhundert schon gab. Etwa die Einsicht, dass die Errettung Israels aus Ägypten vor der Gesetzgebung am Sinai stattfand, also die Gnade vor dem Gesetz kommt. In einem solchen Fall zitiere ich das Gleichnis des Rabbi als eine hilfreiche Illustration, nicht als eine historische Quelle. Ich versuche aber dabei gut darauf zu achten, dass ich solche rabbinischen Illustrationen nur dann benutze, wenn sie auch wirklich einen Gedanken verdeutlichen, der so auch schon im ersten Jahrhundert existierte und den man, mit etwas mehr Mühe, auch aus älteren Quellen nachweisen könnte.

Wer also das, was ich über das Judentum zur Zeit Jesu sage, anhand von historischen Quellen nachprüfen will, der muss diesen schwierigen Weg gehen. Und sollte es mir hin und wieder passieren, dass ich eine rabbinische Ansicht zitiere, die im völligen Widerspruch zu dem steht, was im ersten Jahrhundert üblich und bekannt war, und die nachweislich erst einer späteren Phase jüdischer Theologie entspricht, dann räume ich gerne meinen Irrtum ein. Denn das wäre dann in der Tat ein sachlicher Fehler. Ich bin dankbar für entsprechende Hinweise. Im Normalfall versuche ich aber in meinen Büchern und Vorträgen die verschiedenen Epochen der jüdischen Geschichte und Literatur (biblische Zeit, frühes Judentum, späteres rabbinisches Judentum, heutiges Judentum) einigermaßen sauber voneinander zu unterscheiden und auch durch einleitende Worte deutlich zu machen, aus welcher Zeit ein Text oder eine Tradition stammen. So sollte immer erkennbar sein, ob es sich nur um eine hilfreiche Illustration aus späterer Zeit oder tatsächlich um eine historische Quelle aus neutestamentlicher Zeit handelt.

4. Die Brücke in die Gegenwart

Ein letzter Grund, warum ich das Neue Testament vor allem mit den Schriften des rabbinischen Judentums vergleiche und nur selten, wie es in der Fachwelt üblich wäre, mit den Texten aus Qumran oder anderen antiken Quellen, hat mit der heutigen Zeit zu tun: Ich möchte durch meine Bücher und Vorträge nicht nur das Verständnis des Neuen Testaments vertiefen, sondern auch Missverständnisse und Vorurteile gegenüber dem heutigen Judentum ausräumen. Ich möchte Christen gesprächsfähig machen für den christlich-jüdischen Dialog. Ich möchte Verbindungslinien zwischen dem Glauben an Jesus und dem Glauben des Judentums aufzeigen.

Dafür ist es aber wichtig, dass wir als Christen die Texte und Traditionen kennenlernen, die heute in der jüdischen Welt gebräuchlich sind und als Quellen des Glaubens gelten. In den Gottesdiensten der Synagogen wird eben nicht Josephus oder Philo gelesen, auch nicht die Schriften von Qumran oder die Pseudepigrafen. Die Gebete und Lesungen der Synagogen stammen aus der rabbinischen Tradition. Sie nehmen alte Motive rabbinischer Gleichnisse auf, wie etwa das bekannte Lied »Lecha Dodi«, das zur Begrüßung des Sabbat gesungen wird. Wenn es um aktuelle jüdische Gesetzespraxis geht, dann wird auf die Diskussionen und Ansichten der Rabbinen zurückgegriffen, weil diese als verbindliche Quellen des Rechts gelten. Wer jüdische Bücher oder Webseiten liest, wird schnell merken, dass die großen Fragen des Glaubens, um die es auch in diesem Buch hier geht, entweder aus der Bibel oder aus der rabbinischen Literatur beantwortet werden, aber nur selten aus anderen antiken Quellen des ersten Jahrhunderts. Deshalb macht es Sinn, wenn wir als Christen mit der Welt der Rabbinen vertraut sind und unseren Glauben zu dieser Welt in Bezug setzen können. Denn das ist die Welt, in der unsere jüdischen Nachbarn zu Hause sind und mit der sie ihren Glauben leben.

Die christliche Forschung am Neuen Testament hat in der Vergangenheit oft einen Keil getrieben zwischen die Welt des antiken Judentums und den lebendigen jüdischen Glauben der heutigen Zeit. So war es möglich, Klischees über das Judentum aufrechtzuerhalten, auch wenn sie dem, was heutige Juden glauben, lehren und beten, gar nicht entsprachen. Dazu zählt etwa die Erwartung eines Messias, der seine Feinde mit militärischer Gewalt vertreibt (heutige messianische Gebete betonen vor allem die Erwartung des Friedens). Oder die Ansicht, dass das antike Judentum werkgerecht und selbstgerecht war (heutige jüdische Gebete betonen dagegen oft die Gnade Gottes und das Bekenntnis der eigenen Sünde). Oder die Ansicht, dass Juden zur Zeit Jesu immer besonders unerbittlich die Todesstrafe forderten (in der jüdischen Tradition spielt sie schon lange keine Rolle mehr und auch die Rabbinen versuchten sie bereits nach Möglichkeit zu vermeiden). Jesus habe es demnach immer mit Juden zu tun gehabt, die ganz anders waren und fast nichts mit dem zu tun hatten, was Juden heute glauben. Dieser Keil zwischen antikem und rabbinischem Judentum ist aber erstens historisch fraglich (siehe Punkt 1 und 2) und zweitens auch schädlich für ein ernsthaftes Gespräch zwischen heutigen Juden und Christen über die gemeinsamen Wurzeln.

Ja, es stimmt: Die rabbinische Literatur repräsentiert nur einen kleinen Ausschnitt aus der vielfältigen Welt des antiken Judentums. Die Realität zur Zeit Jesu war bunter. Aber erstens spricht vieles dafür, dass dieser Ausschnitt, nämlich das Judentum pharisäischer Prägung, tatsächlich so etwas wie der »Mainstream« zur Zeit Jesu war und nicht nur eine kleine Splittergruppe.[506] Zweitens ist es gerade dieser Ausschnitt, dem Jesus offenbar besonders nahestand und mit dem er sich am intensivsten auseinandersetzte. Und drittens ist es gerade dieser Ausschnitt, der die Katastrophe der Tempelzerstörung im Jahr 70 n. Chr. überdauert und deshalb die weitere Geschichte des Judentums bis heute geprägt hat. Es ist deshalb dieser Ausschnitt des Judentums, mit dem wir uns als Christen besonders intensiv beschäftigen und besonders gut auskennen sollten. Ein rein historischer Zugang muss vielleicht andere Wege wählen. Ein Zugang, der heute eine Brücke zwischen Juden und Christen bauen möchte, sollte aber diesen Weg wählen.

Diese vier Gründe also sind es, warum ich mich als christlicher Theologe und als Forscher des Neuen Testaments gern und viel mit Texten der rabbinischen Literatur beschäftige und auch versuche, meine Mitchristen dafür zu begeistern. Die gleichen vier Gründe sind es aber auch, die mich zögern lassen, wenn vermeintlich bibeltreue Christen allzu feindselig über die Rabbinen sprechen und zwischen einem (guten) »biblischen« und einem (bösen) »rabbinischen« Judentum unterscheiden wollen. Denn erstens sehe ich eine große inhaltliche Nähe Jesu gerade zu den Lehren der Rabbinen. Jesus befolgt nach Darstellung des Neuen Testaments auch solche Traditionen und Rituale, die nicht aus der Bibel stammen, sondern aus der vorrabbinischen mündlichen Überlieferung. Jesus widerspricht den »Überlieferungen der Väter« nur dann, wenn sie seiner Ansicht nach mit biblischen Geboten kollidieren. Abgesehen davon aber sehe ich bei den Rabbinen eine große Treue zur Bibel und ein ernsthaftes Bemühen, den Glauben in der Bibel zu gründen. Mündlich überlieferte Gebote werden nicht einfach »erfunden« oder »zur Bibel hinzugefügt«, wie der Vorwurf oft lautet. Sondern es handelt sich um das ernsthafte Bemühen, biblische Texte in einer jeweils veränderten Zeit neu zu lesen und so auszulegen, dass sie für neue, veränderte Situationen relevant und lebbar bleiben. Genau das aber ist auch unsere Aufgabe als Bibelleser heute. Hier können wir also viel von den Rabbinen lernen.

Jesus jedenfalls scheint keine Berührungsängste gehabt zu haben. In großer Weite nimmt er Lehren der berühmten Rabbinen seiner Zeit auf und macht sie sich zu eigen, da wo sie richtig und hilfreich sind. Und er lehnt sie ab, wo sie falsch oder schädlich sind. In beiden Fällen aber sucht er das Gespräch und die Begegnung in Liebe. Dieses Vorbild ist für mich leitend. Und deshalb werbe ich dafür, nicht nur Judentum und Christentum, sondern auch ihre jeweiligen prägenden Schriften miteinander konstruktiv ins Gespräch zu bringen. Möge es Gottes Wille sein, dass wir alle aus diesem Gespräch lernen.

Literaturtipps zum Weiterlesen:

Guido Baltes, Jesus der Jude und die Missverständnisse der Christen (Marburg: Francke 2013)

Yehuda Aschkenazy, Eli Whitlau, Tzvi Marx und Marcus van Loopik: Die jüdischen Feste (Uelzen: Erev-Rav 2010)

Andreas Nachama, Walter Homolka, Hartmut Bomhoff: Basiswissen Judentum (Freiburg: Herder 2015)

Israel Meir Lau, Wie Juden leben (Gütersloh: Gütersloher Verlagshaus, 6. Auflage 2005)

Alfred Buchartz, Israels Feste: was Christen davon wissen sollten (Neukirchen-Vluyn: Aussaat 1997)

Endnoten

1 Rudolf Bultmann, Theologie des Neuen Testaments (9. Auflage Tübingen 1984), S. 1.

2 Martin Buber, Zwei Glaubensweisen, Zürich 1950.

3 Hubertus Halbfas, Religionsunterricht nach dem Glaubensverlust. Eine Fundamentalkritik, Patmos Verlag, Ostfildern 2012, S. 31.

4 Mt 13,52.

5 2. Kor 1,20.

6 Samson Raphael Hirsch, Des Juden Katechismus ist sein Kalender. In: Jeschurun, Ein Monatsblatt zur Förderung des jüdischen Geistes und jüdischen Lebens in Haus, Gemeinde und Schule. 1. Jahrgang, Nr. 1 (1854), S. 1.

7 Gen 1,5.

8 Babylonischer Talmud, Berachot 54a. Vgl. auch Pesachim 7b, Sukkah 46a und öfter.

9 Abraham J. Heschel: Der Sabbat. Seine Bedeutung für den heutigen Menschen (Original 1951, deutsche Ausgabe: Neukirchen-Vluyn 1990), S. 7. Die Übersetzung ist leicht an den heutigen Sprachgebrauch angepasst.

10 Luther verwendete an einigen wenigen Stellen des Alten Testaments das deutsche Wort »Stunde«. Es bezeichnet dort aber nicht die Zeiteinheit, sondern entweder einen besonderen Moment (hebr. Moed, Luther: »in dieser Stunde«), oder aber das hebräische Wort für »jetzt« (hebr. »ad ata«, Luther: »bis zu dieser Stunde«).

11 Die Einteilung des Tages in Stunden und Minuten war zwar schon bei den alten Babyloniern bekannt, spielte aber offenbar im Alltagsleben noch keine große Rolle. Die Einteilung in Sekunden stammt erst aus der späteren Römerzeit.

12 Hartmut Rosa: Beschleunigung. Eine Veränderung der

Zeitstrukturen in der Moderne (Frankfurt: Suhrkamp 10. Auflage 2014).

13 Hartmut Rosa: Resonanz. Eine Soziologie der Weltbeziehung. Berlin: Suhrkamp 2016.

14 Gebetbuch der Israeliten (Anm. 32), S. VI.

15 Mischna Avot (Sprüche der Väter) 3,16

16 Ex 29,38-39; Num 28,3-4; 2. Chr. 13,10-11.

17 Elia (1. Kön 18,36-39), Esra (Esr 9,5), Daniel (Dan 6,11; 9,21), Petrus und Johannes (Apg 3,1), Kornelius (Apg. 10,2-3).

18 Gen 19,27.

19 Ps 106,30.

20 Gen 24,63.

21 Ps 102,1.

22 Gen 28,11.

23 Jer 7,16. Die ganze Passage stammt aus dem Babylonischen Talmud, Berachot 26b. Das Beispiel von Jakob ist nur dann verständlich, wenn man weiß, dass in der jüdischen Tradition »die Stätte« oder »der Ort« (*ha-makom*) eine übliche Umschreibung für Gott ist.

24 Für heutige Ohren klingt es eigenartig, dass nur Männer gezählt werden. Die große Frage nach der rechtlichen Stellung der Frau in der jüdischen Tradition kann hier nicht erörtert werden. Grundsätzlich gilt, dass im orthodoxen Flügel des Judentums bis heute die traditionelle Rollenverteilung von Männern und Frauen in der Gesetzgebung weitgehend beibehalten wird. Im liberalen Judentum wird diese Rollenverteilung weitgehend zugunsten gleicher Rechte und Pflichten verändert. Daher werden hier auch weibliche Beterinnen zum minyan dazugezählt.

25 Mt 6,5-6.

26 Joh 6,11 (über 5000 Menschen); Mt 26,26 (13 Personen, also ein *minyan*). Zu anderen Zeiten zog sich Jesus an einsame Orte zurück, um für sich allein oder mit wenigen Freunden zu beten (Lk 5,16; 6,12; 9,18; 11,1; Mk 1,35; 6,46; Mt 14,23).

27 Lk 4,16; Mt 26,55; Mk 12,35; 14,49; Lk 20,1; 21,37-38; 22,53; Joh 8,2; 8,20.

28 Apg 3,1; vgl. Auch Lk 24,53 und Apg 2,42.

29 2. Kön 4,10; Dan 6,11.

30 Babylonischer Talmud, Shabbat 13b; Hagigah 13a; Menachot 45a; Berachot 34b.

31 4Q196 (Aramäischer Tobit) 6:2; Tempelrolle 11Q19:6,6 und 31,6-7. In einer jüdischen Inschrift aus Stobi in Dalmatien wird das »Obergemach« einer Synagoge erwähnt (CIJ 694, Zeile 30-31).

32 Traditionelle Gebetbücher gibt es in vielen verschiedenen Ausgaben. In Deutschland sehr einflussreich war das »Siddur Sephat Emet. Gebetbuch der Israeliten« von Wolf Heidenheim (1799), hg. von Seligman Bamberger (Frankfurt am Main: Lehrberger 1922), dem auch die Zitate in diesem Buch folgen. Eine modern überarbeitete Ausgabe für den Gebrauch in Synagogen der Reformbewegung ist die von Andreas Nachama und Josef Sievers herausgegebene vierbändige Ausgabe »Jüdisches Gebetbuch Hebräisch-Deutsch« (Gütersloh: Gütersloher Verlag 2009-2013).

33 Gebetbuch der Israeliten (Anm. 32), 5.

34 Gebetbuch der Israeliten (Anm. 32), 5-6.

35 Joh 11,9.

36 1. Sam 19,11; 28,8.19; Gen 19,33–34; Ri 19,9; 21,2-4 (»morgen«); Gen 19,33-34; 31,29.42 (»gestern«). Wer am Abend »heute« sagt, meint immer den zurückliegenden Tag (Ri 21,2-4; Rut 2,17; I Sam 4,7-8). Wer dagegen »heute Abend« sagt, meint immer den Abend, der noch kommt, nicht den Vorabend (Lev 23,32; Ex 12,6.18; Lev 6,13; Num 9,11; 19,19; Deut 16,3-7). Daraus wird deutlich, dass der Abend in der Bibel immer zum zurückliegenden Tag gezählt wird.

37 Im Alten Testament findet sich dieser Brauch etwa in Lev 23,32 (Versöhnungstag) und Ex 12,15-18 (Passafest). In späteren jüdischen Texten aus der Zeit des Neuen Testaments scheint er bereits die Regel zu sein.

Vgl. Die Damaskusschrift aus Qumran X:14; Josephus, Jüdischer Krieg 4,582; Josephus, Jüdische Altertümer 16,163; Josephus, Vita 157-159; im Neuen Testament vgl. Lk 23,54 und Joh 19,31.

38 Gen 2,3.

39 Ex 20,8-11; Deut 5,12-15.

40 Der Begriff der »Schöpfungsordnung« ist unter Christen umstritten, seit er in der Zeit des Nationalsozialismus von christlichen Theologen dazu benutzt wurde, völkische, rassistische und nationalistische Ideologien zu untermauern. Der Begriff selbst ist aber schon alt: In der griechischen Übersetzung des Alten Testaments, die auch von den ersten Christen verwendet wurde, wird der hebräische Begriff zava' (Heer) mit kosmos (Ordnung) übersetzt. Die Frage ist also nicht, ob es in der Schöpfung eine Ordnung gibt, sondern was dazugehört. Völker oder Nationen werden interessanterweise im biblischen Schöpfungsbericht ebenso wenig erschaffen wie Könige, Staaten oder Sklaven. Wohl aber der Rhythmus von Tag und Nacht und der Kreislauf der Woche.

41 Num 28,11-15.

42 Gen 1,16.

43 Gen 1,14.

44 Babylonischer Talmud, Chullin 60b.

45 Num 28,15.

46 Babylonischer Talmud, Chullin 60b.

47 Israel Meir Lau, Wie Juden leben (Gütersloh: Gütersloher Verlagshaus, 6. Auflage 2005), S. 164.

48 Gen 8,22.

49 Ex 12,2.

50 Ex 23,16; Ex 34,22.

51 Eine ausführliche Darstellung der geschichtlichen Entwicklung findet sich bei Matthias Albani, Art. Kalender (AT), in: Das Wissenschaftliche Bibellexikon im Internet (www.wibilex.de), 2017, https://www.bibelwissenschaft.de/stichwort/23076/ (Abgelesen am 10.8.2019).

52 Ex 12,2.

53 Samson Raphael Hirsch, Der Pentateuch. Zweiter Teil: Das Buch Exodus. Dritte Auflage (Frankfurt am Main: Kaufmann 1869), S. 112.

54 Samson Raphael Hirsch, Der Pentateuch (siehe vorherige Anmerkung), S. 113.

55 Jonathan Sacks: The Duality of Jewish Time (Emor 5777), http://rabbisacks.org/duality-jewish-time-emor-5777/ (abgelesen am 10.8.2019).

56 Lk 2,1-4.

57 Lk 2,21.

58 Gal 4,4.

59 Mk 1,15.

60 Joh 2,4.

61 Joh 7,6.

62 Joh 13,1.

63 Gen 1,10.12.

64 Ex 19,11.

65 Jesus selbst nennt das Passafest die »Zeit, in der Gott sein Volk besucht« Lukas 19,44.

66 Lk 2,41; Lk 4,16.

67 Es gibt auch in der christlichen Tradition verschiedene Versuche, das Alter der Welt aufgrund biblischer Zeitangaben zu berechnen. Dabei spielen vor allem auch die Generationenlisten und Altersangaben zu einzelnen Personen eine Rolle. Aber die verschiedenen Berechnungen führen am Ende alle zu unterschiedlichen Ergebnissen. Der englische Bischof James Usher, dessen Zeitangaben sich bis heute in den Randnotizen vieler Studienbibeln finden, berechnete den ersten Tag der Schöpfung auf den 23. Oktober 4004 v. Chr. Stanley A. Ellisen, Von Adam bis Maleachi (CV Dillenburg 1988), S. 15, setzt das Datum auf 4173 v. Chr. fest. So eindeutig, wie die verschiedenen Autoren es sich wünschten, sind die biblischen Zeitangaben offenbar nicht. Die meisten Vertreter der modernen kritischen Bibelforscher gehen zudem davon aus, dass viele Zahlenangaben im Alten Testament eher symbolisch und dichterisch gemeint

sind und sich deshalb für solche Berechnungen nicht eignen.

68 Das Schofar ist ein in der Antike weit verbreitetes Musikinstrument, das aus einem Widderhorn hergestellt wird. Weil es zu Luthers Zeiten in Europa nicht gebräuchlich war, übersetzte Luther das hebräische Wort *schofar* mit »Posaune«.

69 Num 29,1; ganz ähnlich auch Lev 23,24.

70 In der nur auf Lateinisch erhaltenen Schrift »Buch der Biblischen Altertümer« wird das Fest des Posaunenblasens als ein Fest des Jahresanfangs beschrieben. Einige Merkmale des Festes, die später in den Schriften der Rabbinen auftauchen, werden bereits hier benannt (Liber Antiquitatum Biblicarum 13,6). Die Schrift ist zwischen 50 v. Chr. und 150 n. Chr. entstanden. Auch in Texten aus Qumran und anderen jüdischen Schriften finden sich bereits frühe Anklänge des späteren Festes. Vgl. Guido Baltes, Hebräisches Evangelium und Synoptische Frage (Tübingen 2011), 450 und 472. Bei den jüdischen Autoren Philo und Josephus wird zwar das Fest am 1. Tag des 7. Monats erwähnt, es wird aber noch nicht »Neujahrsfest« genannt (Philo, Über die Einzelheiten der Gesetze 1,186; 2,41; Josephus, Jüdische Altertümer 3,239). Auffällig ist jedoch, dass Josephus die Aufzählung der jüdischen Feste mit diesem beginnt. Das könnte darauf hinweisen, dass es für ihn ebenfalls den Jahresbeginn markierte.

71 Eigentlich spricht Hesekiel vom »10. Tag des Monats« am »Beginn des Jahres«. Dieser Tag wäre der große Versöhnungstag, und da Hesekiel in den folgenden Kapiteln den neuen Tempel beschreibt und von Sünde und Vergebung für das Volk Israel spricht, würde das inhaltlich passen.

72 Die Formulierung ist schon sehr alt. Bereits in einem jüdischen Text, der in Qumran gefunden wurde, findet sich die Verheißung Gottes an denjenigen, der ihm treu sein wird: »Ich werde ihn obenan setzen, nicht nach

unten. Ich werde ihm zum Kopf machen, nicht zum Schwanz.« (Tempelrolle 11Q19:59,15).

73 Babylonischer Talmud, Berachot 57a. Im Hebräischen klingt das Wort für »Schläfen« (*rakah*) ähnlich wie das Wort für »Hohlkopf« oder »Dummkopf« (*rekah oder rekan*), das z. B. auch Jesus in Mt 5,22 benutzt (Luther übersetzte: »Du Narr!«).

74 Deut 23,23.

75 Mt 5,34-37.

76 Ex 19,16.

77 Ps 47,6-9.

78 »Es gibt gute Gründe für die Annahme, dass dieser (literarischen) Komposition eine fünfteilige ›Tempelkantate‹ zugrunde liegt, die die Psalmen 93, 95, 96, 98 und 100 umfasste und bei dem im Herbst bzw. zur Jahreswende gefeierten Fest des Königtums JHWHs ›aufgeführt‹ wurde.« Bernd Janowski/Erich Zenger: Jenseits des Alltags: Fest und Opfer als religiöse Kontrapunkte zur Alltagswelt im Alten Israel«, in: Das Fest. Jenseits des Alltags. Jahrbuch für Biblische Theologie 18/2003, S. 63-102, Zitat auf S. 90.

79 Gebetbuch der Israeliten (Anm. 32), S. 234-237.

80 Gebetbuch der Israeliten (Anm. 32), S. 3.

81 Ps 2,1-2.

82 Mechilta des Rabbi Ishmael, Shirata 10 zu Ex 15,17, ed. Horovitz 150.

83 Sach 14,9-10.

84 Kriegsrolle aus Qumran, 1QM VI,6.

85 Testament des Dan 5,10.13.

86 Sibyllinische Orakel 3,767-807.

87 Himmelfahrt des Moses 10,1.

88 Gebetbuch der Israeliten (Anm. 32), S. 65.

89 Mischna Berachot 2,2.

90 Lev 20,26.

91 Sifra zu Lev 20,26.

92 Midrasch Tanchuma Lech Lecha 6 zu Gen 14,1.

93 Ex 15,18.

94 Mechilta des Rabbi Ishmael, Shirata 10 zu Ex 15,17, ed. Horovitz 150.
95 Mk 1,15.
96 Jes 52,6-10.
97 Mt 1,21-22.
98 Pesikta Rabbati 41.
99 Midrasch Tanchuma, Wayishlach 2 zu Gen 32,4; Pesikta Rabbati 40,7.
100 Joel 2,1.
101 Pesikta Rabbati 40,7.
102 Mt 18,23-32; Mt 25,14-30; Lk 19,12-27.
103 Mt 6,9-13.
104 Lk 11,21-22; Mt 11,28-29.
105 Lk 11,20.
106 Dorit Felsch, Die Feste im Johannesevangelium (Tübingen: Mohr Siebeck 2011), S. 118.
107 Lk 4,16-21; vgl. auch die Prophetie in Jes 61.
108 Mt 21,1-9.
109 Deut 16,13-15.
110 Lev 23,34-39; weitere Gesetze und Beschreibungen zum Laubhüttenfest finden sich z. B. in Ex 23,16.22; Num 29,12-38.
111 Nachmanides, Kommentar zu Lev 23.
112 Babylonischer Talmud, Sukkah 35a.
113 Babylonischer Talmud, Sukkah 41a.
114 Babylonischer Talmud, Sukkah 41b.
115 Pesikta de Rav Kahana 28.
116 Lev 23,42-43.
117 Jes 1,8 und 4,6.
118 Heb 13,14.
119 Heb 11,1-12,1.
120 Babylonischer Talmud, Sukkah 51a.
121 Babylonischer Talmud, Sukkah 53a.
122 Babylonischer Talmud, Sukkah 48b.
123 Hes 47,8-9.
124 Sach 13,1.
125 Sach 14,8-9.

126 Sach 14,16.
127 Tosefta Sukkah 3,3-16; Jerusalemer Talmud, Sukkah 4,1 und 4,6
128 Tosefta Sukkah 3,10.
129 Tosefta Sukkah 3,11.
130 Jerusalemer Talmud, Sukkah 5,1/3 und 5,1/6 (55a). Jona ben Amittai ist der Name des Propheten, von dem im Jonabuch erzählt wird (Jon 1,1). Er wird aber auch in 2. Kön 14,25 erwähnt. Die Verbindung zwischen dem »Fest des Wasserschöpfens« und dem Heiligen Geist wird auch im Jerusalemer Talmud, Sukkah 5,1/3 (55a) und im Midrasch Bereschit Rabbah 70,8 hergestellt.
131 Diese Verbindung wird auch in der Tosefta Sukkah 3,11 ausdrücklich hergestellt.
132 Ps 118,25.
133 Mischna Sukkah 4,5.
134 Joh 7,2.
135 Siehe dazu unten Seite 98ff.
136 Joh 7,37-38 nach der Lutherübersetzung 2017.
137 Ex 17,6; Num 20,7-11.
138 Ps 78,16.20; Jes 48,21.
139 Schon die griechische Übersetzung von Jes 48,21, die aus vorchristlicher Zeit stammt, übersetzt hier frei und macht aus der Erinnerung an die Wüstenzeit eine Verheißung für die Zukunft: »Er wird einen Felsen spalten und Wasser wird herausfließen und mein Volk tränken.«
140 Tosefta Sukkah 3,11-13.
141 1. Kor 10,1-4.
142 Sach 13, und
143 Joh 1,14.
144 Mt 17,4; Mk 9,5; Lk 9,33.
145 2. Kor 5,1-9.
146 2. Kor 5,1.
147 Sach 14,4.
148 Sach 9,9.
149 Ex 23,14-19 und 34,18-26.
150 Ex 12,12-13.

151 Ex 15,1.

152 Babylonischer Talmud, Sanhedrin 39b.

153 Hes 33,11.

154 Ex 12,1-13. Weitere Vorschriften zum Passafest finden sich in Lev 23,5-8; Num 28,16-25; Deut 16,1-8; Ex 23,14-19; Ex 34,18-26; Berichte über die Feier des Festes außerdem in Jos 5,10f; 2. Kön 23,21-23; 2. Chr 35,1-19; 2. Chr 30; Esra 6,19-22.

155 Deut 16,5-7.

156 Einen Bericht von einem solchen Passafest mit vielen Bildern gibt es auf der Webseite www.bibelentdeckungen.de unter dem Titel »Ein Passafest wie aus biblischer Zeit«.

157 Ex 12,15; vgl. Ex 13,7.

158 1. Kor 5,6-8.

159 Joh 13,26; Mk 14,20; Mt 26,23. Einerseits war es in der Antike auch bei ganz normalen Mahlzeiten üblich, Brot in Schüsseln mit Speisen zu tauchen. Andererseits aber wird im späteren Verlauf des Passabends ausdrücklich betont, dass sich dieser Abend von anderen Abenden dadurch unterscheidet, dass man an ihm die Speisen eintaucht.

160 Lk 22,7-13; Mt 26,17-19; Mk 14,12-16.

161 Die Gebete und Lesungen des »Seder«-Abends sind in vielen verschiedenen Druckausgaben erhältlich. Verbreitet ist die Ausgabe von Philipp Schlesinger und Josef Güns: »Die Pessach-Haggadah« (Tel Aviv: Sinai Publishing 1976).

162 Pessach-Haggadah (vgl. Anm. 161), 1-2.

163 Midrasch Bereschit Rabbah 88,5 zu Gen 40,11-13. Das Schriftzitat stammt aus Ex 6,6-7.

164 Gen 40,11-13.

165 Daniel 7,1-27. Rabbi Josua, der Sohn (oder Schüler) von Rabbi Levi, begründete diese Deutung damit, dass in vier prophetischen Worten gegen andere Völker jeweils ein Becher erwähnt wird: Jer 25,15; Jer 51,7; Ps 75,9; Ps 11,6.

166 Ps 16,5.
167 Ps 23,5.
168 Ps 116,13.
169 Midrasch Bereschit Rabbah 88,5 zu Gen 40,11-13.
170 Joh 13,1-10.
171 Yehuda Ashkenazy, Eli Whitlau, Tzvi Marx und Marcus van Loopik: Die jüdischen Feste (Uelzen 2010), S. 50.
172 Deut 26,5-10.
173 Pessach-Haggadah (vgl. Anm. 161), 3.
174 Philo: Über die Einzelheiten der Gesetze 2,228.
175 Ps 78,3-7; Deut 6,6f.; 32,7; 11,18; Gen 18,19.
176 Pessach-Haggadah (vgl. Anm. 161), 4.
177 Mechilta des Rabbi Ishmael, Pascha 18 (zu 2. Mose 13,14).
178 Deut 6,21-25.
179 Deut 6,20.
180 Ex 12,26.
181 Ex 13,14.
182 Ex 13,8.
183 Pessach-Haggadah (vgl. Anm. 161), 24-25.
184 Pessach-Haggadah (vgl. Anm. 161), 33.
185 Maleachi 3,23-24.
186 Pessach-Haggadah (vgl. Anm. 161), 57.
187 Pessach-Haggadah (vgl. Anm. 161), 56.
188 Joh 2,13.
189 Babylonischer Talmud, Sanhedrin 43a-43b. Eine »Baraita« ist eine besonders gekennzeichnete Überlieferung innerhalb des Talmud, die als besonders alt und zuverlässig gilt. In diesem Fall sind die inhaltlichen Details der Überlieferung nicht sehr präzise und vermutlich nachträglich an das jüdische Prozessrecht angepasst. Aber der Termin des Passafestes scheint in der Erinnerung noch bewahrt worden zu sein. Vgl. dazu ausführlicher Roland Werner/Guido Baltes: Faszination Jesus (Giessen: Brunnen 2005), S. 259 und Peter Schäfer, Jesus im Talmud (Tübingen: Mohr Siebeck 2010), 129-152.

190 Lk 22,7-13; Mt 26,17-19; Mk 14,12-16.

191 Joh 18,28.

192 Vgl. dazu ausführlicher Guido Baltes, Hebräisches Evangelium und Synoptische Überlieferung (Tübingen 2012), 493-518.

193 Pessach-Haggadah (vgl. Anm. 161), 33.

194 Lk 22,19.

195 Pessach-Haggadah (vgl. Anm. 161), 56.

196 Ex 6,6.

197 2. Sam 7,14; Jer 31,9; Hosea 2,4.

198 Gen 17,2-8; Ex 6,4-7; Ex 19,5-6; Lev 26,9-12.44-45; Deut 4,13 und 20; Deut 7,6.9; Deut 29,11-13; 2. Kön 11,17; Jer 11,2-8; Jer 31,31-33; Jer 32,38-40; Hes 34,24-25; Hes 37,23-27.

199 Jer 31,31-33; Jer 32,38-40; Hes 34,24-25; Hes 37,23-27.

200 Lk 22,20.

201 Gen 8,20 - 9,17.

202 Gen 15,7-21.

203 Ex 24,8.

204 Joh 8,34.36.

205 Mt 26,30.

206 Joh 2,13-25; Joh 6,4-71; Joh 11,55 und Joh 13,1.

207 Joh 19,14. Das deutsche Wort »Rüsttag«, das Luther hier verwendet, bedeutet in anderen jüdischen Quellen immer den Tag vor dem Sabbat, also den Freitag. Es wird nicht verwendet, um den »Vortag« eines anderen Festes zu bezeichnen. Gemeint ist also hier nicht der »Tag vor dem Passafest«, sondern der »Freitag während des Passafestes«. Vgl. auch Joh 19,31.42.

208 Philo, Über die Einzelheiten der Gesetze 2,145; Josephus, Jüdischer Krieg 6,423; Jubiläen 49,10-12; Mischna Pesachim 5,1.3.10.

209 Joh 1,29.36.

210 Joh 19,29.

211 Ex 12,22.

212 Joh 19,32-37; vgl. Ex 12,10.46. Manche Ausleger ver-

muten hier auch eine Anspielung auf Ps 34,21, jedoch gibt es hier weniger wörtliche Übereinstimmung.

213 Vgl. dazu ausführlicher Dorit Felsch, Die Feste im Johannesevangelium (Tübingen: Mohr Siebeck 2011), S. 265-271.

214 Lk 2,49.

215 Lk 23,46.

216 Lk 9,31.

217 Mt 2,15; vgl. Hos 11,1.

218 Jos 3,15.

219 2. Kön 5,14.

220 Mt 3,13.

221 Hes 37,1-14.

222 Mt 8,17, vgl. Jes 53,1-12.

223 Hes 37,13.

224 Mt 1,21.

225 Ex 14,13.

226 Mt 8,10.

227 Ex 34,22; Deut 16,10.

228 Ex 23,16 und Num 28,26.

229 Ex 19,1.

230 2. Chr 15,10-15.

231 Jubiläen 6,17-21.

232 Hohelied 4,11.

233 Martin Buber, Die Erzählungen der Chassidim (Zürich 1949), S. 786.

234 Mechilta des Rabbi Ishmael, Bahodesch 5 zu Ex 20,2, ed. Horovitz 219.

235 Ex 20,2.

236 Ex 20,2.

237 Midrasch Schemot Rabbah 15,11 (zu Ex 12,2).

238 Mt 11,29-30; Apg 15,10; 2. Kor 6,14; Gal 5,1.

239 Mischna Avot (Sprüche der Väter) 3,5.

240 Jer 23,29.

241 Talmud Sanhedrin 34a.

242 Ex 32,16.

243 Midrasch Schemot Rabbah 41 (zu Ex 31,18).

244 Rut 1,16.
245 Babylonischer Talmud, Yebamot 47a-47b.
246 Deut 33,2-3. Die hier aufgezählten Berge und Orte liegen in den Nachbarländern Israels.
247 Die Edomiter zitieren hier Gen 27,2 und Gen 27,40, zwei Verse über den edomitischen Stammvater Esau.
248 Die Ammoniter und Moabiter gehen nach Gen 19,36 auf eine Inzestbeziehung zurück.
249 Die Ismaeliten zitieren hier Gen 16,12.
250 Ps 138,4.
251 Midrasch Sifre Devarim § 343 zu Deut 33,2.
252 Ex 24,7.
253 1. Kor 16,8 und Apg 20,16.
254 Ex 20,18.
255 Midrasch Shemot Rabbah 5,9 zu Ex 4,27. Sowohl im Heb- räischen als auch im Griechischen sind »Zunge« und »Sprache« dasselbe Wort.
256 Babylonischer Talmud, Shabbat 88b.
257 Jer 31,31.
258 Jer 31,33. Vgl. auch Jer 32,38-40; Hes 34,24-25; Hes 37,23-27.
259 2. Kor 3,3-6.
260 Röm 8,23.
261 Mt 6,24.
262 Mt 11,28-30.
263 Joh 8,34-35.
264 Mt 5,17.
265 Vgl. dazu ausführlicher das Kapitel »Jesus und das jüdische Gesetz« in: Guido Baltes, Jesus der Jude und die Missverständnisse der Christen (Marburg: Francke 2012), 105-161.
266 Apg 15,10; Röm 2-3.
267 Vgl. dazu das Kapitel »Frei vom Gesetz? Paulus und die jüdische Tora« in: Guido Baltes, Paulus – Jude mit Mission (Marburg: Francke 2016), 176-224 und die beiden darauffolgenden Kapitel.
268 Vgl. Gal 5,1 mit Gal 4,8.25.

269 Gal 6,2.
270 Röm 8,2; Röm 7,22-23.
271 Rudolf Bultmann, Theologie des Neuen Testaments (9. Auflage Tübingen 1984), S. 241.
272 Mischna Avot (Sprüche der Väter) 4,5.
273 Ex 32,30-34.
274 In Wirklichkeit ist das Zitat, mit dem er sein Evangelium beginnt, eine kunstvoll konstruierte Mischung aus mehreren Versen: Ex 32,34; Ex 23,30; Mal 3,1.
275 Mt 18,23-35.
276 Mt 25,14-30.
277 Mt 21,33-41.
278 Mischna Avot (Sprüche der Väter) 3,16.
279 Babylonischer Talmud, Rosch Hashana 16b-17a.
280 2. Mose 32,32; vgl. auch Ps 69,29.
281 Dan 7,10 und 12,1.
282 Lk 10,20; Phil 4,3; Offb 3,5; 17,8; 20,12.15.
283 Mischna Rosch Hashana 1,2; Babylonischer Talmud, Rosch Hashana 16a und 18a.
284 Franz Alt: Jesus, der erste neue Mann. München: Piper Verlag 1989, S. 118-121.
285 Ex 34,6-7.
286 Babylonischer Talmud, Rosch Hashana 17b.
287 Babylonischer Talmud, Rosch Hashana 17b.
288 Gen 2,4.
289 Midrasch Bereschit Rabbah 12,15 zu Gen 2,4.
290 Midrasch Tehillim 6,3 zu Ps 6,3 (30a), ed. Buber 60.
291 Hos 14,2.
292 Hes 33,11.
293 Jer 3,22.
294 Pesikta Rabbati 44,1 §1-2 (ed. Ulmer 2:984). Die Auslegung beruht auf einem Wortspiel mit den hebräischen Worten *ad* (»zu«) und *od* (»solange«).
295 Pesikta Rabbati 44,9 §19 (ed. Ulmer 2:1006).
296 Jonathan Sacks, The closeness of God, http://rabbisacks.org/the-closeness-of-god-ki-tissa-5776/.
297 Pesikta de Rab Kahana 23,3 (ed. Mandelbaum 336-337).

298 Pesikta Rabbati 40,5 §18 (ed. Ulmer 2:878).

299 Jerusalemer Talmud, Taanit 2,1/11 (65b), ed. Schäfer/Becker II,5–12:236; Sanhedrin 10,2/12 (28c), ed. Schäfer/Becker IV:203; Babylonischer Talmud, Rosch Haschana 16b; Midrasch Bereschit Rabbah 44,12 zu Gen 15,5 und an vielen weiteren Stellen in der rabbinischen Literatur.

300 Mt 6,1-4.

301 Pesikta de Rab Kahana 27,7 (ed. Mandelbaum 412); Midrasch Wajikra Rabbah 30,7 zu Lev 23,40.

302 Pesikta de Rab Kahana 24,11 (ed. Mandelbaum 364).

303 Pesikta Rabbati 44,3 §7 (ed. Ulmer 2:990).

304 Pesikta de Rab Kahana, Anhang 7,2 (Mandelbaum 472).

305 Mk 1,15.

306 Mt 18,23-35.

307 Mt 21,33-41.

308 Midrasch Wajikra Rabbah 11,7 zu Lev 9,1.

309 Joh 3,17.

310 Lk 5,32.

311 Lk 19,10.

312 Mt 16,27; Mt 19,28; Mt 24,30; Mt 25,31; Mt 26,64.

313 Mk 2,10; Mk 8,31; Mk 10,45; Mt 20,28; Mt 26,2.45.

314 Mt 13,37.

315 Mt 18,26.

316 Lk 14,16-24; Mt 22,1-14.

317 Mt 25,10.

318 1. Thess 2,16.

319 Röm 2,4; Röm 9,22.

320 Ex 33,18-20.

321 Joh 1,16.

322 Lev 16,17.

323 Hendrik Korevaar, Durchdringen ins Heilige Herz der Tora, in: Themenbuch zur Theologie des Alten Testaments, hg. von Herbert Klement und Julius Steinberg (Wuppertal: R. Brockhaus 2007), S. 87-131.

324 Lev 23,26-32 und Num 29,7-11.

325 Lev 16.

326 Im jüdischen Buch Henoch aus dem 2. Jh. v. Chr. ist Asasel der Anführer der gefallenen Engel, die gegen Gott rebellieren. Diese auch unter Christen verbreitete Erzählung von den »gefallenen Engeln« findet sich aber nicht in der Bibel. Auch viele rabbinische Texte sprechen von Asasel wie von einer Person oder einem bösen Geist.

327 Babylonischer Talmud, Joma 67b.

328 So etwas das hebräische Wörterbuch von Gesenius und das englischsprachige Standard-Wörterbuch von Brown/Driver/Briggs.

329 Heb 10,1-3.

330 Mt 9,13; 12,7; Heb 10,18.

331 Joh 1,29; Joh 1,36; Offb 5,6; Heb 9,14; 10,12-14.

332 Vgl. z. B. Deut 26,1-15.

333 1. Sam 15,22; Hos 6,6; Am 5,24; Mi 6,8; Ps 51,19.

334 Gen 22.

335 Gen 1,21.

336 Ex 32,30-34.

337 Ex 32,30-34.

338 Jes 43,24.

339 Jes 43,23-25.

340 Mischna Joma 4,2 und 6,8; das Schriftzitat stammt aus Jes 1,18.

341 Babylonischer Talmud, Joma 39b. Zum Wortlaut siehe weiter unten (zu Anm. 366).

342 Avot de Rabbi Natan 4,21. Das Schriftzitat stammt aus Hosea 6,6.

343 Mischna Joma 8,9; Sifra Achare Mot 8 (§186) zu Lev 16,3; Jerusalemer Talmud, Joma 8,8-10 (44c), ed. Schäfer/Becker II,1-4:213.

344 Mischna Joma 8,9 und Pesikta Rabbati 44,1 §1-2, (Ulmer 2:984).

345 Gebetbuch der Israeliten (Anm. 32), S. 234-237.

346 Israel Meir Lau, Wie Juden leben (Gütersloh: Gütersloher Verlagshaus, 6. Auflage 2005), S. 195-196.

347 Mk 1,4 und Lk 3,3.

348 Lk 5,17-26.
349 Mt 18,23-35; Lk 7,36-50.
350 Mt 25,10.
351 Mt 6,12.
352 Mt 6,14-15.
353 Mt 18,35
354 Mt 5,23-24.
355 Mt 26,28.
356 Jes 53,11-12.
357 Mk 10,45; ähnlich auch Mt 20,28.
358 Apg 8,26-35.
359 Joh 1,29 und 36.
360 Röm 1,1-4. Anders als Jesus benutzt er nicht das Wort »König«, sondern das Wort »Messias« bzw. »Christus« und »Sohn Davids«, was aber für einen jüdischen Autor die gleiche Bedeutung hatte. Vermutlich vermeidet er in seinen Briefen bewusst die Worte »König« (*basileus*) und »Königreich« (*basileia*), weil sie im Kontext des römischen Reiches auch für den Kaiser und sein Reich verwendet wurden und so unnötig als ein politischer Angriff missverstanden werden konnten. Statt vom »Reich Gottes« spricht Paulus von der »Gerechtigkeit Gottes«. Denn da, wo ein guter König regiert, herrscht Gerechtigkeit.
361 Röm 2-3.
362 Röm 3,10-12.
363 Röm 2,4.
364 Röm 3,23-25.
365 Yalkut Schimoni 398 zu 2 Mos 34,3.
366 Babylonischer Talmud, Joma 39b. Das Schriftzitat stammt aus Sach 11,1.
367 Josephus, Jüdischer Krieg 6,290-295.
368 Mt 27,51.
369 Vgl. ausführlicher dazu: Guido Baltes/Roland Werner: Faszination Jesus (Gießen: Brunnen 2006), 261-266.
370 Tacitus, Historien 5,13.
371 Pred. 1,1-9.
372 Pred. 3,14-15.

373 Z. B. Mt 10,26; 11,25 und 27; 16,17; Lk 2,32; 17,30; Röm 8,18-19; 16,25; 1. Kor 3,13; Eph 3,5; 2. Thess 1,7.

374 Offb 1,1.

375 Eines der ältesten, und gleichzeitig sehr typisch ist das Buch Henoch. Ähnliche Texte sind die Apokalypse des Baruch oder die Himmelfahrt des Moses. Diese Texte, und viele weitere, sind im Internet frei zugänglich. Für eine Übersicht vgl. www.bibelentdeckungen.de/texte-aus-der-zeit-jesu/.

376 Himmelfahrt des Moses 10,1.

377 Ein Text, der diesem kriegerischen Bild am Nächsten kommt, findet sich in den Psalmen Salomos 17,1-3. Aber selbst dort geht es bei näherer Betrachtung nicht um einen irdischen oder militärischen Sieg über die Römer: Denn der »Sohn Davids«, der hier beschrieben wird, vertreibt nicht nur die Römer aus Israel, sondern vernichtet alle gottlosen Völker – allerdings nicht durch Gewalt, sondern durch das »Wort seines Mundes«. Worum es geht, ist also nicht ein militärischer Sieg über die Römer, sondern ein geistlicher Sieg über die Gottlosigkeit durch die Botschaft, die der Messias bringt.

378 Sibyllinische Orakel 3,767-807; ähnliche messianische Hoffnungen finden sich in Syrischer Baruch 29-30 und 4. Esra 7,26-36; 10,1-11,34.

379 Syrischer Baruch 72-74.

380 Lk 2,29-32.

381 Mt 6,10.

382 Gebetbuch der Israeliten (Anm. 32), S. 65.

383 Num 19,13-34.

384 Babylonischer Talmud, Sukkah 55b.

385 Ps 109,4.

386 Pesikta de Rav Kahana 28,9 (ed. Braude 592).

387 Sach 14,16.

388 Pinchas Lapide/Ulrich Luz: Der Jude Jesus. Thesen eines Juden. Antworten eines Christen (Düsseldorf: Benzinger 2. Auflage 2001), S. 57.

389 Mt 16,27.

390 Mt 16,27; vgl. auch Mt 19,28; 24,27-30; 25,31; 26,64 und öfter.

391 Röm 8,18-25.

392 Sach 12,11-14.

393 Sach 12,10.

394 Babylonischer Talmud, Sukkah 52a.

395 Targum zu Sach 12,10 und Hohelied 4,5; Targum Pseudo-Jonathan zu Jes. 40,9-11; Midrasch Bereschit Rabbah 75,6 und 99,2; Jalkut Schimoni 569 und andere. Alle diese Texte sind erst einige Jahrhunderte nach dem Neuen Testament entstanden.

396 Als Begründung wird ein Zitat aus Ps 2,8 angeführt: »Bitte mich, so will ich dir Völker zum Erbe geben.«

397 Babylonischer Talmud, Sukkah 52a.

398 Mischna Avot (Sprüche der Väter) 4,16.

399 Babylonischer Talmud, Shabbat 153a.

400 Lk 14,15-24; vgl. auch Mt 22,1-13.

401 Mt 22,1-13.

402 Mt 25,1-12.

403 Mt 12,32; Luk 18,30; Luk 20,34-25; vgl. auch Röm 8,18; Gal 1,4; Eph 1,21; 2,7.

404 2. Kor 5,1-8.

405 Heb 11,13-16.

406 Heb 13,14.

407 Joh 7,37. Siehe dazu auch Kapitel 4.

408 Offb 22,1-2.

409 Gen 2,2-3.

410 Ex 20,8-11; Deut 5,12-15; Außerdem Ex 23,12; 31,13-17; 34,21; 35,2-3; Lev 23,3. Nach Annahmen der modernen Bibelwissenschaft stammen diese vielen verschiedenen Formulierungen des Sabbatgebots aus unterschiedlichen älteren Quellen und Gesetzessammlungen, die nach und nach in die Gesamterzählung der Bibel eingewoben wurden.

411 Ex 16,13-30.

412 Deut 5,12 und Ex 20,8.

413 Ex 15,25.

414 Babylonischer Talmud, Sanhedrin 56b.
415 Midrasch Shemot Rabbah 1 zu Ex 2,13.
416 »Abraham hielt bereits die ganze Torah (...), denn es heißt doch: ›Er hielt meine Rechte, meine Gebote, meine Satzungen und meine Weisungen‹ (hebr. *torotai*, also ›meine Torahs‹ im Plural). Daraus können wir schließen, dass er nicht nur die gesamte schriftliche, sondern auch die mündliche Tora eingehalten hat.« (Babylonischer Talmud, Sanhedrin 28b).
417 Midrasch Bereschit Rabbah 79,6 zu Gen 33,18.
418 Zu den historischen Hintergründen des biblischen Sabbatgebots vgl. Alexandra Grund: Die Entstehung des Sabbat (Tübingen: Mohr Siebeck 2011). Zur Besonderheit des 7-Tage-Rhythmus siehe dort S. 148 und 305-306.
419 Abraham Joshua Heschel: Der Sabbat. Seine Bedeutung für den heutigen Menschen (siehe oben Anmerkung 9), S. 11.
420 Midrasch Bereschit Rabbah 10,9 zu Gen 2,3.
421 Deut 12,9.
422 Gen 49,15; Num 10,33; Ps 95,11; 1. Kön 8,56
423 1. Chr 22,9.18.
424 Rut 1,19; 3,1.
425 Hiob 3,13.17.
426 Ps 23,1-2.
427 Augustinus, Bekenntnisse 1,1.
428 Ps 95,8-11.
429 Jes 28,12.
430 Babylonischer Talmud, Berachot 57b.
431 Jes 11,10.
432 Vgl. dazu ausführlicher: Guido Baltes, »Tikkun Olam: Heilung der Welt. Jüdische Ansätze zur Gesellschaftsveränderung«, In: Tobias Faix und Tobias Künkler (Hg.), Die verändernde Kraft des Evangeliums: Beiträge zu den Marburger Transformationsstudien, Bd. 4, (Marburg an der Lahn: Francke-Buchhandlung, 2012), 96-121.
433 Apg 22,3 und Apg. 5,34-42.

434 Z. B. Mischna Gittin 4,2-9; 5,3; 9,4; Tosefta Ketubot 12,1; Babylonischer Talmud, Ketubot 56b.
435 Gebetbuch der Israeliten (Anm. 32), S. 65.
436 Gen 2,3.
437 Soloveitchik, Joseph B.: Halakhic Man. Translated from the Hebrew by Edward K. Kaplan. Philadelphia: Jewish Publication Society 1983. (Ursprünglich veröffentlicht auf Hebräisch in Talpiot I, No. 3-4, 1944.), 101.
438 Midrasch Bereschit Rabbah 10,8 zu Gen 2,2.
439 Babylonischer Talmud, Schabbat 119a und Baba Kamma 32b.
440 Das Lied stammt von Rabbi Schlomo ben Mosche Halevi Alkabatz, einem jüdischen Gelehrten aus dem 15. Jahrhundert, der in Saloniki geboren wurde und lehrte später in Safed in Israel.
441 Die beiden Worte »Bewahre und gedenke« stehen für die beiden verschiedenen Fassungen des Sabbatgebotes, die sich in der Bibel finden: »Halte den Sabbat!« (Deut 5,12) und »Gedenke des Sabbat!« (Ex 20,8). Die jüdischen Ausleger erklären den Widerspruch zwischen beiden Fassungen so, dass Gott beide Worte gleichzeitig im selben Atemzug aussprach.
442 Gebetbuch der Israeliten (Anm. 32), S. 84.
443 Siehe die vorangehende Anmerkung.
444 Gebetbuch der Israeliten (Anm. 32), S. 80.
445 Gebetbuch der Israeliten (Anm. 32), S. 98.
446 Spr 31,10-29.
447 Spr 31,25-29.
448 Gen 1,31-2,3.
449 Gebetbuch der Israeliten (Anm. 32), S. 100.
450 Gebetbuch der Israeliten (Anm. 32), S. 100.
451 Gen 1,4.
452 Gen 1,7.
453 Ex 26,33.
454 Lev 20,25 (Tiere) und 26 (Israel).
455 Num 8,14.
456 Vgl. dazu ausführlicher Guido Baltes, Jesus der Jude

(Francke 2013), 122-156 und Guido Baltes, Paulus: Jude mit Mission (Francke 2017), 225-251. Es ist hier kein Platz, die wenigen Texte, die in diese Richtung gedeutet werden, ausführlich zu erklären. In Kürze kann aber gesagt werden: In Mt 15 und Mk 7 hebt Jesus weder Reinheits- noch Speisegesetze auf. Sondern er erklärt seinen Gegnern, dass es tatsächlich keine biblischen Speisegebote gibt, nach denen man sich durch das Essen von Speisen (»was von außen hineingeht«) verunreinigen kann. Das Händewaschen, um das es an dieser Stelle geht, ist daher aus biblischer Sicht unnötig. In Apg 10 fordert eine himmlische Stimme Petrus auf, richtig zu unterscheiden zwischen dem, was rein und dem, was unrein ist. Er soll »nicht das, was Gott für rein erklärt hat, für unrein erklären«. Als Petrus darüber nachdenkt, wird ihm klar: Es gibt zwar eine biblische Unterscheidung zwischen reinen und unreinen Tieren, aber keine Unterscheidung zwischen reinen und unreinen Menschen. Kein Mensch ist an sich unrein wie z. B. ein Schwein oder ein Aal. Gott hatte Petrus nicht aufgefordert, alles zu essen, was ihm angeboten wurde. Sondern genau hinzusehen und, wie es jeder Jude tun muss, wenn ihm etwas angeboten wird, zwischen rein und unrein richtig zu unterscheiden. Bei Tieren ist das nötig, bei Menschen aber nicht. Gal 3,28 schließlich hebt weder die Unterscheidung zwischen Mann und Frau noch die Unterscheidung zwischen Juden und Nichtjuden oder zwischen Sklaven und Freien auf. Vielmehr wird hier gesagt, dass beide, in ihrer Unterschiedlichkeit, jeweils gleiche Zugehörigkeit zur Gemeinde und zu Jesus haben.

457 Gebetbuch der Israeliten (Anm. 32), S. 198.

458 Marcus van Loopik, »Schabbat – Königin der Tage«, in: Yehuda Aschkenazy, Eli Whitlau, Tzvi Marx und Marcus van Loopik: Die jüdischen Feste (Uelzen 2010), S. 23.

459 Gebetbuch der Israeliten (Anm. 32), S. 126-130 (in Auszügen).

460 Eine gründliche wissenschaftliche Untersuchung der Sabbatpraxis zur Zeit Jesu bietet Lutz Doering: Schabbat. Sabbathalacha und -praxis im antiken Judentum und Urchristentum (Tübingen: Mohr Siebeck 1999).

461 Lk 4,16-19.

462 E. Käsemann: »Das Problem des historischen Jesus«, Zeitschrift für Theologie und Kirche 51 (1954) 125-153, hier: 145-147.

463 Guido Baltes, Jesus der Jude und die Missverständnisse der Christen (Marburg: Francke Verlag 2013), 111-122. Für eine ausführliche Darstellung aller neutestamentlichen Sabbattexte vgl. Andrea J. Mayer-Haas, »Geschenk aus Gottes Schatzkammer (bShab 10b): Jesus und der Sabbat im Spiegel der neutestamentlichen Schriften (Münster: Aschendorff 2003).

464 Mechilta des Rabbi Ishmael, Shabbata 1 (zu 2. Mose 31,12), vgl. Mk 2,27.

465 Babylonischer Talmud, Shabbat 128b. Vgl. Lk 6,9.

466 Babylonischer Talmud, Joma 85b. Wichtig ist dabei, dass man es auf eine Weise tut, die den Sabbat nicht verletzt. Aber genau darum geht es auch Jesus: Es ist möglich zu helfen, ohne dabei Gebote zu verletzen.

467 Lk 11,20.

468 Mt 12,5-6.

469 Mk 2,28.

470 Dan 7,13-15.

471 Joh 5,17.

472 Siehe oben Anm. 420.

473 Mt 11,25.28-30 und 12,1.

474 Gen 49,15; Rut 1,19; 3,1; 1. Chr. 22,9.18; Ps 23,2; Jes 11,2.10; 32,18;

475 Ex 16,23; 23,12; 31,15; 35,2; Lev 16,31; 23,3.24 und öfter.

476 Mk 6,31.

477 Heb 3,11.18; 4,8-11.

478 Heb 3,7-11, ein Zitat aus Ps 95,8-11.

479 Heb 4,4 und 9-11.

480 Mt 21,5; vgl. Sach 9,10.

481 Jes 52,7.

482 Lk 19,38; Joh 12,13.

483 Mk 10,52, vgl. Jes 61,1-3 und Lk 4,18.

484 Joh 11,24.

485 Mk 10,45 und Mt 20,28.

486 Lk 22,20.

487 Pessach-Haggadah (vgl. Anm. 161), 28.

488 Mt 26,28.

489 Joh 19,30.

490 Gen 2,2.

491 Eine einführende Übersicht über die Schriften des rabbinischen Judentums, ihre Entstehung und Herkunft, und über entsprechende Fachliteratur habe ich in meinem Buch »Jesus der Jude« (Francke 2013), S. 59-76 gegeben. Ich wiederhole sie hier aus Platzgründen nicht.

492 Für eine vertiefende wissenschaftliche Diskussion dieser Frage vgl. Friedrich Avemarie: »Das antike Judentum als wachsende Herausforderung für die neutestamentliche Wissenschaft«, in: Wischmeyer, Oda, Herkunft und Zukunft der neutestamentlichen Wissenschaft. Tübingen: Francke Verlag, 2003, 97-118; Instone-Brewer, David: »Rabbinic writings in New Testament Research«, in: Holmén, Tom/Porter, Stanley E. (Hg.): Handbook for the study of the historical Jesus. Leiden: Brill, 2011, Vol. 2, 1687-1721; Geza Vermes: Jesus in his Jewish Context (Canterbury: SCM 2003), 68-80.

493 Roland Deines: »Die jüdische Mitwelt«. In: Heinz-Werner Neudorfer u. Eckhardt Schnabel (Hg.): Das Studium des Neuen Testaments: Einführung in die Methoden der Exegese. Gießen: Brunnen Verlag. 2011, S. 101-140.

494 Viele dieser Texte sind im Internet frei zugänglich. Eine Übersicht mit Links gibt es unter https://www.bibelentdeckungen.de/texte-aus-der-zeit-jesu/.

495 Vgl. dazu Guido Baltes, Jesus der Jude (Marburg: Francke 2013), 76-94.

496 Mt 12,11.

497 Mk 7,1-5.

498 Es gibt allerdings auch z. B. aus Qumran jede Menge erstaunlicher Parallelen und Übereinstimmungen mit dem Neuen Testament, die es sich lohnt zu erforschen. Eine allgemeinverständliche Einführung bieten Otto Betz und Rainer Riesner, Verschwörung um Qumran? Jesus, die Schriftrollen und der Vatikan (Knaur 2007). Insgesamt jedoch steht das Neue Testament den Inhalten der rabbinischen Schriften deutlich näher als den Texten von Qumran.

499 Geza Vermes: Jesus in his Jewish Context (Canterbury: SCM 2003), 77-78 (eigene Übersetzung).

500 Siehe oben Anm. 366.

501 Siehe oben Anm. 394.

502 Gal 1,14; Mk 7,3-13; Mt 15,2 und 6.

503 Josephus: Jüdische Altertümer 13, 298.

504 Roland Deines, Jüdische Steingefäße und pharisäische Frömmigkeit (Tübingen: Mohr Siebeck 1993).

505 Geza Vermes: Jesus in his Jewish Context (Canterbury: SCM 2003), 63 (eigene Übersetzung).

506 Martin Hengel und Roland Deines: »E. P. Sanders' ›Common Judaism‹, Jesus and the Pharisees«, JTS N. S. 46 (1995), S. 1-70.

Stellenregister

Ein Verzeichnis der in diesem Buch zitierten Bibelstellen, antiken jüdischen Quellen und modernen Autoren sowie ein Stichwortregister stehen unter www.francke-buch.de zum Download zur Verfügung.

Gehen Sie dazu auf die angegebene Website, suchen Sie nach diesem Buch und laden Sie sich das Zusatzmaterial kostenlos herunter.

Viele der zitierten antiken Texte sind im Internet frei verfügbar. Eine Übersicht dieser Texte mit Internetlinks finden Sie auf meiner Website www.bibelentdeckungen.de